新编21世纪高等职业教育精品教材
电子商务类

E-commerce Practice

电子商务实务

主　编◎张莹　马金海

副主编◎万红梅

中国人民大学出版社
·北京·

前言

习近平总书记在党的二十大报告中指出，要“推动货物贸易优化升级，创新服务贸易发展机制，发展数字贸易，加快建设贸易强国。”电子商务作为数字贸易的代表，在我国发展二十多年来，影响了社会经济的方方面面，不断冲击着人们传统的商务观念，也逐渐改变了企业的商务活动方式和人们的消费方式。与此同时，电子商务的发展使社会对应用型电子商务人才的需求日益增加，对从业者的要求也越来越高。学生不仅需要了解电子商务的基础知识，还需要具有较强的实践操作能力。在这样的背景下，我们以创业者视角编写了本书，旨在让学生系统地了解电子商务业务流程中的关键内容，提高其在开展电子商务工作时的实践能力。

本书以习近平新时代中国特色社会主义思想为指导，“紧跟时代步伐，顺应实践发展，以满腔热忱对待一切新生事物，不断拓展认识的广度和深度”，以“项目+任务”的形式进行编写，内容以基本知识、基本操作和应用为主，突出了电子商务实务中的“实”。本书共8个项目，包括开启电商之门、选择商品和市场、电商交易准备、电商推广物料准备、开设及管理网店、站内推广、站外推广、绩效分析评价，下设32个具体任务，涵盖电商交易前、交易中、交易后的全过程。每个项目开篇首先进行“项目简介”，提出知识目标、技能目标和素质目标，并分解成为3～6个具体任务。每个任务由“任务描述”开始，使学生了解任务的应用情境和任务目标，然后以“任务实施”的形式，根据电子商务活动开展流程和学习认知规律，分步骤进行编写，以使学生掌握完成本任务所需的知识点和技能点。任务最后设置“举一反三”，让学生运用所学知识、技能解决实际问题，从而巩固知识、技能，发挥能动性。此外，本书将思政元素融入专业教学中。本书采用新形态形式，借助二维码将线上线下进行有机结合，学生可以扫二维码观看相关教学视频或微课，也可到达相关“知识链接”，从而扩充课堂容量、拓宽视野。

本书具有以下特点：

1. 产教融合

编者调研了大量企业需求，选取并吸收了企业岗前培训的部分实操教学内容，较多地引入了数据化运营的思想和直播电商、短视频电商等行业发展新内容。

2. 书证融通

对接“1+X”网店运营推广、电子商务数据分析职业技能等级证书（中级）的部分考核内容，可与其他课程配合完成“1+X”的知识技能培训。

3. 双创融贯

以创新创业过程为预设背景，突出对学生就业和创业过程中需要的电子商务相关知识的引导性，以创业过程的基础流程为脉络组织教学顺序，激发学生的互联网思维和创新意识，提升职业素质与专业素养。

本书由重庆商务职业学院张莹、马金海担任主编，万红梅担任副主编，并负责全书的内容架构、统稿、修改和定稿。具体编写分工如下：江姗姗编写了项目一，时坤编写了项目二，幕宗梅编写了项目三，张培莹编写了项目四，万红梅编写了项目五、项目六，谢珍君编写了项目七，张莹编写了项目八。配套的在线视频和微课资源由重庆市精品在线开放课程“电子商务实务”建设团队（重庆商务职业学院张莹、余琴、时坤、石瑞丽、武超茹、颜颖、周勇成）设计、录制并提供。重庆商务职业学院电子商务学院书记黄琳娜对全书“课程思政”融入进行了设计和指导，重庆市网商协会秘书长吴斌对本书编写方向和重点提出了建议并提供了部分素材。

在本书编写中，我们参考了大量文献及网络资料，在此，向各位作者表示诚挚的感谢！同时要特别感谢“淘宝博士”徐智勇先生给予的编写建议、经济资助和精神鼓励！

由于编者水平有限，本书难免存在许多不足之处，欢迎广大读者给予批评指正。

编者

目　录

项目一 开启电商之门

项目简介

本项目是全书的先导，分为三个任务讲解电子商务基础知识。任务 1——认识电子商务，主要是从电子商务的定义、电子商务的组成、电子商务的功能，以及电子商务就业岗位四方面来讲解。任务 2——了解电子商务发展趋势，介绍了电子商务的发展历程以及电子商务与传统商务的区别。任务 3——理解电子商务交易模式，围绕 B2B、B2C、C2C 电子商务模式来展开相关内容。

项目目标

【知识目标】

- 掌握电子商务的基本概念和组成要素
- 了解电子商务的发展历程和就业岗位
- 理解商业模式的含义及要素
- 明确 B2B、B2C、C2C 电子商务的商业模式及其交易流程和特点

【技能目标】

- 能够正确认识电子商务，具有学习电子商务知识的热情
- 能够清晰地描述电子商务在某一行业中的应用情况
- 熟练应用各类型电子商务平台，学会交易流程，能辨别电子商务与传统商务的不同
- 能够分析电子商务商业模式的要素在创造收益方面的具体运用
- 能够分析不同电子商务模式的相同点和差别

【素质目标】

- 引发学生对电子商务的热爱之情和敬业精神
- 激发学生民族自豪感和自信心
- 培养学生的职业道德，使其具备基本的法制观念

任务1 认识电子商务

任务描述

电子商务的出现改变了人们的生活方式，我们既可以足不出户即自由购物，也可以足不出户即了解天下事。电子商务已大大改变了人们的消费和支付方式。那么究竟什么是电子商务呢？电子商务的功能又有哪些呢？这是学习电子商务实务首先需要了解的。在这个大的时代背景下，电子商务迎来了新一轮重要的发展机遇，我们必须更为精准地认识电子商务的基本概念。

任务实施

第一步：理解电子商务的定义

自20世纪90年代起，随着互联网技术的突飞猛进，商务活动电子化的条件逐步成熟，电子商务得到了蓬勃发展。随着国家“互联网+”计划的实施，电子商务迎来了新一轮重要的发展机遇，呈现出不同于以往的新内涵、新特征和新趋势，成为推动经济增长的新动力。以网络和电子商务为主要特征的新经济，已成为推动经济全球化的重要手段。

本书综合多种说法后认为，电子商务是指利用互联网及现代通信技术进行的任何形式的商务运作、管理活动或信息交换。它包括企业内部的协调与沟通、企业之间的合作及网上交易三方面的内容。

二维码1

微课：电商之路从何走起

二维码2

知识链接：电商中介机构

第二步：掌握电子商务的组成

一、电子商务的流动要素

电子商务的每一笔交易中都包含四种基本的“流”，即信息流、商流、资金流、物流。

（一）信息流

信息流是电子商务交易各个主体之间的信息传递与交流的过程。既包括商品信息的提供、促销行销、技术支持、售后服务等内容，也包括如询价单、报价单、付款通知单、转账通知单等商业贸易单证，还包括交易方的支付能力、支付信誉等。

（二）商流

商流是指商品在购、销之间进行交易和商品所有权转移的运动过程，具体是指商品交易的一系列活动。

（三）资金流

资金流主要是指资金的转移过程，包括付款、转账等过程。资金的加速流动能够创造财富，商务活动的经济效益是通过资金的运动来体现的。

（四）物流

物流是指交易的商品或服务等物质实体的流动过程，是因人们的商品交易行为而形成的物质实体的物理性移动过程。它由一系列具有时间和空间效用的经济活动组成，具体包括商品的运输、储存、配送、装卸、保管、物流信息管理等各种活动。

在电子商务模式下，信息流、商流、资金流的处理都可以通过计算机和网络通信设备实现。其中，信息流最为重要，它对整个流程起着监控作用，而物流、资金流则是实现电子商务的保证，代表着货物所有权的转移，标志着交易的达成。无形商品可以直接通过网络传输的方式配送，如各种电子出版物、信息咨询服务、有价信息和软件等，而对于大多数商品和服务来说，仍然要经由传统的经销渠道，通过物理方式实现物流传输。电子商务的概念模型强调“四流”的整合。以物流为物质基础，以商流为表现形式，以信息流为连接纽带，引导资金流正向流动。物流应是资金流的前提和条件。资金流是物流的依托和价值担保，并为适应物流的变化不断调整。信息流对资金流和物流运动起指导和控制作用，并为资金流和物流运动提供决策依据。

二、电子商务系统的组成

一个完善的电子商务系统由以下部分组成。

（一）网络

网络包括企业内部网（Intranet）、企业外部网（Extranet）和互联网（Internet）三个部分。企业内部网是利用互联网技术构造的，面向企业内部的专用计算机网络系统，是企业内部服务活动的场所；企业外部网与企业内部网相对应，侧重于企业电子商务的外部环境以及与合作伙伴或外协单位的信息交换关系，是企业与企业以及企业与个人进行商务活动的纽带；互联网是电子商务的基础，是商务、业务信息传递的载体。

（二）电子商务用户

电子商务用户包括企业用户和个人用户。企业用户建立内部网、外部网和管理信息系统，对人、财、物、产、供、销进行科学管理。企业用户利用互联网网页站点发布产品信息、接收订单等，如要在网上进行销售等商务活动，还要借助电子报关、电子报税、电子支付系统与海关、税务局、银行进行有关商务、业务的对接及处理。个人用户利用浏览器、电视机顶盒、个人数字助理、电话等接入互联网获取信息和访问电商平台并进行商品购买等活动。

（三）认证中心

认证中心（CA）是法律承认的权威机构，负责发放和管理电子证书，使网上交易的各方都能够互相确认身份。数字认证是一个包含证书持有人、个人信息、公开密匙、证书序号、有效期、发证单位的电子签名等内容的数字文件。

（四）配送中心

配送中心接受商家的要求，合理组织商品运输，跟踪确定商品流向，准确地将商品送到消费者手中。

（五）网上银行

网上银行是虚拟银行，在网上使进行交易的买卖双方能够结算，完成传统的银行业务，为商品交易中的用户和商家提供全天的实时服务。

（六）商务活动的管理机构

商务活动的管理机构是指提供网络接入服务、信息服务及应用服务的信息技术厂商，如互联网服务提供商（Internet Service Provider，ISP）、互联网内容服务商（Internet Content Provider，ICP）、应用服务供应商（Application Service Provider，ASP）等。商务活动的管理机构还包括工商、税务、海关和经贸等部门。

第三步：理解电子商务的功能

电子商务可提供网上交易和管理等全过程的服务，因此具有广告宣传、咨询洽谈、网上订购、网上支付、电子账户、服务传递、意见征询、交易管理等多项功能。随着电子商务的发展，其功能也扩展到金融服务、智能物流和大数据服务方面。

一、广告宣传

电子商务企业可凭借企业的网络服务器在互联网上发布各类商业信息，商家利用网上主页和电子邮件在全球范围内做广告宣传。与以往的各类广告相比，网上的广告成本更低，而给客户的信息量却更为丰富。客户可借助网上的检索工具迅速地找到所需商品信息。

二、咨询洽谈

电子商务企业可借助非实时的电子邮件、新闻组和实时的讨论组来了解市场和商品信息、洽谈交易事务，如有进一步的需求，还可通过网络远程会议来交流即时的图形信息。网上的咨询和洽谈有助于破除人们面对面洽谈的限制，提供多种方便的异地交谈形式。

三、网上订购

电子商务企业可借助网络中的交互传送帮助客户实现网上订购，通常在产品介绍页面会提供十分友好的订购提示信息和订购交互按钮。当客户填完订购单后，系统会回复确认信息单来保证订购信息的收悉。订购信息可采用加密的方式以使客户和商家的商业信息不被泄露。

四、网上支付

电子商务要成为一个完整的过程，网上支付是其中一个重要的环节。客户和商家之间可采用信用卡账号进行支付。在网上直接采用电子支付方式可省去交易中很多人员的开销。网上支付需要更为可靠的信息传输安全性控制以防止欺骗、窃听、冒用等非法行为。

五、电子账户

网上支付必须有电子金融的支持，即银行或信用卡公司及保险公司等金融单位要为金融服务提供网上操作的服务，而电子账户管理是其基本的组成部分。信用卡号或银行账号都是电子账户的一种标志，而其可信度需配以必要技术措施来保证，如数字证书、数字签名、加密等手段的应用提高了电子账户操作的安全性。

六、服务传递

对于已付款的客户，企业应将其订购的货物尽快地传递到他们的手中。而有些货物在本地，有些货物在异地，电子邮件能在网络中进行物流的调配。而最适合在网上直接传递的货物是信息产品，如软件、电子读物、信息服务等，它们能直接从电子仓库中将货物发到用户端。

七、意见征询

电子商务企业可方便地利用网页上的“选择”“填空”等格式文件来收集用户对销售服务的反馈意见，这样能使企业的市场运营形成一个封闭的回路。客户的反馈意见不仅能提高售后服务的水平，更是企业改进产品、发现商机的良机。

八、交易管理

网络交易管理不仅涉及人、财、物多个方面，而且涉及企业和企业、企业和客户及企业内部等各方面的协调和管理。因此，交易管理是涉及商务活动全过程的管理。

九、金融服务

小微企业之所以选择电子商务，很大程度上是因为其发展过程中经常会遇到资金紧张问题，小微企业贷款频率高、金额少、期限较短的特点不符合传统银行贷款业务的要求，有着“开放、平等、协作、分享”特点的电子商务金融服务创新了小微企业融资方式，拓展了小微企业的融资渠道，对扶持小微企业发展有着积极的意义。

十、智能物流

在“互联网 +”的创新驱动下，智能配送机器人、自动货物分拣系统、智能客服等新技术正引发物流行业新一轮的智慧化变革。未来物流行业的竞争将是自动化水平的竞争，智慧物流 2.0 时代正全面开启，数据化、智能化让物流正在发生从“笨重人力”到“数据优化”的变化。

十一、大数据服务

大数据时代给电子商务发展带来新的机遇与挑战，大数据技术帮助电子商务行业发现新的商业模式，购物行为预测分析和购物商品关联分析已经在电商领域得到了很好的应用，并已经帮助电商获得了巨大的利润。

电子商务将会为市场提供一个良好的交易管理的网络环境及形式多样的应用服务系统，从而保障电子商务获得更加广泛的应用。

第四步：了解电子商务就业岗位

随着电子商务产业的迅猛发展，通过其衍生出来的新职业不断涌现，如网络模特、店铺装修师、淘宝文案、电商主播、买手、试客等。越来越多的年轻人贯彻党的二十大倡导的守正创新精神，选择了这些新兴职业。根据企业对电子商务人才的需求，就业岗位分为三类。

二维码 3

微课：从六脉神剑看电商职业精神

一、技术类岗位

（1）电子商务平台设计（代表性岗位是网站策划和编辑人员）：主要从事电子商务平台规划、网络编程、电子商务平台安全设计等工作。

（2）电子商务网站设计（代表性岗位是网站设计和开发人员）：主要从事电子商务网页设计、数据库建设、程序设计、站点管理与技术维护等工作。

（3）电子商务平台美术设计（代表性岗位是网站美工人员）：主要从事平台颜色处理、文字处理、图像处理、视频处理等工作。

二、商务类岗位

（1）企业网络营销业务（代表性岗位是网络营销人员）：主要是利用网站为企业开拓网上业务，进行网络品牌管理、客户服务等工作。

（2）网上国际贸易（代表性岗位是外贸电子商务人员）：主要是利用网络平台开发国际市场，开展国际贸易。

（3）新型网络服务商的内容服务（代表性岗位是网站运营人员 / 主管）：主要是进行频道规划、信息管理、频道推广、客户管理等。

（4）电子商务支持系统的推广（代表性岗位是网站推广人员）：主要负责销售电子商务系统和提供电子商务支持服务、客户管理等。

（5）电子商务创业：借助电子商务平台，利用虚拟市场提供产品和服务，也可以直接为虚拟市场提供服务。

三、综合管理岗位

（1）电子商务平台综合管理（代表性岗位是电子商务项目经理）：这类人才要求既对计算机、网络和社会经济有深刻的认识，又具备项目管理能力。

（2）企业电子商务综合管理（代表性岗位是电子商务部门经理）：主要从事企业电子商务整体规划、建设、运营和管理等工作。

举一反三

登录前程无忧、中华英才网等招聘网站，搜索本地针对电子商务专业应届毕业高职生的相应岗位，查看相关岗位职责和任职要求，并在班级中分享。

任务2　了解电子商务发展趋势

任务描述

互联网的普及和推广极大地改变了人们的生活，同时也促进了电子商务的飞速发展。随着电子商务魅力的日渐显露，网络经济、信息经济、“眼球”经济、虚拟企业、虚拟银行、网络营销、网络广告等一大批新词汇正在为人们所熟知和认同，这些词汇从一个侧面反映了电子商务对社会和经济产生的影响。那么电子商务是如何产生的呢？电子商务的发展又经历了哪些阶段呢？新时代下的电子商务与传统商务相比较的区别又在哪里？

电子商务的应用已经渗透到了社会经济的各个领域，涵盖了教育业、医疗业、旅游业、农业、银行业、保险业、证券业、电信业、交通业、外贸业、流通业、信息服务业、制造业、新闻业、政府机构等各个方面，因此，我们必须了解电子商务的发展趋势。

任务实施

第一步：回顾电子商务的发展历程

一、电子商务的产生和发展

人们对电子商务的了解、认识和应用，与计算机技术及网络的应用和普及密不可分。20 世纪 60 年代后，计算机和网络技术飞速发展，从而构建了电子商务赖以生存的基础，并预示了未来商务活动的一种发展方向，人们提出了电子商务这个概念。电子商务是在互联网发展、成熟的基础上产生的。

1969 年，美国国防部高级研究计划局（ARPA）就建立了用于国防研究项目的 ARPANET，以连接有关高校、研究机构和国防工程承包商的计算机系统，这是最早的计算机互联网络，也是现代计算机网络诞生的标志。从 1986 年起，由美国国家科学基金会（NSF）接手投资扩建成 NSFNET，对各大学和科研机构开放，用于非营利性教学和科学研究方面，成为推动科学技术研究和教育发展的重要工具。1993 年美国政府提出“信息高速公路”计划，进一步加强对互联网的资金支持，并

二维码4

微课：
电商里的机会

取消商业性应用的禁令，给电子商务发展铺平了道路。从 1995 年起，互联网主干网转由企业支持，实现了商业化运营，电子商务进入快速成长阶段。

二、电子商务产生和发展的条件

（一）信息技术的发展

信息技术的发展是电子商务产生的基础，主要体现在以下两个方面。其一，计算机的广泛应用。20 世纪 90 年代之后，计算机的处理速度越来越快，处理能力越来越强，价格越来越低，应用越来越广泛，这为电子商务的发展奠定了基础。其二，网络的普及和成熟。随着互联网逐渐成为全球通信与交易的媒介，全球上网用户数量呈几何级数增长，网络快捷、安全、低成本的特点为电子商务的发展提供了应用条件。

（二）社会经济的发展

随着社会经济的发展，大多数商品出现了供应远远大于需求的现象。这时急需一种新的商务模式来提高企业的竞争力，电子商务即扮演了这种角色。电子商务是人类社会经济发展的必然趋势。

总之，信息技术的进步和商务的发展使社会网络化、经济数字化、竞争全球化、贸易自由化成为必然，现代电子商务也应运而生。

三、电子商务的发展趋势

（一）移动电子商务

二维码 5

实务课堂：专访大律师：聊聊你身边的法律电商那些事儿

随着无线通信技术进一步发展，智能手机、平板电脑等设备的进一步普及，移动终端现在已经成为媒体终端、工作终端、主流终端，成为全新的生产、生活平台。移动电子商务展现出了极大的发展空间。移动电子商务有以下三大特点。

（1）利用移动终端进行购物、支付、商务、金融活动，以及相关的综合服务等活动。随着移动互联网的普及，各类移动微商务的市场规模不断扩大。

（2）移动支付。支付标准政策的出台、移动支付需求的快速增长、移动支付应用试点的市场拓展以及多样化解决方案的推出，直接促进了移动支付行业的快速成长。过去的几年，中国第三方移动支付行业依旧保持着快速增长的势头，其适用场景不断增加，关于垂直行业的解决方案不断丰富，市场上依托移动支付所建立的生态体系也因底层数据的不同呈现出差异化的趋势。随着技术的进一步提升，移动支付以其便利性、快捷性优势覆盖了用户生活的各个场景，支付场景的丰富带来了支付数据规模与维度的扩增，对支付数据的挖掘和利用使支付的价值不仅限于其本身，支付作为标准化的服务，核心价值在于连接和积累数据。场景越全面，客户画像越精准。

（3）移动社交。通过网络移动平台快速发送语音短信、视频、图片和文字，通过微博、微信等平台，能够将产品、理念甚至行为进行“病毒式”传播。社交网络是一个低摩擦的信息传递平台，非常有价值。

移动设备用户长年在线对移动电子商务的应用程序具有重要影响，这是推动移动电子商务发展的最强动力。

（二）共享经济

共享经济，又称分享经济、合作消费或是协同消费，其实质是使用权的共享。它是人类社会发展到特定阶段，借用互联网络平台、以共享使用权为目的的消费模式，当这种消费模式成为一种商业模式并推动社会经济发展时，便可称之为共享经济。共享经济包括三大主体，即商品或服务需求方、供给方和共享经济平台。共享经济平台作为连接供需双方的纽带，通过移动 LBS 应用、动态算法与定价、双方互评体系等一系列机制的建立，使得供给方与需求方通过共享经济平台进行交易。

共享经济属于“互联网 +”经济模式的一种，是指能让商品、服务、数据（资源）及（人的）才能等具有共享渠道的经济社会体系。作为一种消费协同模式，共享经济的理念在于共享使用权、实现对闲置资源的再配置，既满足人们的物质需求，又克服人们对环境保护的焦虑，通过建立可持续发展的生态型经济，降低新产品的生产量和原材料消耗，最终改变人们的消费观念。

共享经济是一种新的消费模式。共享经济以消费者和社区利益为导向，但带来的结果却是多方获利。新型的共享经济企业并不会对现有商业造成必然的打击，在良好的社会节能效应和高度的用户忠诚度下，完全可以把人类的消费模式从传统的、垂直的零售模式转变为协作的消费模式。共享资源的使用权构建了社会资本，使商品和服务的分配更加公平。作为一种新的消费模式，共享经济通过共享使用权对闲置资源实现再配置，这一过程离不开资本的支持，然而资本逐利的本性可能异化共享经济的理念，挑战现行的制度和秩序。因此，理性看待共享经济所蕴藏的商机，探寻符合市场规律和现行制度的发展模式，是共享经济可持续发展的必由之路。

（三）跨境电子商务

电子商务交易在很大程度上克服了地理空间对商业的限制。在全球经济一体化进程日益加快的今天，跨境电商成为推动国际贸易发展的重要手段。跨境电子商务不仅冲破了国家和地区间的障碍，使国际贸易走向无国界贸易，同时也引起了世界经济贸易的巨大变革。对企业来说，跨境电子商务构建了开放、多维、立体的多边经贸合作模式，极大地扩宽了其进入国际市场的路径，大大促进了多边资源的优化配置与企业间的互利共赢；对顾客来说，跨境电子商务使他们非常容易地获取其他国家的信息并购买到物美价廉的商品。近年来，跨境电商呈现爆发式增长，成为驱动贸易发展的新动能。特别是在“一带一路”倡议的引领下，沿线国家和地区已成为跨境电商平台重要的目标市场。

（四）农业电商

农业是典型的传统行业，其特点是地域性强、季节性强、产品的标准化程度低、生产者分散等，具有较大的自然风险和市场风险。电子商务是通过电子数据传输技术开展的商务活动，能够消除传统商务活动中信息传递与交流的时空障碍。发展农业电商，将有效推动农业产业化的步伐，促进农村经济发展，最终缩短生产和消费的距离，降低交易成本，减少库存，缩短生产周期，增加商业机会，减轻对实物基础设施的依赖等。总之，发展农业电商可有效地克服农业产业化经营中的不利因素，对我国农业产业化进程具有极大的促进作用。

课堂延伸

电商扶贫案例

一、小木耳，大产业

柞水县曾是陕西省11个深度贫困县之一，也曾是国家扶贫开发工作重点县。种植木耳，用直播电商推销木耳等农产品，柞水走上了脱贫致富之路。2020年2月，柞水县正式脱贫摘帽，退出了贫困县行列。而这并非孤例，据《阿里巴巴脱贫工作报告（2018年）》披露，2018年，全国有600多个贫困村通过电商脱贫成为淘宝村，其中，超过100个贫困县网络销售额达到或超过1亿元。许多深山里的土特产通过电商平台飞入百姓家，电商也成为扶贫新模式。

在新型冠状病毒肺炎疫情中，电商对于我国消费和农村农业经济的促进作用更是展现无余。受疫情影响，2020年一季度我国社会消费品零售总额同比下降19%，而实物商品网上零售额不降反增，同比增长5.9%。疫情期间，农产品滞销，各电商平台上刮起了一阵“县长直播潮”。有的县委书记3小时卖出了18万斤苹果，有的短短十分钟内线上成交就达到6 000多单。县长直播带货帮不少农户走出困难，成了乡村振兴的新亮点，也让人们看到了农业农村经济创新的活力所在。

二、土流集团持续运用信息化手段战“疫”助农

疫情之下，农资企业、经销商及广大种植户等面临农产品滞销、下田难、请工难、农资紧张等问题。为应对疫情挑战，将疫情对农业生产运营的影响降到最低，土流集团积极行动，多措并举，凭借信息化手段高效、便捷和零接触的优势，运用“互联网+”、大数据等现代技术，为农业农村经济发展、社会民生贡献力量。

- 参与线上公益直播，分享数字农业新应用

为确保农业生产不受疫情影响，中国农技推广协会数字农业分会发挥组织作用，聚合协会成员及国内外数字农业领域专家学者，充分利用现代数字技术从土壤到种植管理的各个环节对种植户进行赋能，开展以“战疫情、保稳定，数字农业在行动”为

主题的线上公益直播。在公益直播第十三讲中，土流集团大数据产品总监董仲书从大数据发展历史、大数据与农业农村之间的关系、农产品从0～1的过程等角度讲解“大数据如何助推农产品高质量发展”。在直播中，董仲书以土流网的土地数字档案、土地价值评估、智能精准种植等为例，全面详细解说大数据在农产品高质量发展中的作用，为农业发展提供智慧支撑。截至目前，数字战“疫”公益直播累计30多万人观看，并获得观看者的一致好评。

- 助力“信息化助农行动”，战疫情保春耕

为拓宽农资下乡和农产品出城渠道，解决农产品滞销和信息不对称等问题，湖南省委网信办发起“信息化助农行动”。土流集团积极参与其中，在抖音、微博、今日头条等媒体平台创建话题，吸引社会关注农业农村发展问题。针对疫情防控的严峻性，土流集团推出了“0接触，交易有保障”的在线土地流转服务，并配套以“土地大数据”为依据，联合蚂蚁金服开发出针对农业农村的大数据普惠金融产品，解决由于各地隔离措施，农民经营难、借钱难等显著问题。疫情期间，土流普惠在湖南岳阳、常德、安徽阜阳、江西丰城等多地通过0接触手机申请，累计为农民、涉农经营主体等筹集春耕资金超过6亿元，全力保障业务覆盖地区农民春耕资金问题。

解决三农问题的焦点

2017年《中共中央 国务院关于深入推进农业供给侧结构性改革，加快培育农业农村发展新动能的若干意见》出台，值得注意的是，该意见首次明确了支持涉农电子商务平台建设政策，农产品电商的关注度又一次被提高了很多。在互联网发展迅猛的今天，如何“让农村成为引人入胜的天地、农业成为令人向往的产业、农民成为令人羡慕的职业”，成为解决三农问题的焦点，更是各大农业电商平台的终极目标。

第二步：了解电子商务与传统商务的区别

传统商务起源于远古时代，当人们对生产活动进行分工时，商业活动就开始了。每个家庭不再像以前那样既种植谷物，又打猎和制造工具，可专心于某一项生产活动，然后用自己生产的产品去换取所需之物。

电子商务并非新兴之物。早在1839年，当电报刚出现的时候，人们就开始了对运用电子手段进行商务活动的讨论。随着电话、传真、电视、移动通信设备等电子工具的出现，商务活动中可应用的电子工具进一步扩充。电子商务真正始于20世纪70年代的电子数据交换（Electronic Data Interchange，EDI）。在此之后，伴随着计算机技术和网络通信技术的发展，借助互联网技术实现企业内部、企业之间、企业与客户之间的商业活动，已经成为越来越多企业生存和发展的必然要求，并逐渐发展成为一个相对独立的、全新的商务领域。

传统商务与电子商务的不同主要体现在交易对象、交易时间、交易地点、流通渠道、

销售方式、销售推动、信息提供、顾客方便度、顾客需求把握等方面（见表 1-1）。

表1-1　传统商务与电子商务的区别

比较项目	传统商务	电子商务
交易对象	部分地区	全球
交易时间	规定的营业时间内	一周 7×24 小时服务
交易地点	需要销售空间（实体店铺、仓库等）	虚拟空间（网络店铺、商品列表、图片等）
流通渠道	企业—批发商—零售商—消费者	企业—消费者（可以跨过中间商以降低流通成本）
销售方式	通过各种关系在线下交易	线上自由交易
销售推动	销售商努力（单方）	交易双方一对一沟通（双向）
信息提供	根据销售商的不同而不同	透明、准确、及时
顾客方便度	受时间和地点的限制	不受时空限制
顾客需求把握	需要用很长时间掌握顾客的需求	能够迅速捕捉顾客的需求，及时应对

传统商务和电子商务的运作过程都是由交易前的准备、贸易磋商、合同的签订与执行、资金的支付与清算等环节组成的，但是两者交易的具体运作过程有很大的区别。表 1-2 为传统商务和电子商务运作过程的比较。

表1-2　传统商务和电子商务运作过程的比较

	交易前的准备	贸易磋商	合同的签订与执行	资金的支付与清算
传统商务	商品信息的发布、查询和匹配，是通过传统方式来完成的（如报纸、电视、广播、杂志、户外媒体等各种广告形式。）	贸易双方进行口头磋商或纸面贸易单证的传递。纸面贸易单证包括：询价单、价格磋商函、订购合同、发货单、运输单、发票、收货单等。使用的工具包括：电话、传真或邮寄等。	在商务活动中，贸易磋商过程经常通过口头协议来完成，在磋商过程完成后，交易双方必须以书面形式签订具有法律效应的贸易合同（纸面合同）来确定磋商的结果和监督执行。	方式有两种： （1）支票多用于企业的商贸过程，涉及双方单位及其开户银行。 （2）现金常用于企业对个体消费者的商品零售过程。
电子商务	交易的供需信息都是通过交易双方的网址和网络主页完成的。双方信息沟通的特点：快速、高效。	将纸面单证在网络和系统的支持下变成电子化的记录、文件和报文在网络上传递。专门的数据交换协议保证了网络信息传递的正确、安全的特性和快速的特点。	电子合同在第三方授权的情况下同样具有法律效应，可以作为在执行过程中产生纠纷的依据。	网上支付可采用以下形式：信用卡、电子支票、电子现金、电子钱包等。

通过比较可以看出，电子商务在交易各个环节都采用了与传统商务不同的运作方法，在许多方面，电子商务都优于传统商务。

举一反三

1. 讲一讲你身边的电子商务故事。

2. 登录站长之家，查询电商领域排行前 100 名的站点，了解其所属行业。

任务3　理解电子商务交易模式

任务描述

电子商务商业模式的分类对电子商务企业选择一个或多个商业模式来开展经营具有重要意义。目前，主流的电子商务模式主要分为 B2B、B2C、C2C 等。

甲公司是一家家具生产企业，随着市场竞争的加剧，遇到了许多困难，如面对众多的原材料供应商不知如何选择，如果派专人去和这些供应商一一谈判，成本又太高。为了解决这些问题，该公司想通过网络采购来提高采购效率、降低成本，但是其又不了解网络采购，如电子化采购的流程、网上招投标系统等。乙公司是一家经营医疗器械的企业，目前，该公司主要通过电视、广播、报纸、杂志等传统媒体进行产品宣传。随着经营规模的扩大及市场竞争的日趋激烈，公司当前的营销工作遇到了许多困难，主要表现在：通过传统媒体推广品牌形象和向用户传递产品信息的效率低、成本高，顾客只能通过电话、电子邮件等方式反映意见和要求等。公司的营销人员听说在阿里巴巴等中介平台上发布产品信息可给企业带来更大的商机，很想了解这些中介平台的运营模式，以便在这些平台上发布本公司的产品信息。在本任务中我们就将解决这些问题。

任务实施

第一步：认识 B2B 电子商务模式

一、什么是B2B电子商务模式

二维码6

微课：电商模式的选择

B2B（Business to Business）电子商务模式是企业间的商务模式，有业务联系的企业通过互联网或各种商务网络平台进行产品、服务及信息交换的商务活动。具体来说，它是指通过业务联系起来的上下游企业，将传统商务中的信息发布、商业洽谈、招投标、订购货物、签订合同等活动过程，利用互联网、私营或增值网络平台连接起来，形成虚拟企业网。网络的快速反应，不仅使企业间联系得更加紧密，也促进了企业和行业的发展。

在电子商务的几种模式中，B2B 是电子商务的一种重要模式，也是企业在激烈的市场竞争中改善自身竞争条件、建立竞争优势的主要方式。比较典型的 B2B 电子商务商业模式平台如阿里巴巴旗下的 1688 网站。

二、B2B电子商务模式的流程

B2B 电子商务模式的交易流程如图 1-1 所示。

（1）采购方向供应方表明交易意向，提出商品报价请求并询问想购买商品的详细信息。

（2）供应方向采购方回答该商品的报价，并反馈信息。

（3）采购方向供应方提出商品订购单。

（4）供应方对采购方提出的商品订购单做出应答，说明有无此商品及目前存货的规格型号、品种、质量等信息。

（5）采购方根据供应方的应答决定是否对订购单进行调整，并最终确定购买商品信息。

（6）采购方向供应方提出商品运输要求，明确使用的运输工具和交货地点等信息。

（7）供应方向采购方发出发货通知，说明所用运输公司的名称、交货的时间和地点、所运输设备和包装等信息。

（8）采购方向供应方发回收货通知。

（9）交易双方收发汇款通知。采购方发出汇款通知，供应方告之收款信息。

（10）供应方备货并开出电子发票，采购方收到货物，供应方收到货款，整个 B2B 交易流程结束。

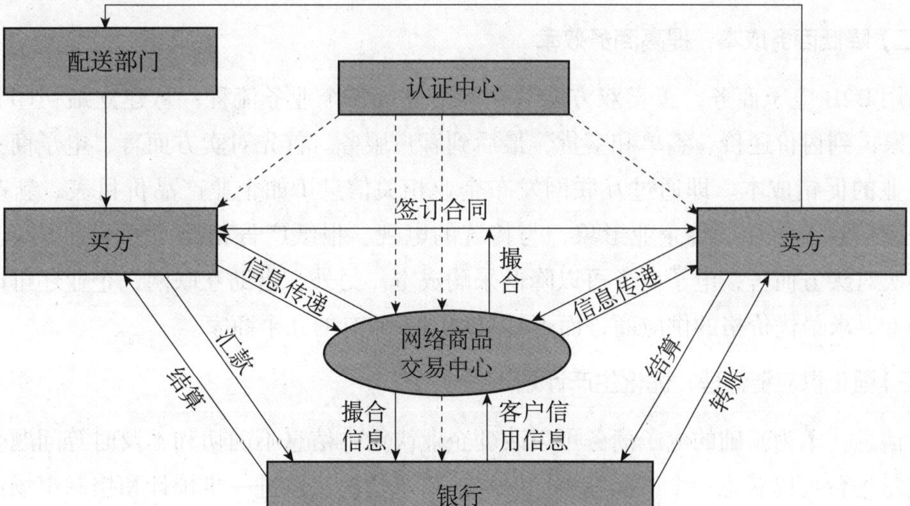

图 1-1　B2B 电子商务模式的交易流程

确保企业间的 B2B 交易安全有效，认证中心还需对在线交易企业、网络平台、网络银行颁发数字证书，以确认交易各方的身份。如果是跨境贸易，还将涉及海关、商检、国际运输、外汇结算等业务。

三、B2B电子商务模式的分类

（一）面向制造业或面向商业的垂直 B2B

垂直 B2B 可以分为两个方向，即上游和下游。生产商或商业零售商可以与上游的供应商之间形成供货关系；生产商与下游的经销商可以形成销货关系。如戴尔公司与上游的芯片和主板制造商就是通过这种方式进行合作。

（二）面向中间交易市场的 B2B

这种交易模式是水平 B2B，它是将各个行业中相近的交易过程集中到一个场所，为企业的采购方和供应方提供了一个交易的机会。B2B 只是企业实现电子商务的一个开始，它的应用将会得到不断的发展和完善，并适应所有行业和企业的需要。如阿里巴巴为千万企业提供海量商机信息和便捷、安全的在线交易市场。

二维码7

知识链接：B2G 电子商务模式

四、B2B电子商务模式的优势

（一）使买卖双方信息交流方便、快捷

信息交流是买卖双方实现交易的基础。传统商务活动的信息交流是通过电话、电报或传真等工具，这与互联网信息是以网上超文本（包含图像、声音、文本信息）的形式传输不可同日而语。

（二）降低商务成本，提高商务效率

利用 B2B 电子商务，买卖双方能够在网上完成整个业务流程：从建立最初印象，到货比三家，到讨价还价、签单和交货，最后到客户服务。首先对卖方而言，电子商务可以降低企业的促销成本。即通过互联网发布企业相关信息（如企业产品价目表、新产品介绍、经营信息等）和宣传企业形象，与传统的电视、报纸广告相比，可以更省钱、更有效。其次对买方而言，电子商务可以降低采购成本。另外，借助互联网，企业还可以在全球市场上寻求最优价格的供应商，而不是只局限于原有的几个商家。

（三）强化供应链管理，优化生产计划

以信息技术为基础的电子商务可以改变企业决策中信息不确切和不及时等问题。通过 B2B 交易平台可以获悉一个产品在不同区域的需求情况，以进一步预计和控制市场供求信息，从而对库存商品和物流进行明确的规划和管理，以获得较大的经济效益。通过互联网可以将市场需求信息传递给企业的生产决策部门，同时也把需求信息及时传递给供应商而

适时得到补充供给。

（四）缩短企业生产周期

一件产品的生产是许多企业相互协作的结果，因此产品的设计开发和生产销售可能涉及许多关联企业，企业通过电子商务可以改变过去由于信息封闭而无谓等待的现象。

（五）24 小时每一天无间断运作，增加了商机

传统的交易受到时间和空间的限制，而基于互联网的电子商务则是一周 7 天、一天 24 小时无间断运作。并且，网上的业务可以延伸到传统营销人员和广告促销所达不到的市场。

五、B2B电子商务模式的发展阶段

B2B 电子商务的发展可以分为信息服务阶段、交易服务阶段和产业链综合服务阶段（见图 1-2）。

图 1-2　B2B 电子商务发展三阶段

（一）信息服务阶段

信息服务阶段，又称 B2B 电商 1.0 阶段，这一阶段主要聚焦于信息展示，将买卖双方的线下信息转移到互联网上，网站通过收取加盟费和信息推广服务费盈利。自 1999 年阿里巴巴开启了中国 B2B 电子商务后，涌现了中国化工网、中国制造网等一大批 B2B 电子商务平台。

经营模式：B2B 电商平台以提供信息服务为主，从信息入手，通过信息联通供需各方，以信息平台带动商业平台。B2B 电商平台主要经营模式为信息黄页。

盈利模式：B2B 电商平台通过提供会员服务、广告展示、流量变现、竞价排名和线下展示等收取用户费用。

（二）交易服务阶段

交易服务阶段，又称 B2B 电商 2.0 阶段，这一阶段，越来越多的企业开始切入交易，B2B 电商平台通过系统或人工撮合，进行供需信息匹配和在线交易。

经营模式：B2B 电商平台除了具备信息展示功能外，企业间还可以在平台上进行线上交易，B2B 电商平台有自营、撮合、代售等经营模式。

盈利模式：B2B 电商平台有收费会员服务、出售营销增值服务、交易佣金、平台资金沉淀等盈利模式。

（三）产业链综合服务阶段

产业链综合服务阶段，又称B2B电商3.0阶段，随着云计算、大数据的发展，B2B电子商务将打通供应链，构建产业生态圈，为产业链参与主体提供综合服务，实现信息流、资金流、商流、物流的四流合一。这一阶段主要体现为垂直类B2B电商平台的迅速崛起。

经营模式：随着交易数据的积累，B2B电商平台可为买卖双方提供包括仓储、金融信贷、大数据分析等在内的一系列高附加值服务。

盈利模式：通过打通供应链，B2B电商平台的盈利模式变得多样化，B2B电商平台可通过向客户提供数据服务、信息服务、物流服务、金融服务等收取费用。

在B2B电商3.0阶段，垂直类B2B电商平台具备较强的“纵深”服务能力，能深入产业链上下游，满足企业多样化需求，大批量、低成本地提供个性化、定制化产品。垂直类B2B平台的出现极大地促进了B2B电子商务市场的发展，以易采办、粮达网电商平台为代表的垂直类B2B电商平台迅速崛起。B2B电子商务兴起于黄页信息展示，发展于撮合交易，最终将走向大数据整合。B2B电子商务市场正进入变革拐点，逐步走进3.0时代，未来B2B电商的发展在于构建完善的生态圈，提供线上交易、大数据应用和供应链金融等一系列服务。

二维码8

知识链接：供应链和供应链一体化

第二步：理解B2C电子商务模式

一、什么是B2C电子商务模式

B2C（Business to Customer）电子商务模式是企业对消费者的商务模式，中文简称“商对客”，是以互联网技术为基础，企业依靠网站向消费者提供产品和服务的一种经营模式。它是目前常见的电子商务模式，也是主要的网购模式之一。

B2C电子商务极大地改变了传统的商业模式。首先，在交易环境上，以网络技术为基础，企业在互联网上构建网上商城、提供网络交易场所，消费者通过互联网足不出户完成网上产品、服务的购买。其次，在支付环节上，不再采取“一手交钱一手交货”的面对面交易方式，而是网上付款、移动支付和货到付款等多样性网上支付方式相结合。最后，在商品流转上，采取物流服务外包、企业自营配送等方式，实现物品从企业到消费者的流通。

在网购行为方面，B2C电子商务模式的优势主要体现在：

（1）企业提供品类全、质量佳、服务优的商品和服务，依赖信息技术的发展，使消费者的购物方式更加便捷，也让消费观念产生了改变，成为电子商务市场最主流的发展模式。

（2）企业以互联网为基础，高效地管理信息，为消费者提供低成本、快响应的交易平台，使消费者和企业在商务活动中实现双赢。B2C企业以网上商城平台为依托，分析消费者的购买行为，并做出及

二维码9

知识链接：C2B电子商务模式

时的反馈，以低成本的销售和快速的流程反应，赢得在市场中的竞争优势。同时，在这个过程中消费者也享受到企业提供的低价格和优质服务。

（3）B2C 电子商务企业较其他电子商务模式的企业而言，更依赖于服务优、速度快的物流。B2C 企业在实现物品流转过程中，主要采取配送中心和第三方物流公司合作的物流方式，将产品第一时间传递给消费者，快速实现线上到线下的物品流通。同时，为保证产品的品质，无论是产品的包装还是运输，配送中心和第三方物流公司都采取标准化运营，以便给消费者留下优质服务的印象。

二、B2C电子商务模式的分类

（一）按照企业与消费者之间的买卖关系分类

按照企业与消费者之间的买卖关系，B2C 电子商务可分为卖方企业对买方个人的 B2C 电子商务、买方企业对卖方个人的 B2C 电子商务两种模式。

卖方企业对买方个人的 B2C 电子商务模式是常见的 B2C 电子商务模式，即企业出售商品和服务给消费者个人，京东商城和当当网就是两个比较典型的代表。买方企业对卖方个人的 B2C 电子商务模式是企业在网上向个人求购商品或服务的一种电子商务模式。这种模式应用最多的是企业在网上招聘人才。例如，BOSS 直聘就以这种模式为招聘企业和求职个人提供了沟通平台（见图 1-3）。

二维码10

知识链接：招聘网站概述

图 1-3　BOSS 直聘主页

（二）按照交易客体分类

按照交易客体不同，B2C 电子商务可分为无形商品和服务的 B2C 电子商务模式、有形商品和服务的 B2C 电子商务两种模式。前者可以完全通过网络进行；后者则不能完全地在网上实现，要借助传统手段的配合才能完成。

1. 无形商品和服务的B2C电子商务模式

计算机网络本身具有信息传输和信息处理功能。无形商品和服务（如电子信息、计算机软件和数字化视听娱乐产品等）一般可以通过网络直接提供给消费者。无形商品和服务的 B2C 电子商子模式主要有网上订阅模式、广告支持模式、网上赠予模式和付费浏览模式。

网上订阅模式是指消费者通过网络订阅企业提供的无形商品和服务，在网上直接浏览或消费的电子商务模式。这种模式主要被一些商业在线企业用来销售电子刊物、有线电视节目、课程等。还有一些在线服务提供商提供培训服务和在线娱乐等，如用户可在腾讯课堂、百度传课、淘宝大学等网站订阅关于互联网、电子商务和网络营销等课程的内容。

二维码11

微课：爱学习的电商人

广告支持模式是指在线服务提供商免费向消费者提供在线信息服务，其营业收入完全靠网站上的广告来获得的电子商务模式。这种模式不直接向消费者收费，是目前最成功的电子商务模式之一。百度等在线搜索服务网站主要就是依靠广告收入来维持经营活动的。

采用网上赠予模式的企业主要有两类：软件公司和出版商。软件公司在发布新产品或软件新版本时通常在网上免费提供测试版。网上用户可以免费下载试用。这样，软件公司不仅可以获得一定的市场份额，而且扩大了测试群体，保证了软件测试的效果。当最终版本公布时，测试用户也常常会因为参与了软件测试而能享受一定的价格优惠。

二维码12

知识链接：O2O电子商务模式

付费浏览模式是指企业通过网站向消费者提供按次收费的网上信息浏览和信息下载的电子商务模式。付费浏览模式让消费者根据自己的需要，在网站上有选择地购买一篇文章或一部分内容，在数据库里查询到的内容也可付费获取，如中国知网、百度文库等。另外，一次性付费参与游戏娱乐将会是未来很流行的付费浏览模式之一。

2. 有形商品和服务的B2C电子商务模式

有形商品是指传统的实物商品。有形商品和服务的查询、订购和付款等均可在网上进行，但最终的交付活动不能通过网络实现，需采用传统的方法完成。B2C 网店根据经营主体的不同，主要分为独立 B2C 网站和 B2C 电子化交易市场。

独立 B2C 网站主要是指企业自行搭建的网上交易平台。那些拥有较强资金和技术实力的企业，能够自行完成电子商务前台系统和后台系统的构建。此类 B2C 网站主要有以下三种。

第一种是新生网店。新生网店是完全的虚拟企业，在线下没有实体商店。其典型代表是亚马逊、当当网和京东商城等。目前，亚马逊、京东商城和当当等新生网店也在尝试开线下实体店。

第二种是传统商店自办网店。目前，传统商店因生存所迫纷纷上网经营，如苏宁电器

（苏宁易购）和国美电器（国美在线）等。目前，已开设网店的传统零售企业多采用互补性的经营策略：一方面，通过建立门户网站，树立企业形象和推广企业产品，起到广告宣传和信息发布的作用，从而扩大线下店铺的销售量；另一方面，采用“错位经营”的方法，使网上业务与线下业务尽量不重合，并通过网络平台提供售后服务和技术支持。

二维码13

知识链接：错位经营

第三种是开展网络直销业务的厂商。此类网店由生产制造商开设，生产商生产出产品后利用网络平台直销，网络平台使传统的销售方式发生了变化，给这些传统企业带来了商机，比较典型的企业有戴尔、海尔和联想集团等。一般情况下，生产制造商的电子商务网站是 B2B2C 的混合模式。

B2C 电子化交易市场又称 B2C 电子商务中介商，是指在互联网环境下，利用通信技术和网络技术等手段把参与交易的买卖双方集成在一起形成的虚拟交易环境。B2C 电子化交易市场的运营商一般不直接参与电子商务交易。B2C 电子化交易市场作为新的电子商务中介商，其经营的重点是聚集入驻企业和消费者，扩大交易规模，提升电子化交易市场的人气。如天猫商城和招商银行网上商城等都属于 B2C 电子化交易市场。

二维码14

知识链接：马太效应

第三步：理解 C2C 电子商务模式

一、什么是C2C电子商务模式

C2C（Customer to Customer）电子商务模式是消费者对消费者的商务形式，简单地说就是在互联网平台上个人消费者之间交易服务或产品的活动。这种模式是由第三方企业构建网络平台，卖家在该平台上搭设网络店铺，买家通过浏览网店寻找需求，并使用即时通信工具进行交流，买卖双方意见统一之后借用支付工具支付货款，卖家依靠物流公司发送货物给买家，至此 C2C 电子商务的购买过程完成。

C2C 电商平台是为买卖双方提供在线交易的中介平台。在该类平台的支持下，卖方可以自主进行商品网上展示与销售；而买方可以自行选择商品、购买付款或以竞价方式在线完成交易支付。目前，我国的 C2C 电商平台主要有淘宝网、eBay、微店等。其中，淘宝网已成为我国最大的 C2C 电商平台，而 eBay 主要为面向海外销售的用户提供交易平台。

相较于 B2B、B2C 电子商务模式，C2C 电子商务模式的特点表现在以下 4 个方面：

（1）参与者众多，具有双重身份。C2C 电子商务平台平等开放，使得用户数量大且分散，而且平台中个人既可以是卖家，也可以是买家。

（2）交易产品数量多、种类丰富。C2C 类似于网络上开办的“自由市场”，数量众多的个体经营者在第三方平台上，为消费者提供多种多样的产品和服务。既有有形商品，也有无形商品；既有全新商品，也有二手商品；既有大工厂统一生产的商品，也有小作坊个人制作的商品。

（3）单笔交易金额小，但交易次数较多。因为 C2C 交易是在个人之间开展，所以交易频繁，但交易的金额较小。低价值商品加上物流费可能会造成商品价格偏高。

（4）支付、物流的服务支持必不可少。在 C2C 交易过程中，第三方平台只提供给买卖双方选购、洽谈、订购的服务，要满足资金和货物的需求还要为买卖双方提供支付平台和物流系统的支持，保证信息流、资金流、物流、商流的实现。

二、C2C电商平台的分类

按交易的商品类型，C2C 电商平台可以分为实物交易平台和智慧交易平台。

（一）实物交易平台

实物交易平台（如淘宝网、拍拍网和 eBay 等）的商品种类很多，从汽车、计算机到服饰、家居用品，种类齐全。除此之外，其还设置了网络游戏装备交易区和虚拟货币交易区等。

课堂延伸

禁止在网上销售的商品

网上开店也要注意遵守国家法律、法规，禁止在网店销售下列商品：

（1）法律、法规禁止或限制销售的商品，如武器弹药、管制刀具、文物、淫秽品、毒品等。

（2）假冒伪劣商品。

（3）其他不适合网上销售的商品，如债券和抵押品、偷盗品、走私品或者以其他非法手段获得的商品。

（4）用户不具有所有权或支配权的商品。

（二）智慧交易平台

威客网是常见的智慧交易平台，一般“交易”的是企业或个人的智慧。威客的英文 Witkey 是由“wit”（智慧）和“key”（钥匙）两个单词组成的，它也是“the key of wisdom”的缩写，是指那些利用互联网把自己的智慧、知识、能力、经验转换成实际收益的人。

二维码15 知识链接：时间财富网

二维码16 知识链接：P2P电子商务模式

举一反三

1. 2020 年“双 11”排名前三的零食电商品牌为三只松鼠、百草味、良品铺子。以前，坚果零食在人们的印象中还是“贵族化”的食品。这三家以坚果为主打的零食电商以更加亲民的价格走进年轻群体，逐渐让坚果消费成为一种时尚、一种流行。日渐兴起的零食电商们正以迅雷不及掩耳之势挖掘着休闲食品这座大金矿。

三只松鼠电子商务有限公司总部设在安徽，其品牌创立于 2012 年，是中国第一家定位于纯互联网食品品牌的企业，也是当前中国销售规模最大的食品电商企业。2017 年 1 月，三只松鼠宣布其 2016 年年销售额突破 55 亿元，净利润达 2.63 亿元，拥有 3 100 位员工、4 000 万用户以及超过 35 万平方米的仓储。与此同时，三只松鼠也开始了线下店铺的布局。2016 年 9 月 30 日，三只松鼠第一家线下店——“三只松鼠投食店”在芜湖开业；2016 年 12 月 23 日，第二家投食店在蚌埠开业；2017 年 1 月 18 日，第三家投食店在苏州开业，2017 年，三只松鼠要在线下开 100 家投食店。在这排名前三的品牌中，其他两家品牌是从传统渠道转型而来。

百草味成立于2003年，在2010年全面转型线上之前它已经在休闲食品行业深耕多年。自 2010 年年底入驻天猫商城，百草味开启了互联网商务新纪元，年销售额也已超过 20 亿元。值得一提的是，2016 年 8 月，百草味与中国枣业第一集团——“好想你”达成并购协同战略，率行业之先成功上市。

良品铺子尽管出身传统，但线上转型速度极快，已连续两年位列天猫“双 11”零食电商第一阵营。良品铺子是从 2006 年武汉第一家实体店开始，逐渐进军江西、湖南、四川、河南市场，一路扩张至 2 100 多家线下门店。2012 年良品铺子组建电商团队，2013 年进入电商高速增长年，注册独立电商公司，在组织、人员、资源和渠道上进行全方位拓展。

互联网品牌卖的不仅是产品，还有服务与文化。它们用 360 度面面俱到的服务向消费者提供了前所未有的贴心服务。三只松鼠的一句“主人”就让消费者爽翻了；百草味的“开箱器”“回收舱”“亲嘴巾”等周边产品让消费者感受到了前所未有的“趣味消费”文化。

请进一步在 B2C 平台上寻找其他行业有特色的品牌，分析品牌的成功之处，在班级中进行分享。

2. 在 C2C 电子商务平台上寻找特色经营的店铺，并总结它的成功之处。

3. 访问 B2B 电子商务平台，总结它与我们日常所访问的购物网站有什么不同。

项目二 选择商品和市场

项目简介

在开展电子商务交易前，我们必须明确出售什么样的商品，将商品卖给谁，也就是明确目标市场。本项目我们将通过三个任务对商品和市场进行全面分析和选择，通过网络商品市场分析以及网络消费者行为特征及购买决策的相关介绍，使读者掌握百度指数等电子商务市场分析工具的用法；通过对线上、线下货源分类的介绍，使读者掌握商品的来源和分类；通过对供应商的选择与管理的相关介绍，使读者能够有效选择合作供应商。

项目目标

【知识目标】

- 熟悉百度指数等相关的电子商务市场分析工具
- 理解网络消费者的行为特征、购买决策逻辑流程
- 明确货源分类的方法、货源分类的种类
- 熟悉筛选及寻找货源的技巧及方法

【能力目标】

- 能够运用分析工具对行业和商品进行分析
- 能够应用合适的方法和技巧寻找优质货源

【素质目标】

- 培养诚实守信的精神
- 培养客观严谨的工作态度

任务1　分析商品和市场数据

任务描述

该任务通过对市场数据分析概念和内容的理解，借助百度指数相关数据分析工具的使用，更好地帮助买家分析市场、理解市场，为选择合适的目标市场和竞争策略打下基础。

任务实施

第一步：明确市场数据分析的内容

市场数据分析是指为了一定的商业目的，对市场规模、市场趋势、市场需求、目标客户、竞争态势等相关数据借助相关软件进行分析。通过综合分析，使众多分散的市场信息相互融合、互为补充，辅助电子商务企业进行决策。例如，是否应该进入该行业、如何确定销售目标、如何安排销售节奏等相关决策性的任务。

市场数据分析可以从以下两个方面展开：

一、行业数据分析

行业由众多提供同类或相似商品的企业构成。行业数据分析是指通过对行业进行宏观及微观分析（如行业集中度、行业市场规模、商品售卖周期、客户品牌及属性偏好等），用以判定电商企业选择的行业是否有较好的发展态势、行业的天花板在哪里、行业类目下有哪些子行业比较有发展潜力，据此对行业有个整体判断，找到电商企业销售额后期提升的“蓝海”机会，明确电商企业可以切入的品类。

二、竞争数据分析

了解了行业的整体状况以后，还需要纵深下去，识别并分析竞争对手。在信息透明的互联网时代，所谓市场容量大、竞争小的时长很短，甚至可以说几乎不存在。对此，需要积极投入竞争环境中，通过比较，明确企业在同行业的位置，了解自身优势，也需要找出自身和竞争对手的差距。

第二步：理解市场数据分析的价值

市场数据分析的必要性不言而喻，其价值体现在以下几个方面：

（1）有利于电商企业及时发现新的市场机会，预测市场行情，及时有效地调整市场或品牌战略，开拓潜在市场。

（2）提高信息对称性，可为电商企业的经营决策提供参考，让决策的信息更充分，提高经营管理决策的科学性和有效性。

（3）帮助电商企业发现经营中出现的问题，并找出解决办法，探查问题出现的原因，找到解决问题的办法。

（4）内外数据整合，提升市场竞争力。如价格带分析、客户满意度分析等均可作为企业调整战略目标的参考依据，帮助电商企业提升市场竞争力。

第三步：借助百度指数进行行业和竞争数据分析

一、百度指数的概念

百度指数是以百度海量的网民行为数据为基础的数据分享平台，是当前互联网乃至整个数据时代最重要的统计分析平台之一，自发布之日便成为众多企业营销决议计划的重要依据。

百度指数能够告诉用户某个关键词在百度的搜索规模有多大，一段时间内的涨跌态势以及相关的新闻舆论变化，关注这些词的网民是什么样的、分布在哪里，同时还搜了哪些相关的词，以帮助用户优化数字营销方案。

目前，百度指数的主要功能模块有：基于单个词的趋势研究（包含整体趋势、PC趋势和移动趋势）、需求图谱、舆情管家、人群画像；基于行业的整体趋势、地域分布、人群属性、搜索时间特征。百度指数的理想是"让每个人都成为数据科学家"。对个人而言，大到置业时机、报考学校、入职企业发展趋势，小到约会、旅游目的地选择，百度指数可以助其实现"智赢人生"；对于企业而言，竞品追踪、受众分析、传播效果，均以科学图标全景呈现，"智胜市场"变得轻松。

二、百度指数的主要功用

（一）趋势研究

百度趋势包括PC趋势和移动趋势两部分。PC趋势积累了2006年6月至今的数据，移动趋势展现了2011年1月至今的数据。用户不仅可以查看最近7天、最近30天的单日指数，还可以自定义时间查询。

（二）需求图谱

每一位用户在百度的检索行为都是主动意愿的展示，每一次的检索行为都可能成为该消费者消费意愿的表达。百度指数的需求图谱基于语义挖掘技术，向用户呈现枢纽词隐含的关注焦点、消费欲望。

需求图谱工具能显示用户对该网站的形象认知分布，有助于了解用户在使用百度搜索过程中常常把哪些词语与该品牌联系起来，对产品分析与营销能提供更为直观的数据基础。

（三）舆情管家

借助舆情管家功能，百度指数可呈现出任意关键词最热点的相关新闻、微博、题目和帖子。百度指数可以最多收藏 50 个关键词，对于需要长期监控自己品牌名、竞争对手舆情的市场、产品工作人员，不需要每次进行多次输入，即可通过一张列表呈现。

（四）人群画像

通过人群画像功能，输入关键词，能够真实、客观地获得用户的性别、区域、爱好等分布特点。

二维码17

知识链接：阿里指数

三、利用百度指数进行市场和竞品分析

百度指数是依据百度搜索引擎中的搜索数据统计计算得出的指数工具，它的数据来源是网民搜索行为数据，数据基础为搜索关键词，数据主要应用场景包括探索市场趋势、了解用户需求、监测舆情、用户特征分析。

二维码18

微课：大数据背景下的用户行为分析

针对几个典型的应用场景，结合 2017 年共享单车刚刚出现不久时对“共享单车”的分析案例，我们一起探索如何使用百度指数的市场趋势研究、竞品研究、需求图谱、舆情洞察、人群画像。

（一）市场趋势研究

通过在百度指数中搜索“共享单车”关键词，可以查看到该关键词的搜索趋势（见图 2-1）。

可以看出，共享单车的搜索热度大概从 2016 年 10 月开始增长，在 2017 年 2 月左右出现爆发式增长，并从 2017 年 7 月开始逐步降低，趋于平缓。从关键词的热度趋势我们能大致估计该行业的热度走势。

此外，我们可以查看在相同时段内该关键词的媒体指数，并挖掘出每个时段内值得关注的信息点（见图 2-2）。

通过媒体指数趋势可以看出，在 2016—2017 年间，关键词“共享单车”的媒体指数与热度趋势基本趋同，说明媒体的报道与用户关注度是相互促进的。而且通过在同一时段最热的媒体报道可以总结出如下信息：

（1）共享单车行业在 2016 年 11 月的时候已经进入恶性竞争阶段；

（2）行业内最强的竞争对手是摩拜和 ofo；

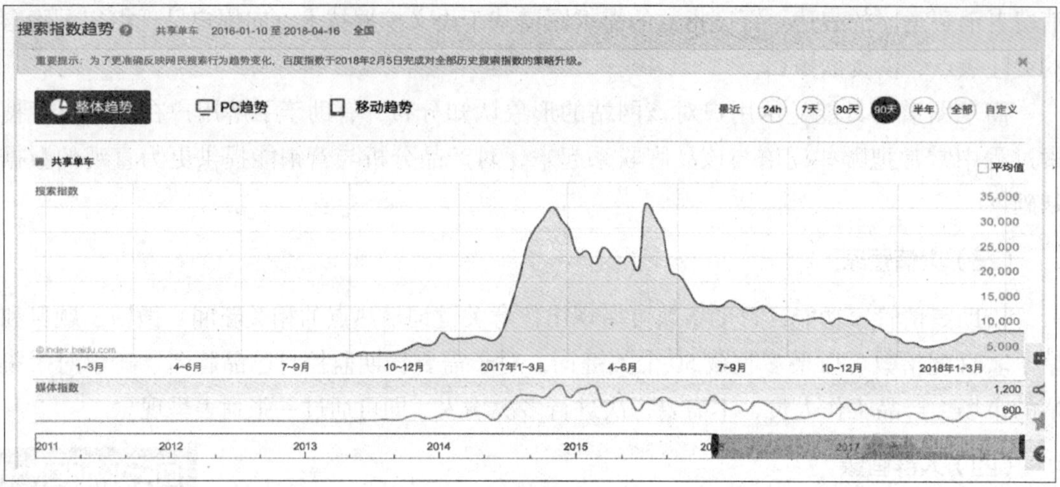

图 2-1　百度指数关键词热度趋势

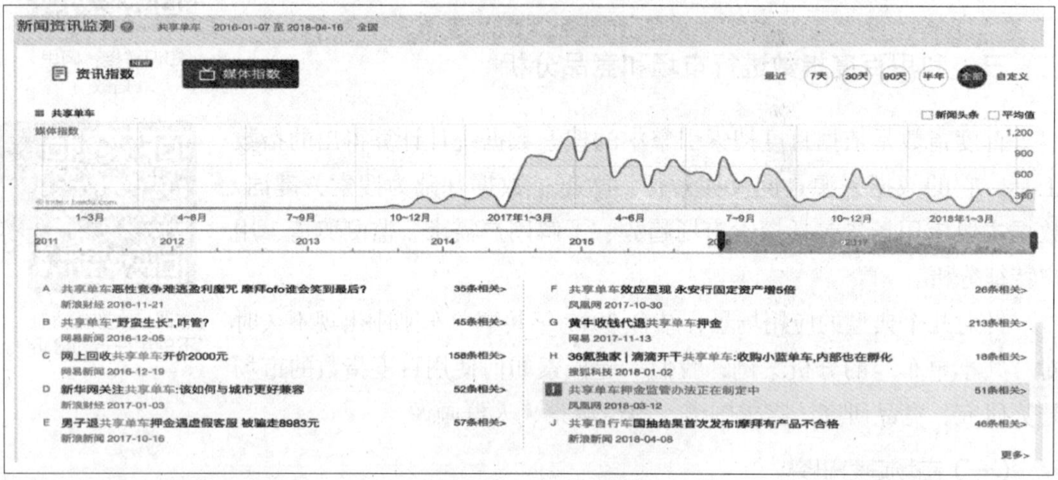

图 2-2　百度指数关键词媒体指数趋势

（3）2016 年 12 月共享单车已经出现野蛮生长态势；

（4）共享单车的管理、回收、监管等问题亟待解决；

（5）共享单车押金问题存在安全隐患。

如果我们要进入共享单车这个领域，以上问题和环境也将是必须面临的，可以帮助我们判断自己是否有足够的优势进入该领域。

（二）竞品研究

除了通过行业核心关键词研究行业趋势外，我们还可以通过竞品关键词研究竞品的趋势及优劣势。

以 ofo 为例做竞品分析。在百度指数中搜索关键词“ofo”，可得到趋势图。从趋势图中可以看出，ofo 的搜索热度从 2016 年 8 月左右开始逐渐上升，在 2017 年 1 月开始断崖式下滑，然后从 2 月左右开始出现触底反弹，在 2017 年 3 月左右进入新一轮峰值。

在看到趋势及拐点之后，我们可以根据时间线索搜索、寻找出现拐点的原因。通过查看 ofo 百科中的发展历程，以及每个时间段的媒体报道，我们可以发现：2016 年 8 月，ofo 完成 A+ 轮融资；2017 年春节之后，ofo 推出了智能锁（智能锁推出前，车锁一直是 ofo 硬伤）；2017 年 3 月，ofo 完成了 D 轮融资。

所以，我们可以通过分析每一个时间拐点上的产品动作、运营动作、市场动作，从而分析竞品的动向及结果。

最后，趋势分析还可以支持同时多个关键词的对比分析。例如，如果要同时比较摩拜和 ofo 的趋势，可以添加两个关键词进行趋势比较（百度指数最多支持 5 个关键词的比较检索），如图 2-3 所示。

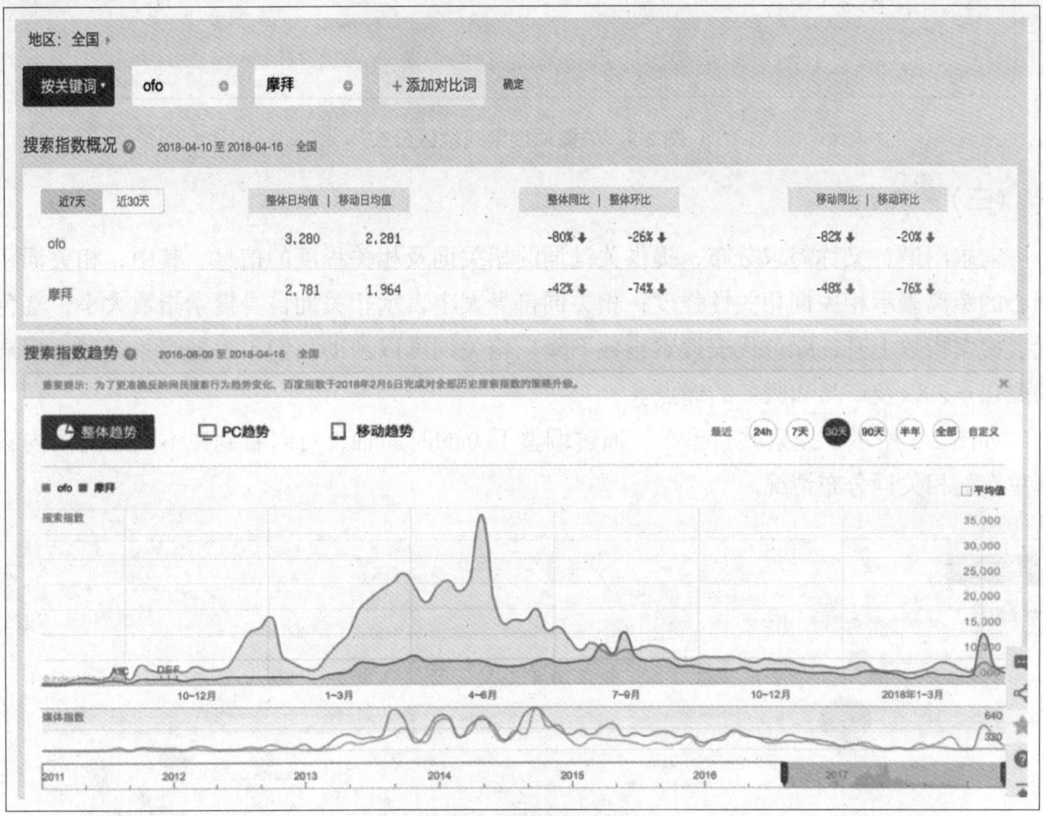

图 2-3　两个关键词趋势比较

从以上趋势比较可以简单看出，从 2016 年 10 月至 2017 年 8 月期间，ofo 的搜索指数都是高于摩拜的，但是后续 ofo 下降明显，趋于平缓之后，只略微高于摩拜。

搜索指数的热度与市场份额应该是正相关。由此我们可以猜测，ofo 在全国的市场份额是多于摩拜的。如果要看各地区，还可以通过修改关键词地区指数进行查看，从而了解在每个省份的市场份额情况（见图 2-4）。

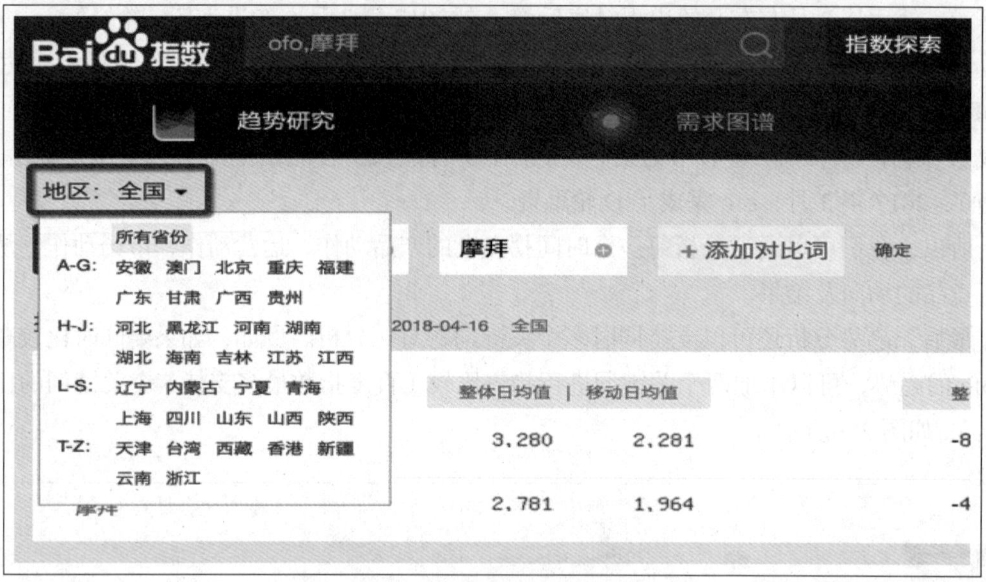

图 2-4 关键词搜索的地区分布

（三）需求图谱

需求图谱，又称需求分布，提供关键词的相关词及相关程度的信息。其中，相关词距圆心的距离表示相关词相关性强度；相关词自身大小表示相关词自身搜索指数大小，红色代表搜索指数上升，绿色代表搜索指数下降。相关词可以帮助我们了解围绕关键词、用户的聚焦点，以及产品和服务的痛点。

如图 2-5 所示，搜索共享单车，通过调整下方的时间轴，可以看到在不同时间段内共享单车的相关词分布情况。

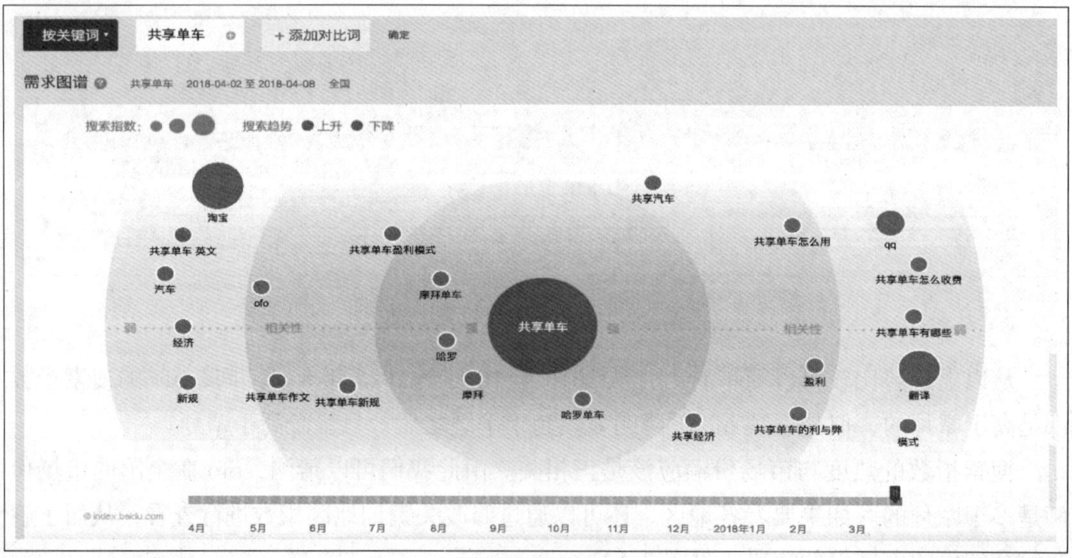

图 2-5 需求图谱

以 2018 年 4 月 2 日至 4 月 8 日期间的相关词分布为例，“共享单车”的热门相关词包含“摩拜单车”“摩拜”“哈罗”“哈罗单车”“ofo”“共享单车盈利模式”等。

从这些相关词中我们可以了解到：

- 共享单车领域几大主要市场玩家是摩拜、哈罗、ofo 等，而且这几大玩家的搜索热度都呈现上升趋势，与共享单车的相关性也很强，尤其是摩拜和哈罗。
- 针对共享单车这个行业，人们很关心的点是盈利模式是什么，单车怎么使用，有什么样的管理规则出台。

我们以“ofo”为关键词进行分析，可以看到在 2017 年 7 月 31 日至 2017 年 8 月 6 日时间段内相关词的分布（见图 2-6），发现“ofo”的其中一个相关词是“淘宝”，相关性较高且还呈现搜索热度上升趋势。

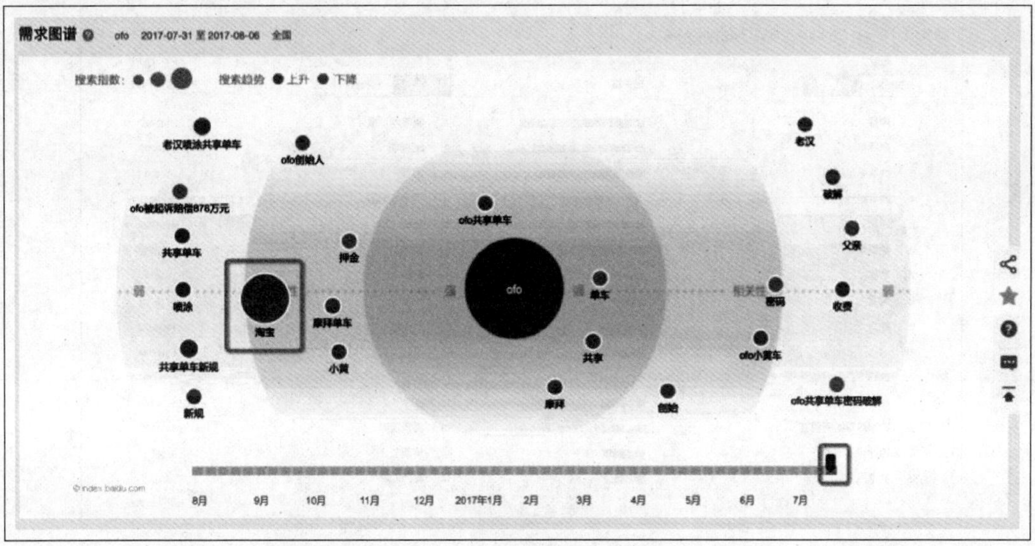

图 2-6 需求图谱中相关词查询

为了弄明白它们之间究竟是如何关联的，在百度上搜索一组组合关键词“淘宝＋ofo”，搜索结果如图 2-7 所示。由此可以了解到，ofo 曾发生红包被盗刷的事件。

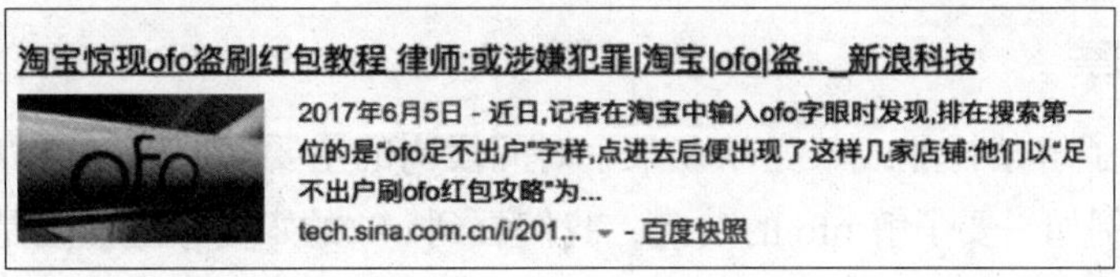

图 2-7 组合关键词搜索结果

需求图谱除了可以呈现相关词分布外，还可以呈现 top15 的来源相关词和去向相关词，如图 2-8 所示。

二维码19

知识链接：来源相关词和去向相关词

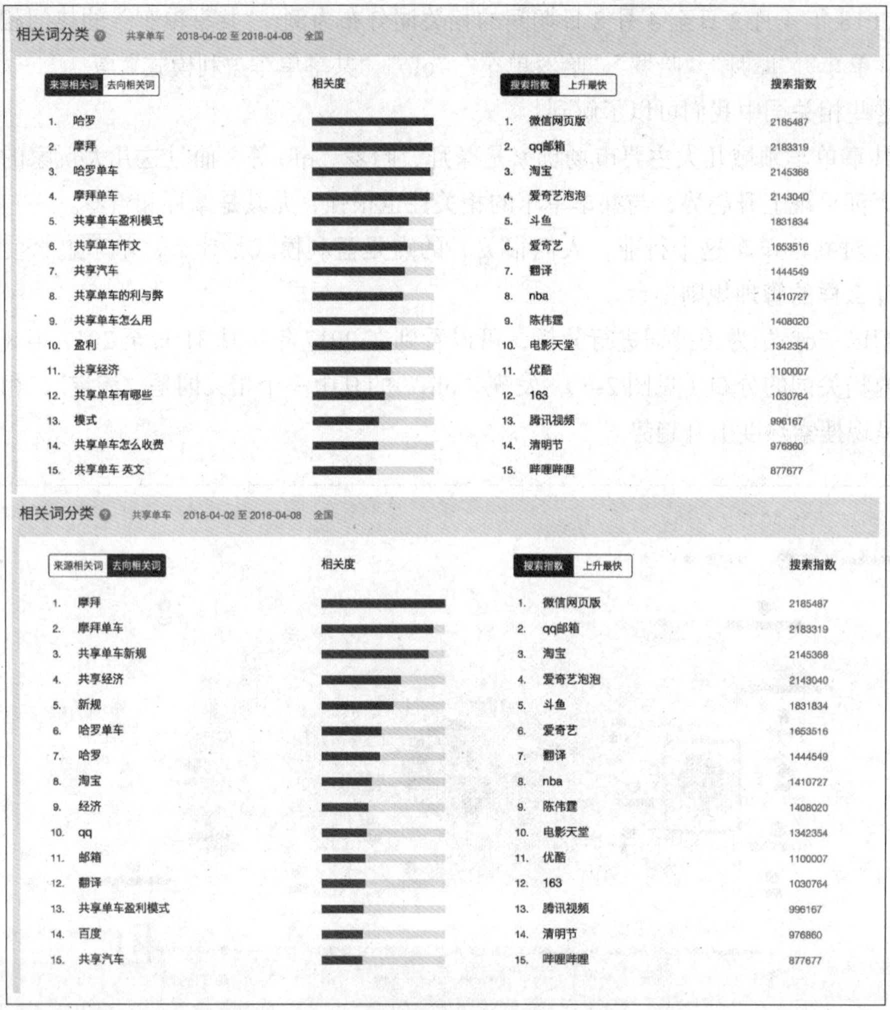

图 2-8　来源相关词和去向相关词

例如，用户在搜索“共享单车”之前，经常搜索“哈罗”“摩拜”“共享单车盈利模式”等关键词，但是在搜索了“共享单车”之后，经常搜索“摩拜”“共享单车新规”“共享经济”等关键词。

（四）舆情洞察

当我们需要了解某行业或某竞品在某个时间段内的主要动向时，可以使用舆情洞察，如图 2-9 所示。例如，要了解 ofo 的动向，我们看到 ofo 的媒体报道热度是从 2017 年 2 月左右开始增长的，从热门报道看，这应该得益于 4.5 亿美元的 D 轮融资。此外，在 2017 年 3 月至 2017 年 8 月期间，ofo 的主要动向为：

- 完成 D 轮融资；
- 在共享单车行业排名第一，并牵头制定行业标准，奠定行业地位；
- 通过一些绿色公益活动、明星代言等形式提升品牌影响力；
- 存在商标侵权的公关危机。

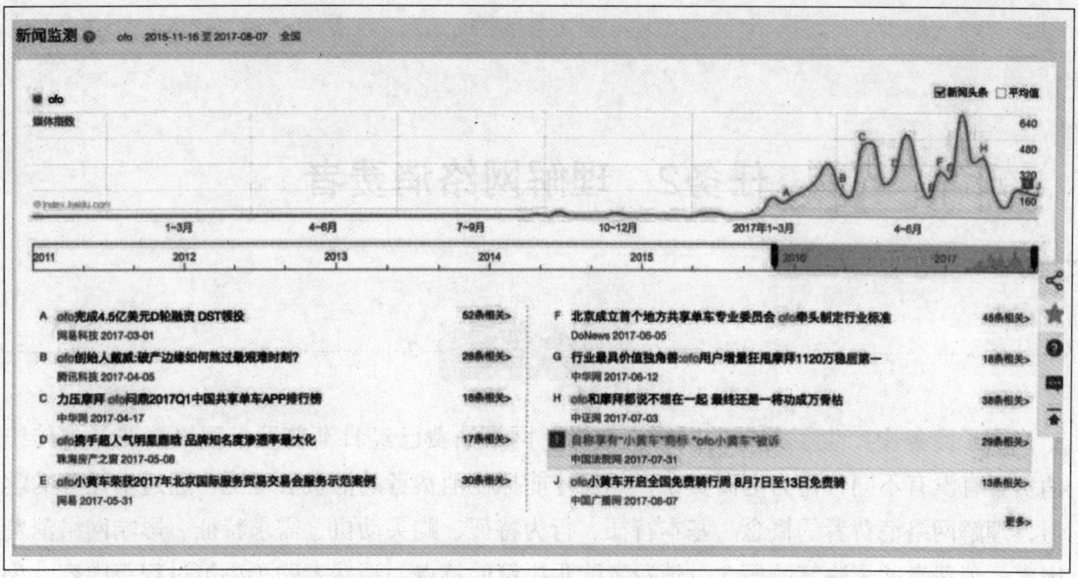

图 2-9　ofo 舆情洞察图

除此以外，如上文中的案例所示，将舆情洞察与趋势研究中的拐点结合，也是分析趋势走势的一个得力工具。

（五）人群画像

人群画像比较简单，即体现搜索关键词的用户基本属性，这些属性包括年龄、性别、地域等。例如，我们可以通过同时输入“摩拜”和“ofo”两个关键词，将对摩拜和ofo的用户进行对比，可得出如下结论：

- 摩拜和 ofo 的用户年龄分布基本一致，30～39 岁年龄段最多，占比约 50%；
- 摩拜和 ofo 的用户性别分布基本一致，男性占比约 70%，远远超过女性；
- 从地域分布看，ofo 主攻的是北上广等大城市，而摩拜主攻北京、广东、浙江、江苏、山东、湖北等地。

二维码20

微课：大数据背景下的用户画像

二维码21

知识链接：百度指数检索的相关技巧的总结

举一反三

结合本任务所学内容，选取你感兴趣的行业或商品，利用百度指数对其进行趋势研究、需求图谱、舆情洞察、人群画像等相关数据的分析。

任务2　理解网络消费者

任务描述

电子商务中产生了大量的网络消费者，网络消费已经日渐普及。网络消费者与传统消费者有没有不同，作为电商卖家，如何才能抓住消费者的消费心理呢？通过本任务的学习，理解网络消费者的概念、基本特征、行为特征、购买动机、需求特征、影响网络消费因素、消费者购买决策的概念、消费者购买决策的特点、消费者购买决策过程等内容，为后续开展电子商务工作做好知识储备。

任务实施

第一步：理解网络消费者的基本特征

网络消费者是指借助互联网中介在网上进行消费和购物等活动的消费者人群。

消费者行为以及购买行为永远是营销者关注的一个热点问题，对于网络营销者也是如此。网络用户是网络营销的主要个体消费者，也是推动网络营销发展的主要动力，其现状决定了今后网络营销的发展趋势和道路。我们要搞好网络市场营销工作，就必须对网络消费者的群体特征进行分析以便采取相应的对策。网络消费者群体主要具备以下四个方面的基本特征。

一、注重自我

目前网络用户多以年轻、高学历用户为主，他们拥有不同于他人的思想和喜好，有自己独立的见解和想法，相信自己的判断能力，他们的具体要求越来越独特，而且变化多端，个性化越来越明显。因此，从事网络营销的企业应想办法满足其独特的需求，尊重用户的意见和建议，而不是用大众化的标准来寻找大批的消费者。

二、头脑冷静，擅长理性分析

如今，绝大多数网络用户不会轻易受舆论左右，对各种产品宣传有较强的分析和判断能力，因此从事网络营销的企业应该加强信息的组织和管理，加强企业文化的建设，以诚信待人。

三、喜好新鲜事物，有强烈的求知欲

这些网络用户爱好广泛，无论是对新闻、股票市场还是网上娱乐都具有浓厚的兴趣，对未知的领域报以永不疲倦的好奇心。

四、好胜但缺乏耐心

如今的网络用户以年轻人为主，很多人比较缺乏耐心，当他们搜索信息时，比较注重搜索所花费的时间，如果链接打开、传输速度比较慢的话，他们一般会马上离开这个站点。

网络用户的这些特点，对于企业加入网络营销的决策和实施过程都是十分重要的。营销商要想吸引顾客，保持持续的竞争力，就必须对本地区、本国以及全世界的网络用户情况进行分析，了解网络用户的特点，制定相应的对策。

课堂延伸

阿里巴巴推出企业诚信查询平台

继全球首个"大数据打假联盟"、封杀恶意知识产权代理之后，阿里巴巴2017年2月正式上线企业诚信查询平台cheng.xin，用户登录后，只需在网站输入企业名称或法定代表人信息，就能查询其信用等级以及企业相关情况。

cheng.xin平台目前提供超1亿家企业免费查询服务，这一数字未来还将不断增加。除了信用等级，用户还能在平台上查询企业的基本信息、工商变更记录、主要管理人员、企业股东信息、被执行人、失信被执行人、对外投资信息，有助于交易双方降低贸易风险。

据了解，cheng.xin主要依托于阿里巴巴2016年推出的企业诚信体系，该体系由诚信评级、诚信档案、企业身份认证、风险扫描准入、动态风险监控、电子通行码等部分组成，其中信用评级以企业基本信息、法定代表人、贸易行为、金融行为、商业关系五大维度为企业提供信用评级，级别分为AAA、AA、A、BBB、BB五个等级。

"例如在国际贸易中，此前由于缺乏卖家诚信评估，增加了交易风险，一定程度上抑制了海外直购与海外分销的发展。"阿里巴巴方面表示，中小企业通过诚信查询平台能有效规避交易风险，并提升企业间的协同效率，降低订单与融资获取的成本。同时，失信企业也将在未来的商业环境中无所遁形，实现优胜劣汰。

第二步：理解网络消费者的行为特征

一、消费者消费追求个性化

当网络消费成为主流时，消费者的需求越来越高，不仅对于产品的功能、质量等要求提高，还要满足其网上购物的愉悦感与体验。随着经济的发展，越来越多的企业更加注重成本而忽视对消费者个性的满足。但在网络全球化蔓延的今天，随着互联网的飞速进步，消费市场呈现多元化趋势，消费者能够根据不同的需求进行更多个性化的选择。

二、消费受网络信息影响

传统的消费者往往通过口碑相传、电视购物推荐等途径了解商品评价信息，而现今的消费者可直接在贴吧、论坛、微信、微博等社交媒体上发表自己的主观看法，这些评价信息将毫无保留地传递给其他人。因此，大数据网络时代下的大众评价对消费者的购买影响更加深刻和广泛。此外，大众的评价数据将会被转载或更广泛地转播，影响到的消费者也越来越多。由于消费者在网络上都会选择自己感兴趣的信息进行浏览，因此淘宝、京东等平台会在云计算的帮助下，把广告推送和流量引流更好地转化为消费者的购买。

三、消费更加主动

在网络虚拟环境中，消费者都会主动地去寻找一些自己需要的商品厂家、种类、市场等信息，利用获取的这些资料来决定消费对象或者作为未来消费行为的经验积累和知识储备。一般网络消费者在确定了网络消费对象的前提下，会积极主动地与消费对象的商家取得联系，并由此产生购买行为。

四、消费倾向便捷化

随着人们生活节奏的不断加快、现代物流技术的快速发展，许多商家在网络上通过微信、微博、淘宝、直播等新媒体技术平台销售产品，使消费者可以更加全面地了解网络市场上产品的信息，明确自身的消费目标并选择出最为合适、便捷的消费方式。所以消费者在购买商品时，除了要求质量和价格外，对方便快捷和节省时间等方面有了更高的要求。

五、网络消费者消费选择更多

在网络虚拟空间中出售的消费品，无论是在种类还是数量上都已经不逊色于现实生活，在第三方服务这类特殊的消费品方面，数量和种类甚至已经超越了现实生活。这就使得网络消费者在选择消费对象时有很大的选择范围和丰富的比对，从而更加容易地获取满意的商品。

第三步：理解网络消费者的购买动机

动机是指推动人进行活动的内部原动力，即激励人们行为的原因。人们的消费需要都是由购买动机引起的。网络消费者的购买动机是指在网络购买活动中，能使网络消费者产生购买行为的某些内在的动力。只有了解消费者的购买动机，才能预测消费者的购买行为，以便采取相应的促销措施。由于网络促销是一种不见面的销售，消费者的购买行为不能直接观察到，因此对网络消费者购买动机的研究就显得尤为重要。网络消费者的购买动机基本上可以分为两大类：需求动机和心理动机。

一、需求动机

网络消费者的需求动机是指由需求而引起的购买动机。要研究消费者的购买行为，首先必须研究网络消费者的需求动机。美国著名的心理学家马斯洛把人的需求划分为五个层次，即生理需求、安全需求、归属与爱的需求、尊重需求和自我实现需求。需求理论对网络需求层次的分析具有重要的指导作用。而网络技术的发展，使现在的市场变成了网络虚拟市场，但虚拟社会与现实社会毕竟有很大的差别，所以在虚拟社会中人们希望满足以下三个方面的基本需求：

（1）兴趣需求：即人们出于好奇和能获得成功的满足感而对网络活动产生兴趣。

（2）聚集需求：通过网络给相似经历的人提供了一个聚集的机会。

（3）交流需求：网络消费者可聚集在一起互相交流买卖的信息和经验。

二、心理动机

心理动机是由于人们的认识、感情、意志等心理过程而引起的购买动机。网络消费者购买行为的心理动机主要体现在理智动机、感情动机和惠顾动机三个方面。

（一）理智动机

理智动机具有客观性、周密性和控制性的特点。这种购买动机是消费者在反复比较在线商场的商品后才产生的。因此，这种购买动机比较理智、客观而很少受外界因素的影响。这种购买动机的产生时机主要在消费者购买耐用消费品或价值较高的高档商品之时。

（二）感情动机

感情动机是由人们的情绪和感情所引起的购买动机。这种动机可分为两种类型：一种是由于人们喜欢、满意、快乐、好奇而引起的购买动机，它具有冲动性、不稳定的特点。另一种是由于人们的道德感、美感、群体感而引起的购买动机，它具有稳定性、深刻性的特点。

（三）惠顾动机

惠顾动机是建立在理智经验和感情之上，对特定的网站、国际广告、商品生产特殊的信任与偏好而重复、习惯性地前往访问并购买的一种动机。对于由惠顾动机产生的购买行为，网络消费者在做出购买决策时，心目中已确定了购买目标，并在购买时克服和排除其他同类产品的吸引和干扰，按原计划确定的购买目标实施购买行动。具有惠顾动机的网络消费者往往是某一站点忠实的浏览者。

第四步：理解网络消费的需求特征

由于互联网商务的出现，消费观念、消费方式和消费者的地位正在发生重要变化：互联网商用的发展促进了消费者主权地位的提高；网络营销系统巨大的信息处理能力，为消费者挑选商品提供了前所未有的选择空间，使消费者的购买行为更加理性化。网络消费需求主要有以下八个方面的特征。

一、消费者消费个性回归

在近代，由于工业化和标准化生产方式的发展，使消费者的个性被淹没于大量低成本、单一化的产品洪流之中。随着 21 世纪的到来，这个世界变成了一个计算机网络交织的世界，消费品市场变得越来越丰富，消费者进行产品选择的范围全球化、产品的设计多样化，消费者开始制定自己的消费准则，整个市场营销又回归个性化的基础之上。没有一个消费者的消费心理是一样的，每一个消费者都是一个细小的消费市场，个性化消费成为消费的主流。

二、消费者需求的差异性

不仅仅是消费者的个性消费使网络消费需求呈现差异性，对于不同的网络消费者因其所处的时代环境不同，也会产生不同的需求。不同的网络消费者，即便在同一需求层次上，他们的需求也会有所不同。因为网络消费者来自世界各地，有不同的国别、民族、信仰和生活习惯，因而会产生明显的需求差异性。从事网络营销的厂商要想取得成功，就必须在整个生产过程中，从产品的构思、设计、制造，到产品的包装、运输、销售，认真思考这些差异性，并针对不同消费者的特点采取相应的措施和方法。

三、消费主动性增强

在社会化分工日益细化和专业化的趋势下，消费者对消费的风险感随着选择的增多而上升。在许多大额或高档的消费中，消费者往往会主动通过各种可能的渠道获取与商品有关的信息并进行分析和比较。或许这种分析、比较不是很充分和合理，但消费者能从中得到心理的平衡，从而减轻风险感或减少购买后产生的后悔感，增加对产品的信任程度和心理上的满足感。消费主动性的增强来源于现代社会不确定性的增加以及人类需求心理稳定和平衡的欲望。

四、消费者直接参与生产和流通的全过程

传统的商业流通渠道由生产者、商业机构和消费者组成，其中商业机构起着重要的作用。生产者不能直接了解市场，消费者也不能直接向生产者表达自己的消费需求。而在网络环境下，消费者能直接参与生产和流通过程，与生产者直接进行沟通，减少了市场的不确定性。

五、追求消费过程的方便和享受

在网上购物，除了能够完成实际的购物需求以外，消费者在购买商品的同时，还能得到许多信息，并获得在各种传统商店没有的乐趣。如今，人们对现实消费过程出现了两种追求的趋势：一部分工作压力较大、紧张程度高的消费者以方便性购买为目标，他们追求的是时间和劳动成本的尽量节省；而另一部分消费者由于劳动生产率的提高，自由支配时间增多，他们希望通过消费来寻找生活的乐趣。今后，这两种相反的消费心理将会在较长的时间内并存。

六、消费者选择商品的理性化

网络营销系统巨大的信息处理能力，为消费者挑选商品提供了前所未有的选择空间，消费者会利用在网上得到的信息对商品进行反复比较，以决定是否购买。对企事业单位的采购人员来说，可利用预先设计好的计算程序，迅速比较进货价格、运输费用、优惠、折扣、时间效率等综合指标，最终选择有利的进货渠道和途径。

七、价格仍是影响消费心理的重要因素

从消费的角度来说，价格不是决定消费者购买的唯一因素，但却是消费者购买商品时肯定要考虑的因素。网上购物之所以具有生命力，重要的原因之一是因为网上销售的商品价格普遍低廉。尽管经营者都倾向于以各种差别化来减弱消费者对价格的敏感度，避免恶性竞争，但价格始终对消费者的心理产生重要的影响。因为消费者可以通过网络联合起来向厂商讨价还价，产品的定价逐步由企业定价转变为消费者引导定价。

八、网络消费仍然具有层次性

在网络消费的开始阶段，消费者偏重精神产品的消费；到了网络消费的成熟阶段，等消费者完全掌握了网络消费的规律和操作，并且对网络购物有了一定的信任感后，消费者才会从侧重精神消费品的购买转向日用消费品的购买。

第五步：寻找影响网络消费者购买的主要因素

一、产品特性

首先，由于网上市场不同于传统市场，网上消费者有着区别于传统市场的消费需求特征，因此并不是所有的产品都适合在网上销售和开展网上营销活动的。根据网上消费者的特征，网上销售的产品一般要考虑产品的新颖性，即产品是新产品或者是时尚类产品，比较能吸引人的注意。追求商品的时尚和新颖是许多消费者，特别是青年消费者重要的购买动机。其次，考虑产品的购买参与程度，一些产品要求消费者参与程度比较高，消费者一般需要现场购物体验，而且需要很多人提供参考意见，对于这些产品不太适合网上销售。对于消费者需要购买体验的产品，可以采用网络营销推广功能，辅助传统营销活动进行，或者将网络营销与传统营销进行整合。通过网上来宣传和展示产品，消费者在充分了解产品的性能后，其可以到相关商场进行选购。

二、产品价格

从消费者的角度说，价格不是决定消费者购买的唯一因素，但却是消费者购买商品时肯定要考虑的因素，而且是一个非常重要的因素。对于一般商品而言，价格与需求量之间经常表现为反比关系，同样的商品价格越低，销售量越大。网上购物之所以具有生命力，重要的原因之一是网上销售的商品价格普遍低廉。

此外，消费者对于互联网有价格心理预期，那就是即使网上商品是要花钱的，那价格也应该比传统渠道的价格要低。究其原因，一方面，是因为互联网的起步和发展都依托了免费策略，因此互联网的免费策略深入人心，而且免费策略也得到了成功的商业运作。另一方面，互联网作为新兴市场，可以减少传统营销过程中的中间费用和一些额外的信息费用，大大削减了产品的成本和销售费用，这也是互联网商业应用的巨大增长潜力所在。

三、购物便捷性

购物便捷性是消费者购物决策的首要考虑因素之一。一般而言，消费者选择网上购物时考虑的便捷性，一是时间上的便捷性，可以不受时间的限制并节省时间；二是可以足不出户，在很大范围内选择商品。

四、安全性和可靠性

网络购买另外一个必须考虑的是网上购买的安全性和可靠性问题。由于在网上消费，消费者一般需要先付款后送货，这时过去购物的一手交钱一手交货的现场购买方式发生了变化，网络购物的时空发生了分离，消费者有失去控制的离心感。因此，为减低网上购物的失落感，在网络购物的各个环节必须加强安全措施和控制措施，保护消费者购物过程的信息传输安全和个人隐私保护，从而树立消费者对网站的信心。

第六步：理解消费者购买决策的特点

一、购买决策的目的性

消费者进行购买决策，就是要促进一个或若干个消费目标的实现，这本身就带有目的性。在决策过程中，要围绕目标进行筹划、选择、安排，就是实现活动的目的性。

二、购买决策的过程性

消费者购买决策是消费者在受到内、外部因素刺激后产生需求，形成购买动机，抉择和实施购买方案，其购后经验又会反馈影响下一次的购买决策，从而形成一个完整的循环过程。

三、购买决策主体的需求个性

由于购买商品行为是消费者主观需求、意愿的外在体现，受许多客观因素的影响。除集体消费之外，个体消费者的购买决策一般都是由消费者个人单独进行的。随着消费者支付水平的提高，购买行为中的独立决策特点将越来越明显。

四、购买决策的复杂性

购买决策的复杂性体现在以下三个方面：

（1）心理活动和购买决策过程的复杂性。决策是个体大脑复杂思维活动的产物。消费者在做决策时，不仅要开展感觉、知觉、注意、记忆等一系列心理活动，还必须进行分析、推理、判断等一系列思维活动，并且要计算费用支出与可能带来的各种利益。因此，消费者的购买决策过程一般是比较复杂的。

（2）决策内容复杂。消费者只有通过分析，才能确定在何时、何地、以何种方式、何种价格购买何种品牌商品等一系列复杂的购买决策内容。

（3）购买决策影响因素复杂。消费者的购买决策受到多方面因素的影响和制约，具体包括消费者个人的性格、气质、兴趣、生活习惯与收入水平等主体相关因素；消费者所处的空间环境、社会文化环境和经济环境等各种刺激因素，如产品本身的属性、价格、企业的信誉和服务水平，以及各种促销形式等。这些因素之间存在复杂的交互作用，它们会对消费者的决策内容、方式及结果有不确定的影响。

五、购买决策的情景性

由于影响决策的各种因素不是一成不变的，而是随着时间、地点、环境的变化不断发生变化，因此，同一个消费者的消费决策具有明显的情景性，其具体决策方式因所处情景不同而不同。因为不同消费者的收入水平、购买传统、消费心理、家庭环境等影响因素存在差异性，所以不同的消费者对于同一种商品的购买决策也可能存在差异。

第七步：理解消费者购买决策过程

消费者购买决策是指消费者谨慎地评价某一产品、品牌或服务的属性并进行选择、购买能满足某一特定需要的产品的过程。

广义的消费者购买决策是指消费者为了满足某种需求，在一定的购买动机的支配下，在可供选择的两个或者两个以上的购买方案中，经过分析、评价、选择并且实施最佳的购买方案，以及购后评价的活动过程。它是一个系统的决策活动过程，包括需求认识、信息收集、方案评估、购买方案实施、购后评价等环节（见图 2-10）。

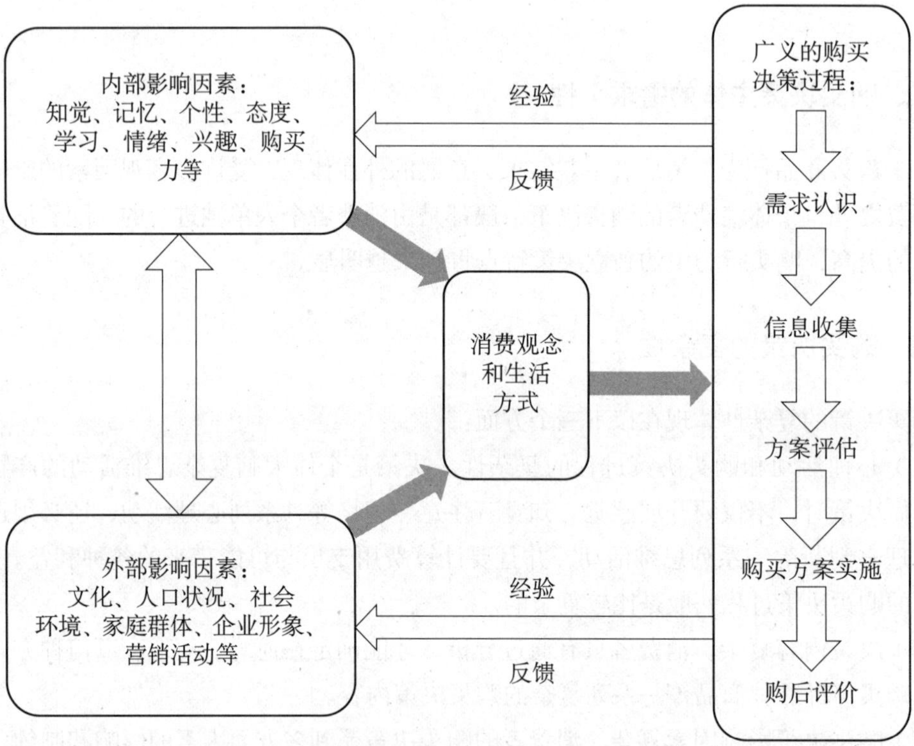

图 2-10　消费者购买决策过程

一、需求认知

消费者认识到自己有某种需求时，是其决策过程的开始，这种需求可能是由内在的生理活动引起的，也可能是受到外界的某种刺激引起的。例如，看到别人穿新潮服装，自己也想购买。因此，营销者应注意不失时机地采取适当措施，唤起和强化消费者的需求。

二、信息收集

信息来源主要有四个方面：

（1）个人来源，如家庭、亲友、邻居、同事等；

（2）商业来源，如广告、推销员、分销商等；

（3）公共来源，如大众传播媒介、消费者组织等；

（4）经验来源，如操作、实验和使用产品的经验等。

三、方案评估

消费者得到的各种有关信息可能是重复的，甚至是互相矛盾的，因此要进行分析、评估和选择，这是决策过程中的决定性环节。在消费者的评估选择过程中，有以下几点值得营销者注意：

（1）产品性能是消费者所考虑的首要问题；

（2）不同消费者对产品的各种性能给予的重视程度或评估标准不同；

（3）多数消费者的评选过程是将实际产品同自己理想中的产品相比较。

四、购买方案实施

消费者对商品信息进行比较和评选后，已形成购买意愿，然而从购买意图到决定购买之间，还要受两个因素的影响：（1）他人的态度。他人反对态度越强烈，或持反对态度者与购买者关系越密切，消费者修改购买意图的可能性就越大。（2）意外的情况。如果发生了意外的情况，如失业、意外急需、涨价等，消费者很可能改变购买意图。

企业营销应尽可能减少不利因素的影响，以推动消费者购买。

五、购后评价

购后评价包括购后的满意程度和购后的活动。消费者购后的满意程度取决于消费者对产品的预期性能与产品使用中的实际性能之间的对比。购买后的满意程度不仅决定了消费者的购后活动、消费者是否重复购买该产品、消费者对该品牌的态度，而且会影响其他消费者，形成连锁效应。

举一反三

在中国互联网络信息中心网站（www.cnnic.cn）下载第 1 次、第 10 次、第 20 次《中国互联网络发展状况统计报告》，比较各次报告的数据变化（主要是人数、性别、年龄、收入、职业、文化程度等），分析网民的变化情况。

任务3　选择与管理货源供应商

任务描述

电子商务中企业经营的商品未必都是其自己生产的，大部分电子商务企业都需要寻找到货源供应商。供应商的产品质量直接决定了货源的质量，也影响了企业电子商务的运营。很多个人电商创业者和电商销售企业遇到的首要问题就是寻找合适的货源供应商，并与其开展长期互利的合作，因此供应商选择与管理显得十分重要。本任务将从货源入手，学习选择与管理货源供应商的方法。

任务实施

第一步：了解常见的优势进场货源

电子商务的特征之一是减少中间商环节，直接面对消费者。所以企业在寻求货源渠道时，应尽量找到最初的源头，也就是我们说的“一手货源”。选择电商货源常常从以下几个方面入手。

一、产业带类目商品

产业带是某类产品生产的集聚地。中国是制造业大国，长期的历史沉淀形成了类型多样、数量庞大的产业集群，如假发行业的货源集中地河南许昌及山东青岛、服装行业的广东东莞虎门、玩具行业的广东汕头澄海等地都被称为该行业的产业带。商家从产业带上获取货源，可以有效降低经营成本，获得更大的竞争力。

二维码22

知识链接：产业带

二维码23

知识链接：顺藤摸瓜找到一手货源小技巧

二、竞争指数低的类目商品

针对既不在产业带上，同时又没有生产渠道的电商经营者，尤其是个人电商创业者，没有产业带束缚，选择进场的类目非常自由。这个时候要尽可能地找到避免竞争而且相对好做的类目商品。这类商品的特点是搜索指数相对比较大而且在线商品数相对比较少。电商经营者可以借助生意参谋、抖商眼、店查查等选词工具，查询商品关键词的流量和竞争力，对竞争力指数进行排序，数值越大的代表竞争力指数越高，说明该商品经营难度越低。

二维码24

知识链接：根据采购大盘判断入场时机

三、中低客单价但利润率高的商品

很多卖家结合了产业带或者按照各类规矩找到了自己心仪的商品，如家具。但是家具类商品基本上是中高客单价商品，单看一单利润较高，但是背后的成本更大，因为家具商品的消费者复购率较低、转化率较低、转化周期较长。所以对于新手卖家来说，选择这类商品开始电商业务并不是一个好的选择，除非拥有自己的供应链或区域产业带极其发达。

二维码25

知识链接：个人卖家前期不要盲目备货，应保持现金流

第二步：理解供应商管理的目的

一、供应商管理的含义和选择标准

（一）供应商管理的含义

供应商是指可以为企业生产提供原材料、设备、工具及其他资源的企业。供应商既可以是生产企业，也可以是流通企业。

供应商管理是指对供应商的了解、选择、开发、使用和控制等综合性的管理工作的总称。其中，了解是基础，选择、开发、控制是手段，使用是目的。

二维码26

知识链接：采购管理和供应商管理的关系

二维码27

微课：货源分类及供应商的选择与管理

（二）供应商选择标准

一个好的供应商的标准为：一是产品好，二是服务好。产品好，就是要求产品质量好、产品价格合适、产品先进、技术含量商、发展前景好、产品货源稳定、供应有保障；

服务好，就是要求供应商在供货及送货方面能够及时、有完善的技术支持和售后服务、守信用、愿意协调和配合客户企业。可以看出，一个好的供应商需要具备以下一些条件：

（1）企业生产能力强。表现在：产量高、规模大、生产历史长、经验丰富、生产设备先进。

（2）企业技术水平高。表现在：生产技术先进、设计能力和开发能力强、生产设备先进、产品的技术含量高、达到国内先进水平。

（3）企业管理水平高。表现在：有一个坚强有力的领导班子，尤其是要有一个有魄力、有能力、有管理水平的一把手；有一套高水平的生产管理系统；有一套严密的质量管理保障体系，在全企业中形成一种严肃认真、一丝不苟的工作作风。

（4）企业服务水平高。表现在：能对客户高度负责，主动、热诚地提供服务，并且售后服务制度完备、服务能力强，愿意协调和配合客户。

（三）供应商分类

一个企业的供应商数量可能很多，如果不加区分，就很难实施科学的管理。企业要对不同的供应商实施不同的关系策略，就必须对供应商进行细分。

（1）按供应商的重要程度分类。可以分为伙伴型供应商、重点型供应商、优先型供应商、商业型供应商。

（2）按采购物品的价值大小分类。根据物品采购的 80/20 规则，其基本思想是针对不同的采购物品应采取不同的策略，同时采购工作精力也应各有侧重，相应地对于不同物品的供应商也应采取不同的策略。

（3）按供应商的规模和经营品种分类。按供应商的规模和经营品种进行供应商分类，常以供应商的规模作为纵坐标、经营品种数量作为横坐标进行矩阵分析。

（4）按与供应商的关系目标分类。可以分为短期目标型、长期目标型、渗透型、联盟型和纵向集成型。

短期目标型。这种类型的最主要特征是以双方之间的关系为交易关系。它们希望彼此能保持较长时期的买卖关系，获得稳定的供应，但是双方所做的努力只停留在短期的交易合同上，各自关注的是如何提高自己的谈判技巧，不使自己吃亏，而不是如何改善自己的工作，使双方都获利。供应商能够提供标准化的产品或服务，保证每一笔交易的信誉。当买卖完成时，双方关系也就终止了。对于双方而言，只与业务人员和采购人员有关系，其他部门人员一般不参与双方之间的业务活动。

长期目标型。与供应商保持长期的关系是有好处的，双方有可能为了共同利益而对改进各自的工作感兴趣，并在此基础上建立起超越买卖关系的合作。长期目标型的特征是从长远利益出发、相互配合、不断改进产品质量与服务水平、共同降低成本、提高供应链的竞争力。同时，合作的范围遍及公司内的多个部门。由于是长期合作，可以对供应商提出新的技术要求，而如果供应商目前还没有这种能力，采购方可以对供应商提供技术资金等方面的支持。供应商的技术创新和发展也会促进本企业产品改进，所以这样做有利于企业长远利益。例如，飞机制造厂商可以对发动机生产厂商提供技术和资金以生产出技术含量更高的发动机，而发动机厂商的技术革新也会促进飞机厂商生产出新型的飞机。

渗透型。这种关系形式是在长期目标型基础上发展起来的。其管理思想是把对方公司看成自己公司的一部分，这样对对方的关心程度就会大大提高。为了能够参与对方的业务活动，有时会在产权关系上采取适当的措施，如互相投资、参股等，以保证双方利益的一致性。在组织上也采取相应的措施，保证双方派员加入对方的有关业务活动。这样做的优点是双方可以更好地了解情况，供应商可以了解自己的产品在采购方是怎样起作用的，所以容易发现改进的方向；而采购方也可以知道供应商是如何制造的，对此可以提出相应的改进要求。

联盟型。联盟型是从供应链角度提出的。它的特点是从更长的纵向链条上管理成员之间的关系。在难度提高的前提下，要求也相应提高。另外，由于成员增加，往往需要一个处于供应链上核心地位的企业出面协调成员之间的关系，这一企业常常被称为“盟主企业”。

纵向集成型。这种形式被认为是最复杂的关系类型，即把供应链上的成员整合起来，像一个企业一样，但各成员是完全独立的企业，决策权属于自己。在这种关系中，要求每个企业在充分了解供应链的目标、要求，充分掌握信息的条件下，自觉做出有利于供应链整体利益的决策。

二、供应商管理的目的

供应商管理的目的，就是要建立起一支稳定可靠的供应商队伍，为企业生产提供可靠的物资供应。供应商是一个与采购方相独立的利益主体，而且是以追求利益最大化为目的的利益主体。按照传统的观念，供应商和采购方是利益互相对立的矛盾体，供应商希望从采购方手中多得一点，采购方希望向供应商少付一点，为此常常斤斤计较。某些供应商往往在物资商品的质量、数量上做文章，以劣充优、降低质量标准、减少数量，甚至制造假冒伪劣产品坑害采购方。采购方为了防止伪劣质次产品入库，需要花费很多人力和物力加强物资检验，大大增加了物资采购检验的成本。因此供应商和采购方之间既互相依赖又互相对立，彼此间是一种提心吊胆、精密设防的紧张关系。这种紧张关系对双方都不利。对采购方来说，物资供应没有可靠的保证、产品质量没有保障、采购成本太高，这些都直接影响企业生产和成本效益。

相反，如果找到一个好的供应商，其产品质量好、价格低，而且服务态度好、保证供应、按时交货，这样采购方就可以非常放心，不但物资供应稳定可靠、质优价廉、准时供货，而且双方关系融洽、互相支持、共同协调。这样对企业采购管理、对企业的生产和成本效益都会有很多好处。最重要的是，好的供应商可以提升企业的竞争力，使其及时地满足客户需求，与其他企业抗衡。

为了创造出这样一种供应商关系局面，克服传统的供应商关系观念，有必要注重供应商的管理工作，通过多个方面持续努力，去了解、选择、开发供应商，合理使用和控制供应商，建立起一支可靠的供应商队伍，为企业生产提供稳定、可靠的物资供应保障。

第三步：初步供应商调查

一、初步供应商调查的目的

初步供应商调查目的是了解供应商的一般情况。一是为选择最佳供应商做准备，二是了解掌握整个资源市场的情况。因为资源市场是由每一个供应商共同形成的，那么许多供应商基本情况的汇总就是整个资源市场的基本情况。一般而言，初步供应商调查的基本方法可以采用访问调查法，通过访问有关人员而获得信息。

二、初步供应商调查的内容

在调查得到初步供应商信息的基础上，要利用供应商初步调查的资料进行供应商初步分析。比较各个供应商的优势和劣势，初步选择可能适合于企业需要的供应商。

初步供应商分析的主要内容包括：

（1）产品的品种、规格和质量水平是否符合企业需要？价格水平如何？只有产品的品种、规格、质量适合本企业，才算得上企业的可能供应商，才有必要进行下面的分析。

（2）企业的实力、规模如何？产品的生产能力如何？技术水平如何？管理水平如何？企业的信用度如何？

（3）产品是竞争性商品还是垄断性商品？如果是竞争性商品，则供应商的竞争态势如何？产品的销售情况如何？市场份额如何？产品的价格水平是否合适？

（4）供应商相对于本企业的地理交通情况如何？要进行运输方式、运输时间、运输费用分析，看运输成本是否合适。

课堂延伸

地理标志产品保护制度

地理标志（原产地域）产品保护制度在国际上亦称原产地命名制度或地理标志，是世贸组织成员间通行的规则，是针对具有鲜明地域特色的名、优、特产品所采取的一项特殊的产品质量监控制度和知识产权保护制度。其中的“原产地”，是指在一国境内某种特殊产品的特定（生产）地域，该特定地域的水土、气候、生产历史等地理人文特征直接决定或影响该产品的质量、特色或者声誉，并且以该特定地域的名称对该产品进行命名。

地理标志产品保护制度具有以下特点：

（1）只允许地理标志保护范围内按标准生产的产品加贴地理标志产品专用标志，使用地理标志产品名称销售，鲜明地标示了产品原产地域，清楚地告知消费者该产品来自何地，保证消费者明明白白消费。

（2）表明了产品的质量信誉。地理标志产品大多数是地方特色产品，产品风味稳定、特点突出。

（3）反映了地域历史。地理标志产品作为一种自然和人文资源，是一种历史的客观存在，既是稀缺的，也是不可再生的。对这些产品进行地理标志保护，就是保护历史，保护传统和文化，保护民族精品。

2020年，重庆又有9个农产品获国家地理标志认证。它们是涪陵青菜头、巫山脆李、马喇湖贡米、巫溪独活、奉节脐橙、丰都锦橙、二圣梨、太和黄桃、铜梁莲藕。至此，重庆已有62个农产品获国家地理标志认证。

第四步：资源市场调查

一、资源市场调查的目的

资源市场调查的目的就是要进行资源市场分析。资源市场分析对于企业制定采购策略以及产品策略、生产策略等都有很重要的指导意义。企业要确定资源市场总的水平，并根据整个市场水平来选择合适的供应商。通常要选择在资源市场中处于先进水平的供应商以及产品质量优而价格低的供应商。

二、资源市场调查的内容

（1）资源市场的规模、容量、性质。如资源市场究竟有多大范围？有多少资源量？多少需求量？是卖方市场还是买方市场？是完全竞争市场、垄断竞争市场还是垄断市场？是一个新兴的成长的市场，还是一个陈旧的没落的市场（如果是没落市场，则要趁早准备替换产品，不要等到产品被淘汰了再去开发新产品）？

（2）资源市场的环境。如市场的管理制度、法制建设、市场的规范化程度、市场的经济环境、政治环境等外部条件如何？市场的发展前景如何？

（3）资源市场中各个供应商的情况。分析众多的供应商的调查资料，就可以得出资源市场自身的基本情况。如资源市场的生产能力、技术水平、管理水平、可供资源量、质量水平、价格水平、需求状况以及竞争性质等。

第五步：供应商开发

一、供应商深入调查

（一）需要供应商深入调查的情况

供应商深入调查是指对经过初步调查后，对可以发展的供应商企业进行的更加深入细致的考察活动。这种考察活动是深入供应商企业的生产线、各个生产工艺、质量检验环节甚至管理部门，对现有的工艺设备、生产技术、管理技术等进行考察，看看能不能满足本企业所采购的产品应当具备的生产工艺条件、质量保证体系和管理规范要求。有的供应商企业甚至要根据生产所采购产品的生产要求，进行资源重组并进行样品试制，试制成功以后，才算考察合格。只有通过深入的供应商调查，才能发现可靠的供应商，建立起比较稳定的物资采购供需关系。

进行供应商深入调查，需要花费较多的时间和精力，调查成本较高，并不适用于所有的供应商企业，只在以下情况下适用：

（1）准备发展成紧密关系的供应商。例如，在进行准时化（JIT）采购时，供应商的产品准时、免检、直接送上生产线进行装配。这时，供应商已经与企业结成了如同企业的一个生产车间一样的紧密关系。如果要选择这样紧密关系的供应商，就必须进行供应商深入调查。

（2）寻找关键零部件的供应商。如果企业所采购的是一种关键零部件，特别是对于精密度高、加工难度大、质量要求高、起核心作用的零部件产品，企业在选择供应商时，就需要特别小心，要进行反复、认真的深入考察和审核。只有经过深入调查证明确实能够达到要求时，才确定发展它为企业的供应商。

（二）实施供应商深入调查的三个阶段

第一阶段：通知供应商生产样品，最好生产一批样品，从其中随机抽样进行检验。如果抽检不合格，允许其进行改进后再生产一批，抽检第二次。如果还是不合格，则这个供应商就落选，不再进入下面的第二阶段。只有抽检合格的才能进入第二阶段。

第二阶段：对于生产样品合格的供应商，还要介入供应商生产过程、管理过程进行全面、详细的考察，检查其生产能力、技术水平、质量保障体系、装卸搬运体系、管理制度等，看看有没有达不到要求的地方。如果基本上符合要求，则深入调查可以到此结束。供应商符合要求，可以中选；如果检查结果不符合要求，则进入第三阶段。

第三阶段：对于生产工艺、质量保障体系、规章制度等不符合要求的供应商，要协商提出改进措施，限期改进。如果供应商愿意改进，并且限期改进合格，可以中选企业的供应商。如果供应商不愿意改进，或者愿意改进但限期改进不合格，则落选。深入调查也到此结束。

二、价格谈判和供应商辅导

进行价格谈判的指导思想是合理、双赢，考虑长远合作。要实事求是地进行计算，求出一个合理的价格。

价格谈好以后，供应商将与企业建立起一种紧密关系并参与试运作。这时企业要积极参与辅导、合作。企业应当根据生产需要以及供应商的具体情况，构建作业协调关系，制定作业手册和规章制度，同时为使供应商适应企业的需要，要在管理、技术、质量保障等方面对其进行辅导和协助。

在试运作阶段，要对供应商的物资供应业务进行追踪考核。这种考核主要从以下几个方面进行：

（1）检查产品质量是否合格。可以采用全检或抽检的方式，求出质量合格率。质量合格率用质量合格的次数占总检查次数的比率描述。

（2）交货是否准时。检查供应商交货是否准时，用误时的交货次数占总交货次数的比率来描述。

（3）交货数量是否满足。用物资供应满足程度或缺货程度来描述。

（4）信用度的考核。主要考察在试运作期间，供应商是否认真履行自己承诺的义务，是否对合作事业高度认真负责，在往来账目中是否不欠账、不拖账。信用度可以用失信次数与总次数的比率来描述。如没有履行事先的承诺、没有按约定按时交款或还款等都是失信。

以上指标每个月考核一次，一个季度或半年综合考核评分一次，各个指标加权评分综合，按评分等级分成优秀、良好、一般、较差几个等级。优秀者可以通过试运作，结束考核期，签订正式的供需关系合同，成为企业正式的供应商，建立一个比较稳定的供需关系。其他的则不能通过试运作，应当结束考核、终止供需关系。

第六步：供应商使用和激励控制

一、供应商使用

供应商经过考核成为企业的正式供应商之后，就要开始进入日常的物资供应运作程序。第一项工作就是要签订一份与供应商的正式合同。这份合同既是宣告双方合作关系的开始，也是一份双方承担责任与义务的责任状，也是将来双方合作关系的规范书。所以，双方应当认真协商合同书的各项条款。协议生效后，它就成为直接约束双方的法律性文件，双方都必须遵守。

在供应商使用的初期，企业的采购部门应当和供应商协调，建立供应商良性运作机制，相互在业务衔接、作业规范等方面构建合作框架。在这个框架的基础上，各自按时按质按量完成自己应当承担的工作。

企业在供应商使用管理中，应当摒弃唯我主义，建立共赢思想。供应商也是一个企业，也要生存与发展，因此也要适当盈利。采购企业不能只顾自己降低成本、获取利润，而把供应商企业“耗”得太惨。因为害惨了供应商，会导致企业自身物资供应的困难，不符合企业长远的利益。因此，合作的宗旨是尽量使双方都能获得好处、共存共荣。从这个宗旨出发，处理合作期间的各种事务，建立起一种相互信任、相互支持、友好合作的关系。

二、供应商的激励与控制

（一）供应商考核指标体系

这里讲的供应商考核，主要是指在与供应商签订正式合同以后正式运作期间，对供应商整个运作活动的全面考核。这种考核应当比试运作期间更全面。供应商考核指标体系涵盖以下方面：

（1）产品质量。产品质量是最重要的因素，在开始运作的一段时间内，要加强对产品质量的检查。检查可以分为两种：一是全检，二是抽检。全检工作量太大，一般可以用抽检的方法。质量的好坏可以用质量合格率来描述。

（2）交货期。交货期也是一个很重要的考核指标参数。考察交货期主要是考察供应商的准时交货率。准时交货率可以用准时交货的次数与总交货次数之比来衡量。

（3）交货量。考察交货量主要是考核按时交货量，按时交货量可以用按时交货量率来评价。按时交货量率是指给定交货期内的实际交货量与期内应当完成交货量的比率。

（4）工作质量。考核工作质量，可以用交货差错率和交货破损率来描述。

（5）价格。考核供应商的价格水平，可以和市场同档次产品的平均价和最低价进行比较，分别用市场平均价格比率和市场最低价格比率来表示。

（6）进货费用水平。考核供应商的进货费用水平，可以用进货费用节约率来描述。

（7）信用度。信用度主要考核供应商履行自己的承诺、以诚待人，不故意拖账、欠账的程度。

（8）配合度。主要考核供应商的协调精神。在和供应商相处过程中，常常因为环境的变化或具体情况的变化，需要调整和变更工作任务，这种变更可能会导致供应商的工作方式的变更，甚至导致供应商做出一些牺牲。这时可以考察供应商在这些方面积极配合的程度。如果工作出现了困难或者发生了问题，可能有时需要供应商配合才能解决。这些时刻都可以体现供应商的配合程度。

考核供应商的配合度需要借助相关人员的主观评分。主要找与供应商相处的有关人员，让他们根据这个方面的体验为供应商评分。其中可能会有上报或投诉的情况，这些情况也应作为评分依据。

可以看出，前七项都是客观评价，第八项是主观评价。客观评价都是客观存在的，而且可以精确计量的，而主观评价主要靠人的主观感觉来评价。

（二）供应商激励与控制措施

供应商激励与控制的目的：一是要充分发挥供应商的积极性和主动性，努力搞好物资供应工作，保证本企业的生产生活正常进行；二是要防止供应商的不轨行为，预防一切对企业、对社会的不确定性损失。

1. 逐渐建立起一种稳定可靠的关系

企业应当和供应商签订一个较长时间的业务合同关系，如1～3年。时间不宜太短，太短了让供应商不完全放心，从而总是要留一手，不可能全心全意为搞好企业的物资供应工作而倾注全力。只有较长的合同时间才会使供应商感到放心，从而倾注全力与企业合作，做好物资供应工作。特别是当业务量大时，供应商会把本企业看作其生存发展的依靠和希望。这就会更加激励它努力与企业合作，企业发展它也得到发展，企业垮台它也跟着垮台，形成一种休戚与共的关系。但是合同时间也不能太长，一方面是因为将来可能发生变化，如市场变化导致产量变化，甚至产品变化、组织机构变化等；另一方面是为了防止供应商产生一劳永逸的思想而放松对业务的竞争进取精神。为了促使供应商提升竞争力，就要使其有危机感。所以，合同时间一般以一年比较合适，并说明如果第二年继续合作，可以再续签；第二年不合作，则合同终止。这样既让供应商感到放心，可以有一段较长时间的稳定工作；又让供应商感到有危机感，努力提高产品质量，以获得更多的订单。

2. 有意识地引入竞争机制

有意识地在供应商之间引入竞争机制，促使供应商之间在产品质量、服务质量和价格水平方面不断优化。例如，在几个供应量比较大的品种中，每个品种可以实行 AB 角制或 ABC 角制。AB 角制就是一个品种设两个供应商，一个 A 角，作为主供应商，承担 50%～80% 的供应量；一个 B 角，为副供应商，承担 20%～50% 的供应量。在运行过程中，对供应商的运作过程进行结构评分，一个季度或半年一次评比。如果主供应商的月平均分数比副供应商的月平均分数低 10% 以上，就可以把主供应商降级成副供应商，同时把副供应商升级成主供应商。企业变换供应商的时间间隔不要太短，最少一个季度以上。时间间隔太短既不利于稳定，也不利于给予偶然出错的供应商机会以纠正错误。ABC 角制则实行三个角色的制度，原理与 AB 角制一样，同样也是一种激励和控制的方式。

3. 与供应商建立相互信任的关系

疑人不用，用人不疑。当供应商经考核成为正式供应商之后，一个重要的措施就是应当将验货收人员逐渐转为免检收货。免检是对供应商的最高荣誉，可以显示出企业对供应商的高度信任。免检当然不是不负责任地随意给出，应当稳妥地进行，既要积极地推进免检考核的进程，又要确保产品质量。一般免检考核时间要 3 个月左右，在免检考核期间内，起初要进行严格的全检或抽检。如果全检或抽检的结果显示不合格品率很小，则可以降低抽检的频次，直到不合格率几乎降到零。这时，要确保供应商有关方面的人员稳定生产工艺和管理条件，保持零不合格率。当然，免检期间也不是绝对地免检，还要不时地随机抽检一下，以防供应商的质量滑坡，影响本企业的产品质量。抽检的结果如果满意，则就继续免检。一旦发现了问题，就要增加抽检频次，进一步加大抽检的强度，甚至取消免检。通过这种方式，也可以激励和控制供应商。

此外，建立信任关系还包括很多方面。例如，不定期地召开企业负责人的碰头会，彼此间交换意见、研究问题、协调工作，甚至开展一些互助合作。特别对涉及企业之间的一些共同的业务、利益等有关问题，一定要开诚布公，把问题谈透彻、谈清楚。要做好这些方面的工作，需要树立双赢的指导思想。一定要尽可能让供应商有利可图，不要只顾自己，不顾供应商的利益，只有这样，双方才能真正建立起比较协调可靠的信任关系。这种关系实际上就是一种供应链关系。

4. 建立相应的监督和控制措施

在建立起信任关系的基础上，也要建立起比较得力的、相应的监督和控制措施。特别是一旦供应商出现问题或者问题苗头，一定要实施相应的监督和控制措施。根据情况的不同，可以分别采用以下一些措施：

第一，对一些非常重要的供应商或是当问题比较严重时，可以向供应商单位派常驻代表。常驻代表的作用是沟通信息、技术指导、监督检查等。常驻代表应当深入生产线各个工序、各个管理环节，帮助发现问题，提出改进措施，切实保证彻底解决相关问题。对于那些不太重要的供应商或者问题不那么严重的供应商，则视情况分别采用定期或不定期到工厂进行监督检查或者设监督点对关键工序或特殊工序进行监督检查，或者要求供应商自己报告生产条件情况、提供工序管制上的检验记录，让专业人员进行分析和评议等办法实行监督和控制。

第二，加强成品检验和进货检验，做好检验记录，退还不合格品，甚至要求赔款或处以罚款，督促供应商改进。

第三，组织本企业管理技术人员对供应商进行辅导，提出产品技术规范要求，使其提高产品质量水平或企业服务水平。

举一反三

登录 1688 网站，查找不同的货源类型并进行比较。针对你感兴趣的一种商品查寻和比较供应商，并说明选择理由。

项目三 电商交易准备

项目简介

本项目开展电商交易前的筹划准备工作，包括选择电商平台入驻、仓储管理及物流配送、核算与控制电商成本等必要的系列工作，进一步提升读者对电商交易准备的全面认识和网店运营的能力。任务1——选择入驻电商平台，主要梳理目前主流的电商平台特点，讲述入驻电商平台前的基本准备条件、电商平台入驻规则、办理网店开通所需的资质证照等，以及入驻相应电商平台的操作流程；任务2——仓储管理及物流配送，从货物的入库管理、分类打包、选择物流配送等环节来介绍网店的仓储管理及物流配送；任务3——核算与控制电商成本，使读者在了解电商成本构成的基础上学会控制电商成本。

项目目标

【知识目标】

- 了解主流电商平台类型及特点
- 熟悉入驻电商平台的前期准备和操作流程
- 掌握网店仓储管理和物流配送
- 了解电商成本核算与控制

【能力目标】

- 能够根据电商平台特点和电商运营需求选择入驻合适的电商平台
- 能够对网店仓储进行基本管理并选择合适的物流配送方法
- 能够初步核算电商成本，进行成本控制

【素质目标】

- 树立遵守国家法律法规、行业规则的意识，做到诚信合法、合规经营
- 培养团队合作精神和强烈的社会责任感，能够做到爱岗敬业、热爱劳动

任务1　选择入驻电商平台

任务描述

网上的第三方电子商务平台那么多，究竟应该在哪个电商平台上开展业务更好呢？每个平台都有一定的适用范围和特点，卖家可以根据电商平台特点并结合自身条件选择合适的电商平台进行入驻。同时，为了保证网店开业工作的顺利推进，一定要做足入驻前的功课。企业应结合以往的工作经验，梳理出需准备入驻电商平台前的基本条件，熟悉了电商平台入驻规则以及网店开通所需的资质、证照等，同时熟悉了入驻相应电商平台的操作流程。

任务实施

第一步：选择电商平台

如前所述，第三方电商平台包括 B2B、B2C、C2C、O2O 等类型，目前主流的第三方平台有一定的类似之处，但同时各有特色。

二维码28

微课：选择合适的电商平台

一、淘宝网

淘宝网现已成为全球最大网络零售电子商务平台之一，于 2003 年 5 月创立。淘宝网刚创立时，主要是以 C2C 店铺为主，但是现行的淘宝网已经发展为 C2C 与 B2C 共存的电子商务平台。淘宝网店主大部分都是个人卖家，开店要求十分简单，每个人都可以通过淘宝网官方网站申请免费开店，开店类型可以选择个人店铺或企业店铺，分别需要通过个人淘宝账户或企业淘宝账户登录进行实名认证后创建店铺，同时可能需缴纳一定数额的保证金，一般是 1 000 元～10 000 元不等。

淘宝网最大的优势就是门槛低、开店简单、平台服务完善且客户群庞大，几乎涵盖了所有类别的消费者。目前，淘宝网几乎占领了国内 C2C 领域的绝大部分市场，是创业者可以优先考虑入驻的电商平台。同时，淘宝网的知名度高，经过多年的宣传和推广，已经

成为网购的代名词。通过站长工具分析发现，淘宝网在电商网站中排名第一，每天有大量的访问者访问该网站，这样有利于创业者在初期聚拢网店的人气。当然，在淘宝网上开店对于买卖双方而言都有一定的保障性，经过多年的发展，支付宝已经非常成熟，成为国内最大的第三方支付平台，无疑能够降低交易双方的信用风险。

当然，正因为淘宝网知名度高、门槛低，所以推广成本较高。在淘宝网开店的人较多，选择在淘宝网开展电子商务，其背后需要支付巨大的推广成本，否则商户信息将会淹没在浩瀚的信息海洋中。同时，淘宝网开店的利润低，除非是特色非常鲜明的商品，否则很快就会被人模仿，并且容易陷入低价恶性竞争的怪圈中。

二、天猫

天猫是由淘宝网打造的淘宝商城演变而来的，是一个综合性购物网站，是以 B2C 为主要形式的电子商务平台。2012 年 1 月 11 日，淘宝商城正式更名为“天猫”，现在众多品牌在天猫上都开设了官方旗舰店铺，受到了消费者的热烈欢迎。天猫商家可以选择开设的店铺类型有旗舰店、专卖店、专营店、卖场型旗舰店。商家入驻天猫时，根据经营大类的不同对公司注册资本要求也不同，目前最低要求公司注册资金为 10 万元以上（包括 10 万元），大部分经营大类要求公司注册资金需 100 万元以上，同时个别经营大类需提供一般纳税人资质。商家在天猫经营必须缴存保证金，品牌旗舰店、专卖店的店铺保证金数额为 5 万元～10 万元，专营店的店铺保证金数额为 10 万元～15 万元、卖场旗舰店的店铺保证金为 15 万元，同时商家在天猫经营也需缴纳年费，分 3 万元或 6 万元两档，并按照其销售额一定百分比（简称“费率”）缴纳软件服务费。天猫电商平台更具有说服力，更适合品牌的推广，可以打造自己独立的品牌。

三、京东商城

京东商城目前已成长为中国领先的自营式电商企业，如同天猫商城一样属于典型的 B2C 经营模式。京东商城致力于打造一站式综合购物平台，服务中国亿万家庭，其 3C 事业部、家电事业部、消费品事业部、服饰家居事业部、生鲜事业部和新通路事业部六大部门领航发力，覆盖用户多元需求。京东商城除了京东自营的商品外，还接受企业商家入驻平台，同时，京东商城还为第三方卖家提供在线销售平台和物流等一系列增值服务，目前京东拥有中国电商领域规模最大的物流基础设施。截至 2020 年 9 月 30 日，京东在全国范围内拥有 7 大物流中心，运营超过 800 个大型仓库，拥有上万个配送站和自提点。商家入驻京东可选择的店铺类型通常有旗舰店、专卖店、专营店三种，同时入驻不同类型的店铺对商家的要求也有所不同，具体可以查看京东平台发布的招商标准据此选择合适的店铺类型入驻。京东商城相比其他电商平台而言，核心优势在于超 4 亿用户和优质的仓储物流布局，未来京东物流与京东云数知将是京东转型的核心驱动力。

四、拼多多

拼多多是国内移动互联网的主流电子商务应用产品，专注于 C2M 拼团购物的第三方社交电商平台，成立于 2015 年 9 月，用户通过发起和朋友、家人、邻居等的拼团，可以以更低的价格拼团购买优质商品。2018 年 7 月，拼多多在美国纳斯达克证券交易所正式挂牌上市。目前，拼多多平台已汇聚 7.88 亿年度活跃买家和 510 万活跃商户，平台年交易额达 1.67 万亿元，迅速成为头部电商平台。

拼多多脱胎于农产品电商拼好货，人民网此前发布报告显示，拼多多已经成为中国最大的农产品上行平台。拼多多以独创的社交拼团为核心模式，以“好货不贵”为运营理念，主打百亿补贴、农货上行、产地好货等，为消费者提供补贴折扣大牌商品、原产地农产品、工厂产品和新品牌商品等，致力于服务中国最广大的普通消费者。商家入驻拼多多平台可以选择的店铺类型有个人店和企业店，其中企业店有普通店、专营店、专卖店、旗舰店四种类型。目前，拼多多平台不收取任何提点，但是店铺选择经营的类目不同会缴纳不同数额的保证金。

五、1688供销平台

1688 供销平台是全球著名的 B2B 采购批发电子商务平台，现在网站由三个相连网站组成：中国站、国际站、日本站。因为其能够与淘宝店铺实现互通、一件代发等功能，成为淘宝卖家重要的货源寻找地。相应地，平台还提供了很多其他功能，方便买家对货物的查找。

（1）源头好货。根据货源地对货物的提供商进行分类，并得到货源地当地政府的认证，确保在平台上寻找商品的买家拥有更多的选择与保障。

（2）代理加盟。提供卖家代理信息的发布，买家可以在其中快速地找到自己想要代理的品牌。

（3）淘工厂。为提供加工定制服务的企业提供发布信息的平台，让希望找到代工定制的买家快速查找到加工企业。

（4）企业采购。买家能够在平台中对自己的采购信息进行发布，方便平台卖家或代工企业与买家之间的交流。

除了上述功能，1688 供销平台还提供很多其他的功能，以方便买家卖家互通、交流学习、交友为主要目的。

六、全球速卖通

全球速卖通（以下简称“速卖通”）是阿里巴巴旗下面向全球市场打造的跨境电商出口 B2C 平台，被称为国际版“淘宝”，于 2009 年成立，2010 年 4 月正式上线。经过几年的迅猛发展，截至 2021 年 4 月速卖通海外成交买家数超 1.5 亿，覆盖全球 220 多个国家和地区，网站在 Alexa 全球排名第 41 位。速卖通主要针对海外的个人或中小型买家，覆盖 3C、服装、家居、饰品等共 30 个一级行业类目，其中优势行业主要有服装服饰、手机通信、鞋包、美容健康、珠宝手表、消费电子、电脑网络、家居、汽摩配件、灯具等。速卖通是阿里系列的平台产品，整个页面操作为中英文版，简单整洁，适合初级卖家上手。另外，阿里巴巴一直有非常好的社区和客户培训体系，商家可以快速入门。与 Amazon、eBay 相比，速卖通虽然是后起之秀，但是由于其发展速度较快，在国际跨境电商市场中已经占有较大份额，是国内卖家初试跨境电商的不错选择。

七、微店

微店是微信兴起后的产物。2013 年，微店开始崛起。2014 年 1 月，电商导购 App 口袋购物推出“微店”。2014 年 5 月，腾讯微信公众平台推出“微信小店”。2015 年上半年移动开店平台扎堆入场，包括微盟萌店、1 号 V 店、拍拍小店等，平台微商着力于用户运营，微店、微盟萌店、微商店等用户规模相继突破千万级。2014 年 10 月，京东拍拍微店也宣布完成升级测试，并与京东商城系统实现全面打通，开始大规模招商。与此同时，淘宝微店也大举进入。淘宝可以让卖家们的淘宝店架设到微信公众平台上，行业内如商派有量微店、易米微店、金元宝微店、喵喵微店、微盟等各类微店更是纷纷涌现。

在各类微店中主要分为两类模式：一类为 B2C 模式，如京东微店，直接通过商家对接消费者；另一类类似于 C2C 模式，多面向个体。其中 C2C 类模式的玩家居多。有专业人士将微店整体分为三大阵营。第一阵营为平台类型，如微信小店、京东拍拍微店、淘宝微店、口袋购物微店、微商店；第二阵营主打服务，如微盟、京拍档、各大电商平台自己推出的微店（主要服务于开放平台，一方面立足自身的购物 App 主打中心化移动电商，另一方面借助微店形成去中心化移动电商的布局）；第三阵营主要由个人推出，提供创建微商城的工具。

八、其他平台

除了以上介绍的主流电商平台之外，还有诸如唯品会、苏宁易购、当当网、1 号店、美团等其他电商平台，每类电商平台各有其特点，可以根据自身情况选择入驻。而企业要想做大、做强，满足消费者的各类购买需求，可以扩大企业的销售渠道，入驻多个电商平台，通过渠道整合的方式销售商品或服务。

消费者在哪儿，卖家就出现在哪儿；网上哪些平台能宣传展示商家的产品，商家就布局到哪里。全网多渠道销售不仅给企业打开了千万条销路，同时能将企业的资源进行深度的优化整合，从员工、财务管理到商品推广、订单处理、客户服务、仓储管理以及数据的统计分析，均实现统一管理和控制，既节省了企业资源，提高了企业效率，同时也为客户提供了更好的购物体验。如果企业自身无法兼顾，可以与电子商务代运营公司进行合作。

课堂延伸

电子商务第三方平台企业信用评价规范

随着互联网的发展，电子商务已成为带动社会就业和经济增长的重要引擎，改变和重塑生产、流通和消费模式。电子商务第三方平台作为网络交易发生的重要渠道，据统计，通过第三方平台达成的交易占目前网络零售市场的九成，可信的第三方平台已成为电子商务健康发展的重要组成部分。2018 年 6 月，国家市场监督管理总局、国家标准化管理委员会发布了《电子商务第三方平台企业信用评价规范》（GB/T 36312—2018）。结合第三方电子商务平台的特点，该国家标准主要从电子商务第三方平台的基本情况、平台运营、财务状况、公共信用、发展潜力、其他信用相关等维度构建电子商务第三方平台企业信用的评价指标，指导我国第三方平台企业的信用评价，从而有利于提高评价结果的准确性、可参考性，为第三方平台企业融贷款、申请资助等经营行为提供依据，为规范电商市场发展提供支撑，同时也有助于平台企业跟踪了解及改进信用状况。

第二步：入驻电商平台的前期准备

一、硬软件条件准备

（一）硬件条件准备

电子商务主要利用互联网开展商务活动，因此配置达标的电脑和稳定通畅的网络对于开网店而言一定是不可或缺的。除了准备电脑外，手机也是开网店的必备硬件，目前消费者从移动端进入网店消费的频率更高，提升消费者移动端的购物体验是电商卖家需要持续优化的事项。一方面，在进行网店装修、产品上架等时需要借助手机浏览移动端的产品展示效果，必要时可以多准备不同型号的主流手机测试并提升网店的手机客户端适配性；另一方面，利用手机可以随时随地与网店访客交流。例如，卖家可以下载千牛 App 等手机客户端，及时接收、发送信息，即使出门在外也可以响应买家的沟通需求，当然也可以借助千牛 App 更好地管理网店。

网店上关于产品的介绍图片、拍摄视频等直接影响消费者的购买决策，因此具备优良的拍摄条件（如拥有专业的照相器材、高超的拍摄技术）也是十分必要的。若开网店的资金足够充裕，可以考虑购置摄影灯、幕布、反光板、拍摄台等摄影器材，进一步增强产品图片效果。同时，为方便网店交易结算需要准备实名身份认证和银行账号认证，因此卖家一定要准备好开通网上银行功能的银行卡。当然，像在淘宝上开店可能还需要实名认证的支付宝个人账号或支付宝企业账号等。

除了上述硬件条件外，卖家还可以准备固定的办公场所、商品仓库等硬件设施。

（二）软件条件准备

开展电商运营一定要有积极的心态和持之以恒的毅力，尤其在网店开业初期，往往店铺访客量较少、店铺订单成交量也较少，但此时一定要积极寻找问题根源、及时走出经营困境。

拥有电商专业知识和技能是电商从业者必备的内在素质。电商从业者除了掌握电商相关的工具或软件的操作以外，如淘宝生意参谋后台软件、图像处理软件、阿里旺旺社交软件等，还需要具备所经营产品的专业知识，包括产品的种类与规格、特色、使用方法与维护方法、行业内同类产品的特点等，甚至了解电商相关法律知识、培养电商经营的行业敏感度等。

各项电商业务是在虚拟的网络空间中展开的，因此网络安全是电商从业者必须高度重视的问题。网络病毒在网络上层出不穷，电商从业者一定要保护好个人信息、店铺经营信息等不泄露，重视电商交易安全，避免造成重大财产损失。

二、熟悉电商平台规则

卖家正式入驻电商平台前，一定要先熟悉相应电商平台的规则。若不了解电商平台规则，有可能导致无法顺利开通网店，后续经营过程中出现店铺降权、下架商品、违规行为扣分甚至查封账户等情况。一般而言，各类电商平台官网上都会发布平台规则体系，在众多电商规则中卖家尤其要注重了解电商平台禁发商品规则、违规处理规范、评价规范等。下面将以淘宝网为例，介绍违禁信息管理规则、市场管理与违规处理规范、评价规范等内容。

（一）违禁信息管理规则

为了让用户享受到更优质、安全、可信赖的商业环境和交易体验，推动线上线下一体化的协同治理，优化淘宝平台权益，淘宝网禁止卖家发布国家法律法规禁止或淘宝平台禁止发布的商品或信息。淘宝网规定卖家未按特殊商品要求发布商品或信息的，淘宝可删除相应商品或信息，包括出售中及线上仓库中的商品或信息。同时，淘宝将视情节严重程度可采取监管商品、搜索屏蔽商品、下架商品、删除商品、删除店铺、删除店铺相关信息、关闭订单、延长交易账期、支付违约金等措施，具体可以详见淘宝网发布违禁商品或信息的具体处理措施——《禁发商品及信息名录 & 对应违规处理》。

（二）市场管理与违规处理规范

为进一步规范市场秩序、保障用户的权益，淘宝网制定了《市场管理与违规处理规范》。市场管理是指淘宝网针对卖家的风险行为采取的非扣分的管理措施，而违规处理是指淘宝网针对卖家的违规行为采取的具有惩戒性质的处理措施。

目前，淘宝网市场管理情形及市场管理措施如表 3-1 所示：

表3-1 淘宝网市场管理情形及市场管理措施一览表

市场管理情形	适用情形	市场管理措施
不活跃商品清理	近90天内无编辑、无浏览且无成交的商品	下架商品
商品发布管理	超过店铺发布商品数量上限，或因类目属性调整须重新编辑的商品	下架商品
认证管理	会员提供的认证信息不完整、失效或可能不准确	淘宝网视情节严重程度可采取下架商品、屏蔽店铺、删除店铺、限制使用阿里旺旺、限制发布商品、限制创建店铺等措施
发布交互风险信息	会员在淘宝交互平台上发布存在风险的文字、图片、视频或表演（直播）等信息，或存在异常发布行为	淘宝视情节严重程度可采取处理交互信息、限制使用交互平台功能、查封账户等措施
评价管理	会员违反《淘宝网评价规范》，利用淘宝网评价工具侵害相关方合法权益	淘宝网视情节严重程度可采取屏蔽评论内容、评分不累计、限制违规/异常交易的评价工具使用等措施
竞拍不买	买家通过拍卖方式拍得商品后拒绝成交，妨害卖家权益	根据《阿里拍卖平台管理规范》处理对应拍品的保证金
质量不合格或行政部门要求管理	经新闻媒体曝光、国家质监部门等行政管理部门通报，系质量不合格的线下某一品牌、品类、批次的商品，或与阿里平台抽检不合格商品相同的商品，或其他要求协查的商品或店铺	淘宝网视情节严重程度可采取下架商品、监管商品、删除商品、限制发布商品、屏蔽店铺、监管账户、查封账户等措施
诉讼应对管理	因会员行为引发其他会员或第三方诉讼至司法机关的，若会员提供的联系方式无效，或怠于处置、消极应对、继续违规的，对淘宝网造成或可能造成实际损失或不良影响	淘宝网根据产生或可能产生后果的严重程度可采取限制发布商品、屏蔽店铺、监管账户等措施
消费者保障管理	卖家未按要求提供消费者保障服务，或订单存在较高资金安全风险、商品合规风险或其他需要进行交易资金保障，或可能妨害消费者权益的情形	淘宝网视具体情况，可采取阻断访问链接、下架商品、限制发布商品、屏蔽店铺、延长交易账期、支付宝账户管控措施、监管账户等措施
危及交易或账户安全	会员发生或可能引发危及交易安全或淘宝账户安全行为	淘宝网视紧急、严重程度可采取支付宝账户管控措施、监管账户、查封账户等措施
发布违反公序良俗、规则总则或协议的商品或信息	卖家发布有违公序良俗、《淘宝平台规则总则》或《淘宝平台服务协议》的商品或信息	淘宝网视情节严重程度可采取下架商品、删除商品等措施

在违规情形及处理方面，淘宝网违规行为分为出售假冒商品（即C类违规）、严重违规行为（即B类违规）及一般违规行为（即A类违规），三者独立扣分、分别累计、分别执行。出售假冒商品是指出售假冒注册商标商品，或出售盗版商品的行为；严重违规行为是指除出售假冒商品外，其他严重破坏淘宝平台经营秩序或涉嫌违反国家法律规定的行为；一般违规行为是指除出售假冒商品与严重违规行为外的违规行为。特殊市场违规行为同样遵循上述违规行为类型划分。

其中，淘宝网违规情形及违规类型如表3-2所示：

表3-2　淘宝网违规情形及违规类型一览表

违规行为	定义	违规类型
出售假冒商品	指卖家出售假冒注册商标或盗版商品的行为	出售假冒商品（C类）
不当注册	指用户通过软件、程序或人工等方式，批量注册淘宝账户的行为	严重违规行为（B类）
盗用他人账户	指盗用他人淘宝账户或支付宝账户，涉嫌侵犯他人财产权的行为	严重违规行为（B类）
骗取他人财物	指以非法获利为目的，非法获取他人财物，涉嫌侵犯他人财产权的行为	严重违规行为（B类）
不当获取使用信息	是指通过租借/共享账号、协助第三方扫描系统等方式获取平台商业信息/他人信息，或未经允许发布、传递、出售平台商业信息/他人信息，影响淘宝网的正常运营秩序、效率或致使平台商业信息/他人信息存在泄露风险的行为	严重违规行为（B类）
假冒材质成分	指卖家对商品全部材质或成分信息的描述与买家收到的商品完全不符的行为	严重违规行为（B类）
扰乱市场秩序	指会员扰乱和破坏公平竞争、平等交易的市场秩序，侵害其他会员权益或对平台造成不良影响的行为	严重违规行为（B类）
不正当牟利	指会员或运营服务商等第三方采用不正当手段牟取利益的行为	严重违规行为（B类）
发布违禁信息	指会员发布国家或淘宝平台禁止发布的商品或信息的行为	一般违规行为（A类）/严重违规行为（B类）
提供虚假凭证	指会员为牟取利益向淘宝网提供不真实的证明材料的行为	一般违规行为（A类）/严重违规行为（B类）
骚扰他人	指会员对他人实施骚扰、侮辱、恐吓等妨害他人合法权益的行为	一般违规行为（A类）/严重违规行为（B类）

续表

违规行为	定义	违规类型
不当使用他人权利	指卖家发布的商品或信息涉嫌不当使用他人商标权、著作权、专利权等权利，或造成不正当竞争的行为	一般违规行为（A类）/严重违规行为（B类）
发布混淆信息	指卖家发布容易造成消费者混淆的商品或信息的行为	一般违规行为（A类）/严重违规行为（B类）
发布未经准入商品	指卖家未备案或未通过淘宝网审查，发布有准入要求的商品。准入要求包括卖家准入要求和商品准入要求	一般违规行为（A类）/严重违规行为（B类）
虚假交易	指会员通过虚构或隐瞒交易事实、规避或恶意利用信用记录规则等不正当方式，获取虚假的商品销量、店铺评分、信用积分、商品评论或成交金额等不当利益的行为	一般违规行为（A类）/严重违规行为（B类）
描述不当	指买家收到的商品或接受的服务，或经淘宝网抽检、排查到的商品或服务存在与卖家描述不相符，或卖家未对商品瑕疵等信息进行披露等情形，妨害买家权益的行为	一般违规行为（A类）/严重违规行为（B类）
滥用会员权利	指会员滥用、恶意利用淘宝所赋予的各项权利损害他人合法权益、妨害淘宝平台运营秩序的行为	一般违规行为（A类）
违背承诺	指卖家未按约定或淘宝网规定向买家提供承诺的服务，妨害买家权益的行为	一般违规行为（A类）
滥发信息	指会员未按《淘宝平台规则总则》及相关规则要求发布商品或信息，妨害买家权益或平台秩序的行为，包括以下情形：（1）广告信息；（2）信息与实际不符；（3）信息重复；（4）商品要素不一致；（5）规避信息；（6）品牌不一致；（7）行业特殊要求	一般违规行为（A类）

以上只是简单罗列了淘宝网违规情形及违规类型，要想把网店经营好，卖家一定要仔细阅读以了解淘宝网规则，从而避免不必要的违规惩罚。淘宝网针对卖家的违规行为采取扣分及节点处理方式。淘宝网违规行为扣分及节点如表3-3所示。

表3-3　淘宝网违规行为扣分及节点

序号	违规行为扣分及节点
1	违规行为成立后，淘宝网对会员进行扣分，违规行为的扣分在每个自然年度内累计。当扣分达到节点时，淘宝网对会员采取相应的节点处理措施
2	会员因单次违规扣分较大，导致累计扣分满足多个节点处理条件的，或在违规处理期间又须执行同类节点处理的，依次执行多个处理措施

续表

序号	违规行为扣分及节点
3	被执行节点处理的会员，当其全部违规行为被纠正、节点处理措施执行完毕且节点处理措施期限届满后，方可恢复正常状态
4	会员的违规扣分在每年的12月31日23时59分59秒清零，但以下特殊情形除外： （1）B类违规扣分累计达48分的，不清零，查封账户； （2）C类违规扣分累计达24分及以上的，该年不清零，以24分计入次年；次年新增C类违规扣分未达24分的，违规扣分于该年12月31日23时59分59秒清零，累计扣分达48分及以上的，不清零，查封账户
5	会员的违规次数在每年的12月31日23时59分59秒清零，但以下特殊情形除外： （1）B类违规被查封账户的，次数不清零； （2）C类违规实行“三振出局”制，即卖家每次出售假冒商品的行为记为一振，若同一卖家出售假冒商品累计达三振，不清零，查封账户

（三）评价规范

买卖双方的评价是电子商务交易中的重要环节。买卖双方基于真实的交易做出公正、客观、真实的评价，可以为其他消费者的购物决策和卖家店铺经营提供参考。如果卖家在电商运营过程中能够利用好评价，可以有效提升店铺的信誉度和订单量。

淘宝网对此制定了评价规范。除如一级类目“景点门票 / 演艺演出 / 周边游”“度假线路 / 签证送关 / 旅游服务”“特价酒店 / 特色客栈 / 公寓旅馆”下的交易，评价时间为交易成功后90天内，一般的评价时间为交易成功后的15天内。淘宝网的评价包括“店铺评分”和“信用评价”。店铺评分（即店铺DSR）由买家对卖家评出，如对商品或服务的质量、服务态度、物流等方面的评分指标。淘宝网买家评价填写如图3-1所示。

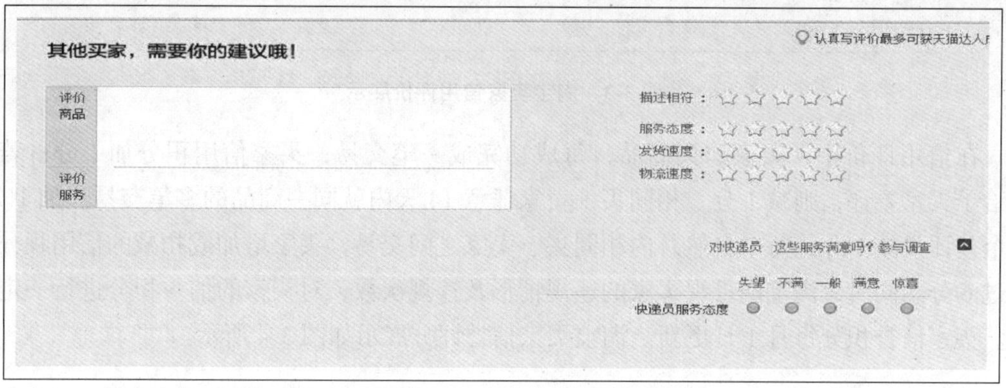

图3-1　淘宝网买家评价填写

每项店铺评分均为动态指标，系此前连续6个月内所有评分的平均值。每个自然月，相同买、卖家之间交易，卖家店铺评分仅计取前3次。店铺评分一旦做出，无法修改。淘宝店铺动态评分如图3-2所示。

图 3-2　淘宝店铺动态评分

店铺评分和信用评价是并存的，虽然两者的体现内容不一样，但都是为买家提供更多维度的参考价值。信用评价由买卖双方互评，包括“信用积分”和“评论内容”。在信用评价中，买家若给予卖家好评，则卖家信用积分加 1 分；若给予差评，则减 1 分；若给予中评或 15 天内双方均未评价，则信用积分不变。若卖家给予好评而买家未在 15 天内给其评价，则卖家信用积分加 1 分。相同买、卖家任意 14 天内就同一商品多笔交易产生的多个好评卖家只加 1 分、多个差评卖家只减 1 分。每个自然月，相同买、卖家之间交易，卖家增加的信用积分不超过 6 分。淘宝卖家信用评价展示如图 3-3 所示。

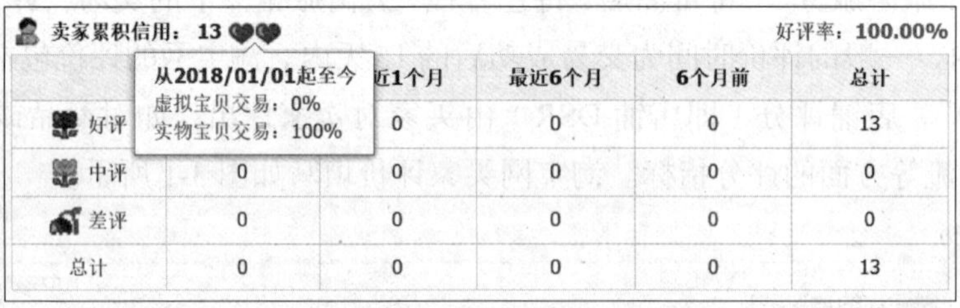

图 3-3　淘宝卖家信用评价展示

在信用评价中，买家购买商品，每成功完成一笔交易，买家信用积分加 1 分；若卖家给予买家差评，则减 1 分。相同买、卖家任意 14 天内就同一商品的多笔交易只加 1 分，多个差评只减 1 分；每个自然月内相同买、卖家之间交易，买家增加或扣减的信用积分不超过 6 分。同时，淘宝网可视买家的违规情形及违规次数，对买家的信誉积分进行一定扣减。买家信誉积分每月 1 日更新。淘宝买家信誉评分展示如图 3-4 所示。

图 3-4　淘宝买家信誉评分展示

同时，淘宝平台还提供追加评论、评价解释、评价修改等功能。自交易成功之日起180天（含）内，淘宝买家可在做出信用评价后追加评论，内容不得修改，也不影响卖家信用积分。被评价人可在评价人做出评论内容或追评内容之时起的30天内做出解释。评价人可在做出中、差评后的30天内，对信用评价进行一次修改或删除。

当然，淘宝网可基于消费者体验、卖家经营及平台运营需要，调整淘宝网评价工具适用范围或相关计算逻辑，并提前通知买卖双方。

总之，店铺评价在网店经营中起着非常重要的作用，不仅会影响店铺的整体流量和转化率，而且决定了店铺是否可以健康发展，淘宝网是否会给予店铺更多扶持和曝光。卖家应高度重视，从产品描述切合实际、产品质量严格把控、加强客服人员培训以及加快发货速度和完善物流体系等方面提高店铺评分。

以上简单介绍了淘宝网的违禁信息管理规则、市场管理与违规处理规则以及评价规则，我们可以自行到淘宝官方网站查询和了解其他规则。同时，为适应市场和用户的需求，淘宝网也会经常对规则进行调整并发布一些新的规则，导致以前的一些运营方法和运营技巧都不再适用，卖家应及时关注新规则并调整店铺运营策略。

三、办理资质证照

入驻非C2C的电商平台和部分C2C平台，除了准备相应的资金外，还需要相关资质证照的支撑，如营业执照等。营业执照是企业法人营业执照的简称，是企业或组织合法经营权的凭证。同时，像淘宝网等电商平台规定卖家经营特殊类目也需要办理相应的经营许可证。例如，经营食品类目需要办理食品经营许可证，食品安全问题是买家关注的核心问题，食品经营许可证的成功办理无疑有助于更好地建立买卖双方之间的信任关系。开通微商城也需要办理相应的资质，开通微商城需要进行微信公众号的二次开发，要先进行微信认证，如开通企业订阅号和服务号，所以开通微商城时也必须提供营业执照。

二维码29

微课：电商创业资质证照办理

如果我们选择自建一个电子商务网站，除了需要企业营业执照和商标注册证书外，还需要ASP网站经营许可证、互联网出版许可证、网络文化经营许可证等。

营业执照或相关经营许可证的申请办理可以查询政府的官方网站，以了解最新的办事流程和需要准备的资料，以免政策变化，多跑弯路。例如，在重庆市申请办理有限公司的营业执照，有线上申请办理和线下申请办理两种渠道。线上申请办理只需要两步就可以完成。

第一，一网通办。可以通过线上渠道申请办理，首先登录浏览器搜索“重庆市开办企业一网通”（见图3-5），进入重庆市网上办理大厅并点击“开办企业”进入办理首页（见图3-6），点击【我要开办企业】按钮，进入信息录入页面后根据页面提示一步步填写并提交相应的申请材料（见图3-7、图3-8）。

第二，一窗领取。在提交的申请材料齐全、符合法定形式的情况下，设立登记、刻制印章、申领发票和就业社保登记全部流程将在1天之内办结。申请人即可前往开办企业综合窗口一次性领取纸质营业执照、印章、发票和税控设备“大礼包”。

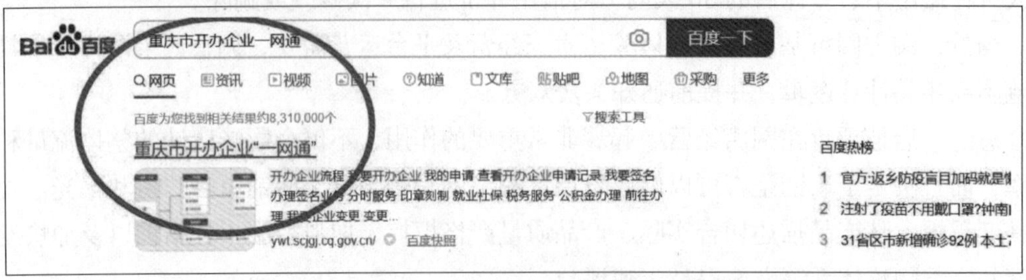

图3-5 浏览器搜索“重庆市开办企业一网通”

图3-6 进入重庆市网上办理大厅点击“开办企业”

图3-7 点击【我要开办企业】按钮进入信息录入页面

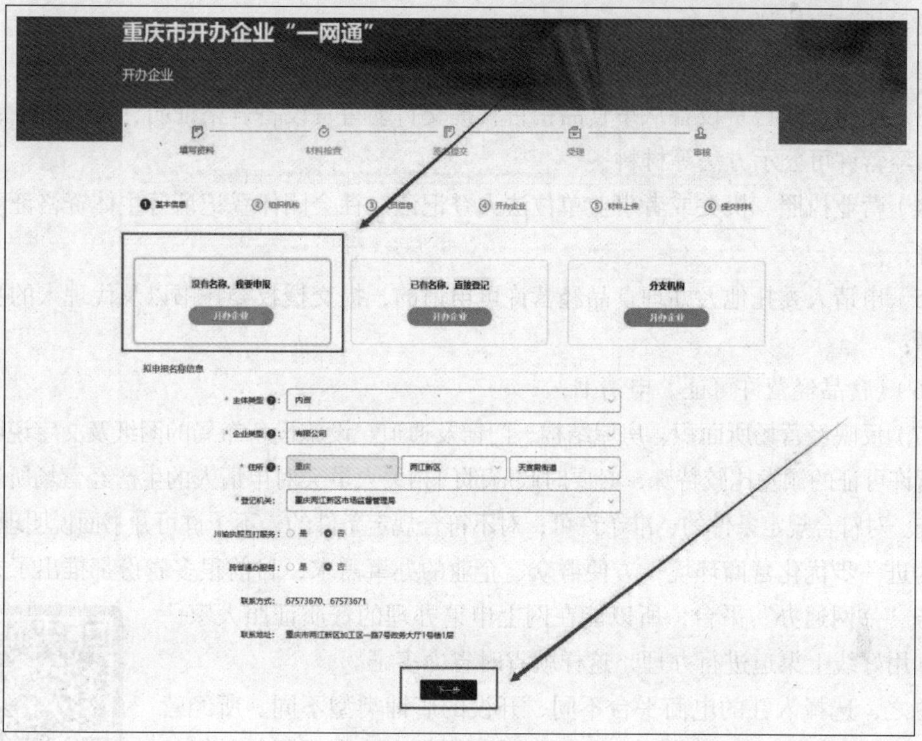

图 3-8　具体办理页面

申请人可以携带以下纸质资料前往当地的市场监督管理部门线下申请办理营业执照，由于需要携带的申请材料较多，一定要一次性备齐，主要包括以下材料：

（1）公司登记（备案）申请书；

（2）验资证明；

（3）“多证合一”政府部门共享信息表；

（4）国务院证券监督管理机构的核准文件；

（5）法定代表人、董事、监事和经理的任职文件；

（6）批准文件；

（7）公司章程；

（8）住所使用证明；

（9）股东、发起人的主体资格证明或自然人身份证明；

（10）住所（经营场所）使用承诺书。

其中，第（2）（4）（6）（10）项为非必要提供材料。

卖家办理好营业执照后，如果需要办理其他经营许可证，可以到相应的政府官方网站查询申请办理流程和材料，并携带材料到相应的政府部门申请办理。例如，在重庆市申请办理食品经营许可证，可以准备好相应的材料到当地的市场监督管理部门申请办理，主要包括以下材料：

（1）经营场所外设置（包括自有和租赁）仓库的，提交仓库合法使用证明及布局说明文件或委托贮存协议；

（2）食品安全管理制度文本；

（3）利用自动售货设备从事食品销售，提交自动售货设备合格证明、放置地点、经营者食品经营许可公示方法等材料；

（4）营业执照、机关或者事业单位法人登记证、社会团体登记证等主体资格证明文件复印件；

（5）申请人委托他人办理食品经营许可申请的，提交授权委托书以及代理人的身份证明文件；

（6）《食品经营许可证》申请书；

（7）反映经营场所面积、房屋结构、门窗及通道、设施设备布局的图纸及文字说明。食品经营许可证的颁发比较特殊，必要时政府部门相关人员会对申请人的生产经营场所进行现场核查。对符合规定条件的，准予许可；对不符合规定条件的，不予许可并书面说明理由。

为进一步优化营商环境，方便群众、企业的办事需求，目前很多省份都推出了在线政务服务“一网通办”平台，所以能在网上申请办理的资质证照大家一定要利用好线上渠道进行办理，这样就省时省力多了。

总之，选择入驻的电商平台不同、开设的店铺类型不同、所经营的商品类型不同，开网店需要准备的资质证照都会略有不同，最好的解决方法就是一定要登录电商平台官方网站，了解具体需要准备哪些资质证照，这样才会事半功倍。

二维码30

知识链接：“五证合一、一照一码”登记制度改革

举一反三

1. 请自行搜索并查看了解天猫、京东商城、拼多多、抖音小店等电商平台的入驻要求及规则。

2. 为积极响应党的二十大报告中提出的“全面推进乡村振兴”的政策号召，帮助当地农村居民以个人身份通过电子商务销售初级农产品，找出可以选择的电商平台并对其进行比较。

任务2　仓储管理及物流配送

任务描述

互联网的发展为网络购物提供了足够多的便利条件，从商品展示到咨询洽谈，从出价

购买到支付货款，交易双方通过互联网可以轻松地完成绝大部分的交易环节。然而，除了虚拟物品以外，实物商品的运输和配送环节还是必须与线下的物流公司合作完成。尤其对于经营网店的卖家而言，如果能很好地进行物流与配送管理，对提高网店整体服务水平、为买家提供较好的购物体验起着至关重要的作用。做好网店仓储管理、规范商品打包处理、研究物流配送、提出行之有效的网店物流与配送策略，是网店健康成长发展的主要助力。本任务从货物的仓储管理、装箱打包、选择物流配送渠道等环节来介绍网店的仓储管理及物流配送工作。

任务实施

第一步：仓储管理

在企业物流中，仓储管理是一个基本的环节，是指对仓库及其库存物品的管理，仓储系统是企业物流系统中不可缺少的子系统。电子商务公司发展到一定的时候，都会设立专属的物流部门来对库存商品进行更系统化和规范化的管理，或者根据公司的经营特点设计ERP管理系统，这是一个在全公司范围内应用的、高度集成的系统，数据在各业务系统之间高度共享，所有源数据只需在某一个系统中输入一次，保证了数据的一致性，可以实现即时交易管理、动态库存管理和财务管理。

一般而言，在掌握日常电商交易运营流程的同时，还需要对商品入库、保管、出库流程进行基本的了解。这样才能为网店中商品的销售提供一个强大的后备力量，不至于等到商品缺货的那一刻，才发现已经没有商品可出售，或者没有及时调整进货数量，造成某一款商品大量积压。因此，网店的仓储管理可以说是网店物料配送的一个重要环节，如何充分利用仓储资源提高服务质量、增强客户满意度，是网店运营和管理所面临的重要议题。网店仓储管理分为商品入库检验、编写商品货号、商品入库登记、妥善保管商品、商品出库几个环节。

一、商品入库检验

在商品入库之前，必须由店主或者专门承担收货工作的人员，对全部货物进行严格、认真的检验。检查商品的外包装是否完好，是货物检验的第一步。一旦商品的外包装出现破损，或有效日期已经临近，则应拒绝接收货物，并及时向上级主管部门报告。

除了对货物外包装进行检查之外，还应该按照订货单和送货单核对商品的品名、等级、规格、数量、单价、总价、有效期等内容，仔细检查包装内的商品是否有破损、污渍，以及对数量、规格、品种进行核对。确定以上几点准确无误之后，才能将商品入库保管。

二维码31

知识链接：ERP系统

二、编写商品货号

为了方便查找和控制数量，应该为每一款入库的商品确定一个商品编号，也就是货号。有了商品编号，无论是在仓库中找货还是盘货都非常方便，大大地提高了仓储管理的效率。为商品编号的方法很多，其中最简单的方法就是商品属性 + 序列数。

（一）商品分类

仔细为即将入库的商品分好类别是编写商品货号的第一步。以服装类商品为例，可以将服装分为短袖、长袖、外套、连衣裙、短裙、长裤、短裤等多个类别。

（二）确定汉语拼音缩写

每一个商品种类都对应一个汉语拼音，将汉语拼音的开头字母进行缩写，即可成为商品编号的开头字母。还是以服装类商品为例，短袖（duan xiu），缩写字母即为“DX”，以此类推长袖的缩写为“CX”，外套的缩写为“WT”，连衣裙的缩写为“LYQ”，短裙的缩写为“DQ”，长裤的缩写为“CK”，短裤的缩写为“DK”。

（三）确定数字编号

数字编号的位数可以根据商品的数量而定。但从长远的角度考虑，最好比实际库存数量多一些，因为随着网店的发展，商品的数量可能会越来越多，多使用几位数字，也是为商品的库存数量留有余地。例如，商品的编号是从“001-999”，那么 WT-054 就代表外套 54 号，CK-322 就是长裤 322 号。

（四）品牌商品编号

一般而言，品牌商品的厂家都会有标准的货号，这样就为网店卖家减去了为商品编号的工作，卖家只需照原样登记商品货号。但是卖家要学会辨认厂家编写的货号，不同品牌的编号方式不相同，不过只要了解其中的规律，就可以通过货号判断是哪款商品。例如，有些商品编号的第一个字符代表商品大类，第二、三个字符代表商品小类，第四个字符代表生产年份，第五、六个字符代表大类和小类的流水号，第七个字符代表性别，第八、九个字符代表颜色等。当然，上述的方法并不是商品编号的固定法则，网店卖家可以将其作为参考，再根据自己店铺的实际情况进行调整。

二维码32

知识链接：SKU

三、商品入库登记

确定货物没有损坏并准确制定商品编号后，将对商品的名称、数量、规格、入库时间、凭证号码、送货单位、验收情况等进行详细登记，才能将商品收入库存。商品入库时要做到以下几点：

（1）有效提高储位的利用率；

（2）体现码放规则，不能随便乱放；

（3）对于一些有时间要求的商品要方便出库时“先进先出”，即先入库的商品先发出；

（4）尽量方便拣货人员的拣货，通常一起出货的商品应该设置得比较临近，同时频繁进出的商品要放在便于拣货的地方。

四、妥善保管商品

二维码33

知识链接：6S管理

商品入库后，不能杂乱无章地摆放在库房中，而是要根据商品的不同种类、属性、材质、功能等进行分类，分别放入专门的区域。仓库通常分存储区、拣货区、打包区、发货区、报损区等，为日后从库房中查找和盘点商品提供方便。同时还要做好防潮、防水和防火的措施，如为食品类商品准备专门的冰箱，以防止食品变质。对于商品入库后的库房管理，最重要的是做好“6S”管理。6S起源于日本，通过规范现场、现物，营造一目了然的仓库环境，培养员工良好的工作习惯，其最终目的是提升员工的素养，使员工能够养成凡事认真的习惯，认认真真地对待工作中的每一件小事、每一个细节。

五、商品出库

商品出库时也要做好详细的登记，遵守商品出库制度，凭订单发货，防止出现差错。无论是否已经有订单交易，网店中的仓储与管理工作都要常态化开展。这是网店销售中的一个基本环节，尤其是对一些企业卖家来说，仓储系统是不可或缺的子系统。

商品出库流程如图3-9所示。

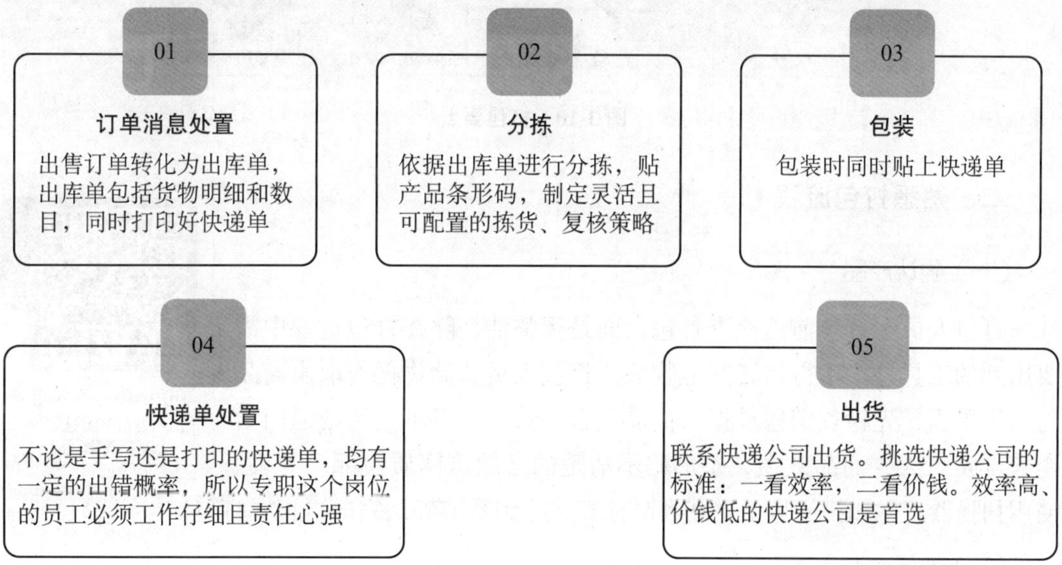

图3-9　商品出库流程

第二步：装箱打包

一、掌握打包要点

货物打包是一项技术活，但是随意的包装和规范的打包，其结果会有很大的差异。如果做到下述几点，发送出去的货物就有了一定的安全保障系数（见图 3-10）。

（1）避重就轻。商品和纸箱内壁的四周应该预留 3 厘米左右的缓冲空间，并用填充物将商品固定好，以达到隔离和防震的目的。

（2）严丝合缝。用填充物塞满商品和纸箱之间的空隙，使纸箱的任何一个角度都能经得起外力的冲撞。

（3）原封不动。纸箱的所有边缝都要用封箱胶带密封好，既可以防止商品泄漏和液体浸入，还可以起到一定的防盗作用。

（4）表里如一。安全工作可以从纸箱内部延伸到外部，在纸箱封口处贴上 1～2 张防盗封条，可以起到一定的警示和震慑作用，有效地防止内件丢失。防盗封条可以自己制作，也可以在淘宝上购买。

注意，如果是到邮局柜台去寄平邮的话，纸箱千万不要提前封口，要等邮局的工作人员做过安全检查以后才能封口并邮寄。因为根据《中华人民共和国邮政法》第 25 条规定：对信件以外的邮件，邮政企业收寄时应当当场验视内件。用户拒绝验视的，邮政企业不予收寄。

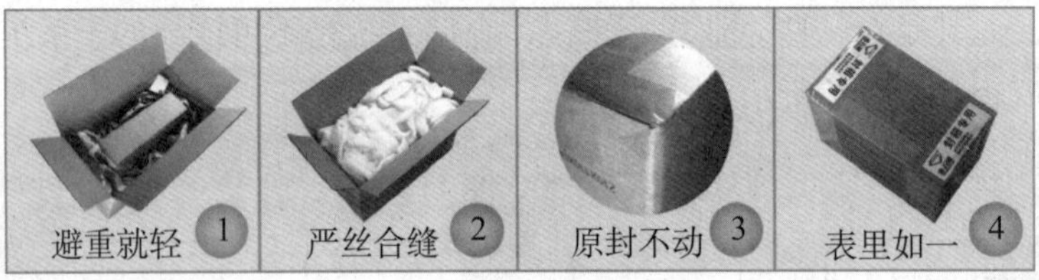

图 3-10　打包要点

二、熟悉打包流程

（一）确认产品

二维码34

知识链接：不同商品快递打包的技巧和注意事项

打包人员在打包前需检查打包台面是否整洁，除在打包过程中需要用到的工具外，不得放置其他物品。打包人员从储物框内取出商品与销售单据，先检查销售单据与商品是否一致。如果不一致则返回给销售部负责人，商品破损、条形码不清楚的必须退回质检部门处理。使用扫描器正常扫描销售单据和商品标签，等到系统确认完成再正式打包。

（二）选择包装

打包人员要根据产品的大小、种类等特性选用合适的包装物进行初步放置。一些表面不规则的散装产品，买家在订购时可能会订购多个，此时可以使用较大的纸箱打包包装。大纸箱在封箱前需要打包人员检查商品有无遗漏，订单有无放入包装物内。

（三）使用胶带缠绕货物

用塑料袋包装的物品，须用胶带在塑料袋外缠绕成“十”字形，防止物品遗失；对于拼袋（或拼箱）的物品，除用胶带缠绕成“十”字形外，还要用胶带贴合接口，防止物品遗失；液体类物品如蜂蜜等须加贴“易泄易漏”标志和“此面向上”标志；易碎品须加贴“易碎”标志。纸箱包装的物品，箱体上下对缝必须贴合，胶带缠绕不少于2周，左右侧缝用胶带缠绕。

包装完成后，加贴标签及打印机打印的地址面贴，地址面贴应与商品的外包装保持平整，以便在下个流程进行扫描。最后将包装完好的商品放置于绿色流水线上，打包完成。

不管采用哪一种打包方式，网店运营者都应该从物流中遇到的问题和顾客的反馈中总结经验和教训，不断改进运营店铺的打包方式，这样既能保证货物安全，又能节约物流包装成本。

课堂延伸

国务院办公厅《关于推进电子商务与快递物流协同发展的意见》

近年来，我国电子商务与快递物流协同发展不断加深，推进了快递物流转型升级、提质增效，促进了电子商务快速发展。但是，电子商务与快递物流协同发展仍面临政策法规体系不完善、发展不协调、衔接不顺畅等问题。2018年1月，国务院办公厅发布《关于推进电子商务与快递物流协同发展的意见》（以下简称《意见》），《意见》指出要强化绿色理念、发展绿色生态链，其中提出要推广绿色包装，由商务部、国家邮政局、国家标准委负责制定实施电子商务绿色包装、减量包装标准，推广应用绿色包装技术和材料，推进快递物流包装物减量化；国家发展改革委会同相关部门负责开展绿色包装试点示范，培育绿色发展典型企业，加强政策支持和宣传推广；商务部会同相关部门负责鼓励电子商务平台开展绿色消费活动，提供绿色包装物选择，依不同包装物分类定价，建立积分反馈、绿色信用等机制引导消费者使用绿色包装或减量包装；国家发展改革委、环境保护部、商务部、国家邮政局负责探索包装回收和循环利用，建立包装生产者、使用者和消费者等多方协同回收利用体系；国家发展改革委、环境保护部、国家邮政局负责建立健全快递包装生产者责任延伸制度。同时，《意见》指出推动绿色运输与配送，提出要加快调整运输结构，逐步提高铁路等清洁运输方式在快递物流领域的应用比例；鼓励企业综合运用电子商务交易、物流配送等信息，优化调度，减少车辆空载和在途时间；鼓励快递物流领域加快推广使用新能源汽车和满足更高排放标准的燃油汽车，逐步提高新能源汽车使用比例。

第三步：选择物流配送渠道

由于电子商务针对的消费者是全国各地乃至全球的顾客，所以卖家需要通过物流公司将实物商品邮寄给买家，这里就必然涉及物流问题。物流方式的选择，一方面影响网店买家对卖家的综合客户服务水平的评价，另一方面决定网店卖家是否可以从物流这个环节获得一定的利润。因此，物流方式的选择也是网店是否能够迅速成长最重要的一环。

二维码35

微课：物流选择

一、了解常见的发货渠道

对于一个网店而言，选择合适的发货渠道，对自己的销售至关重要。发货渠道一般有邮政发货、快递发货、货运发货三种。

（一）邮政发货

中国邮政是网店卖家合作最广泛的物流渠道之一。选择邮政发货的主要原因是网点多，因为很多顾客所在的村镇没有快递网点，但中国邮政的网点已经覆盖到很多偏远的地区和农村。中国邮政设有挂号信、平邮包裹、E 邮宝和 EMS 等多种邮寄方式，不同的邮寄方式产生的费用也不同。

（二）快递发货

平邮包裹的到货周期较长，顾客通常需要 7～15 天才能收到购买的商品。由于网上交易大多都是第三方支付平台代收货款，顾客在没有收到货物之前不会确认收货并通知第三方平台放款给卖家，因此，到货周期决定了商家的回款周期。

而快递公司的运货速度一般较快，周边城市一般可以做到今发明至，国内大中城市的到货时间也只有 2～3 天，而且，快递公司是采用门到门收发货的方式，同时提供网上查询物流进程的服务，因此，很多卖家和顾客都不约而同地选择快递这一物流方式。

商家在包装好货物以后，可以通过互联网搜索到自己周边地区设有网点的快递公司的官方网站，然后在快递公司的网站上查找当地快递公司的联系方式，只要打电话通知快递公司，他们便会安排最近网点的服务人员上门来收件。每天有稳定发货量的商家通常都有长期合作的快递公司，它们一般不需要电话通知，快递人员便会每天按时来收件，非常方便，省时省力。快递发货的一般流程如图 3-11 所示。

电商零售的发展离不开快递公司的支持，所以当店铺每天都有一定的包裹数时，就需要联系一两家固定的快递公司进行长期合作。固定的合作模式可以降低一定的快递成本，也可以让快递公司在协定好的固定时间段前来取件，以保证店铺每天的正常发货速度。通过签订合作协议，可以规定每月结款或者固定时间段结款。当因快递公司的运输问题出现售后问题时，商家可以根据协议向快递公司提出索赔，保障自己的利益不受损失。

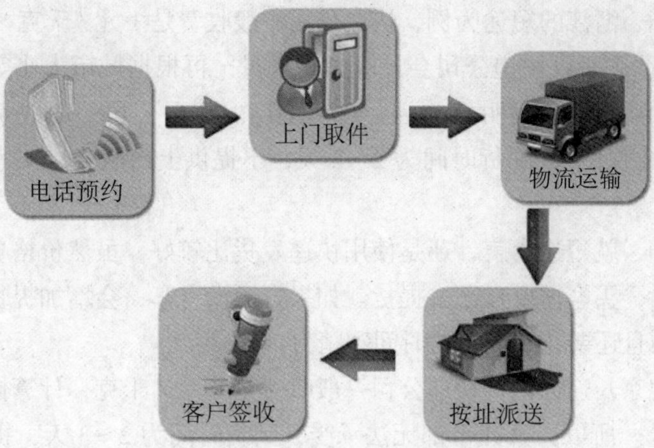

图 3-11　快递发货的一般流程

快递公司除了提供上门收发货的服务外，客户还可以在快递公司的网站查询物流的派送进程。或者在电商平台，通过查看自己订单中的“查看物流”，即可以看到物流信息，里面有详细的收件、运输和送件的信息。

（三）货运发货

货运发货包括公路运输、铁路运输和航空运输三种类型，短途一般采用公路运输和铁路运输，长途采用铁路运输和航空运输。由于货运公司的发货方式相对于邮政和快递发货方式来说了解的人较少，在此详细介绍一下。

1. 货运公司的计费单位

货运公司与中国邮政和快递公司的计费方式有很大区别，中国邮政一般以 0.5 千克为一个计费单位，快递公司通常以 1 千克为一个计费单位。货运的总运费是由计费单位乘以单价来决定的，而货运公司的计费单位虽然是千克，但这个千克数却不是用磅秤计量出来的，而是通过计算体积重量确定的，有的时候，这个千克数甚至是用米尺“量”出来的。

体积重量的标准公式是：

货物的体积重量（千克）＝货物的体积［长（cm）× 宽（cm）× 高（cm）］/6 000

也就是说，6 000 立方厘米体积的货物相当于 1 千克重来计算运费。换算过来，1 立方米体积的货物要按照 167 千克计算运费。按照物理重量和体积重量择大计费的原则，如果货物的比重小而单位体积偏大，如棉花、编织工艺品等，那么应当测量货物的体积。根据以上公式计算出体积重量，然后将货物的实际重量和体积重量做比较，以较大者作为计费重量，乘以每千克的运输价格就得出了应收运费。

2. 货运公司与快递公司的比较

以一台体积是 2.1 立方米、实际重量是 15 千克、体积重量是 35 千克的古筝为例，比较一下快递公司和公路货运在价格、时间和便利程度上的差异。

以上海到江苏、浙江的短途为例，快递公司一般收费是 1 元 / 千克～1.5 元 / 千克，因为古筝属于“泡货”，所以快递公司会计算体积重量，再根据城市大小等因素，一般每件的价格在 30 元～50 元，今发明至并且会送货上门。货运公司一般收费是 0.6 元 / 千克，运费是 25 元（包含保险），到货时间为 2～3 天，不提供上门服务，买家需要自己到货场提货。

对比结果可知，就短途而言，还是使用快递发货比较好，虽然价格贵一些，但是采用货运公司发货的话，买家需要自己去提货。如果自己没有车，会增加提货费用，反而比快递发货更贵了，而且还要花费更多的时间和精力。

再以上海到北京长途为例，快递公司一般收费是 8 元 / 千克，计算体积重量的话，运费要在 200 元以上。所以买家几乎都无法承受，到货时间为 2～3 天，提供上门收货和送货的服务。货运公司一般是 1 元 / 千克，算体积重量的话，运费是 40 元，到货时间为 4～5 天，不提供送货上门服务，需要自行到货场提货。

对比结果可知，如果货物体积较大、重量较重、路途较远，就可以考虑发货运公司，即使买家需要自己提货，价格还是在可以承受的范围之内。

3. 货运公司与中国邮政的比较

以上海至北京，重量为 22 千克的货物为例，不同发货方式的发货费用和到货周期比较如表 3-4 所示。

表3-4　不同发货方式的发货费用和到货周期比较

发货方式	发货费用	到货周期
EMS	254 元 + 包装等	2 天
快递包裹	79 元 + 挂号费 3 元 + 包装等	4～6 天
平邮包裹	46 元 + 挂号费 3 元 + 包装等	较长
货运公司（公路运输）	25 元	4～5 天

4. 委托货运公司发货的注意事项

货物包装应结实、耐压，做好保护措施，箱子外面要有必要的文字或图片的警示，外箱上最好有明显的标志。

收货时，如果外箱有破损，要当场把箱子打开检查内部情况。若货物损坏，要请工作人员详细记录情况，然后把详细情况告诉发货人，由发货人向当地的货运公司提出索赔。外箱完好，内部有损坏，那货运公司是不赔的。

在货运站提货时要和买家提前沟通好提货的手续问题，免得留下中评或差评的隐患。

二、选择合适的物流公司

选择适合自己网店的物流公司需要考虑以下几个方面的因素：

（一）物流费用

物流费用是首先要考虑的因素，物流费用直接关系到电商成本和盈利。卖家要严格控制物流费用，尽量把费用降到最低，所以选择快递时一定要多联系几家，对比价格之后再确定到底选哪一家。卖家可以在物流公司官网，根据网店分布查询离发货地址较近的快递点的联系方式，直接跟该网点的工作人员洽谈合作价格。

（二）配送时间

卖家不能盲目追求较低的物流费用，应该结合配送时间综合考虑。可以考虑常见的快递公司如顺丰、圆通、中通、韵达、申通等，这些比较大的快递公司在全国分布的网点较多。不同快递的配送时间是有差别的，配送时间太长不但会影响客户体验，可能还会影响产品的质量，如农产品的配送比较注重时效性。

（三）覆盖范围

每个物流公司的覆盖范围都不相同，覆盖范围决定了快递公司快件所能到达的服务区域。对于一些偏远地区的快递，一定要选择可以到达的物流公司。

（四）服务质量

卖家比较关心的服务质量包括是否会经常丢件、物流信息跟踪是否及时、包裹是否破损等问题。

三、熟悉物流配送流程

一笔完整的交易包括售前、售中和售后三个流程，物流工作分为物管和物流两个环节。从商品验收入库、编写商品货号、仓储管理等售前环节即开始工作，到售后打印货单、凭单出库、装箱发货、追查快件等，物流工作贯穿始终，形成一个完整、连贯的工作流程。

在工作流程的衔接上，物流管理人员承担的是部分售前的准备工作，商品入库编好货号以后，即由负责销售的部门来完成发布商品、推荐商品、在线接待等工作。商品一旦销售出去，接下来的工作流程如图 3-12 所示，负责销售的人员要确认订单、确认付款和收货地址，做好订单备注，然后通知负责物流的人员来安排下一步的工作。

交易订单一旦生成，销售人员首先需打印货单，货单共分三种：一是配货单，用于出库和财务销账；二是快递单，贴在货物外包装上；三是装箱单，用于内部核对和顾客清点商品。库房凭配货单来配货，由专人核对清点商品数量，待款式和数量都检查无误以后才打包发货，并通知销售人员将交易状态修改为“卖家已发货”，等待顾客收货和确认。一旦货物出现延时、丢失或损毁的话，物流人员还要配合售后客服追查快件，并向物流公司提出索赔，妥善解决问题件。

总之，在经营网店时，如果能够很好地进行网店物流与配送管理，将有助于提升网

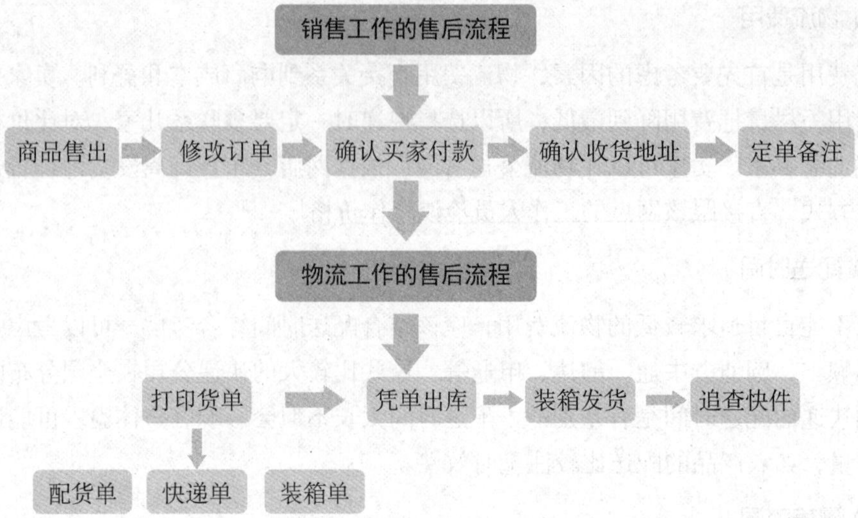

图 3-12　销售工作流程

店的整体服务水平。能否根据仓储管理，准确掌握网店的备货情况，对网店运营和销售有着重要意义；较好地完成商品打包，能够保证商品在运输途中不致损坏，带给买家良好的客户体验；选择一家实力雄厚、适合自己店情的物流公司决定了货物能否及时到达买家手中。

举一反三

根据表 3-5 中提供的物品素材，了解物品的属性、特点、价格、运输要求、使用方法等，对其进行编号和登记，然后根据物品的属性选择合适的包装材料填入表中。

表3-5　物品素材表格

商品名称	选择包装材料	商品名称	选择包装材料
手机		老婆饼	
红酒		大米	
衣服		文具	
油画		打印机	
散装塑料珠		方便面	

任务3　核算与控制电商成本

任务描述

开展电商业务需要前期投入资金，后续经营也需要花费成本。通常而言，电商运营由平台固定成本、货品成本、推广成本、人员成本构成。随着电商竞争越来越激烈，电商成本越来越高，利润逐渐变得稀薄之后，合理控制电商成本日益成为卖家关注的重点。

任务实施

第一步：了解电商成本构成

在电商初始投入中，最主要的办公设备就是网络、电脑和手机，公司通常有固定的办公场所。当然对于个人创业者来说，不一定需要固定的办公场地。假设公司已经购置好网络、电脑和手机，可以暂且忽略不计这部分成本，这也是电商较之传统商业的一个优势所在。

在电商运营过程中，至少要考虑以下四大成本。

二维码36

微课：打打电商创业小算盘

一、平台固定成本

平台固定成本属于电商运营的基建成本，通常指保证金、技术服务年费和实时划扣的销售佣金。这部分费用各个电商平台的收取标准都不一样。

在电商平台上申请注册网店一般是免费的，但是要正常上架售卖产品则需要缴纳保证金。根据产品类目不同，保证金缴纳数额也不同。保证金理论上可以随时退，但只要持续经营网店是不能退保证金的。从财务角度而言，这并不算成本，但这可能是开设网店需要的第一笔资金。

二、货品成本

货品成本是总成本的重要构成部分，货品成本不只是货品本身，也包含货品在整个销售过程中不可避免发生的费用，如货品净成本、库存积压成本、仓库管理成本、物流成本等。

按照目前电商经营的一般方式，货品成本包含以下五项。

（1）进货成本。

（2）包装成本，包括内包装、外包装、吊牌、售后卡、赠品等。

（3）货品的拍摄和制作费用。现在的电商店铺都有知识产权保护，也就是所有的图都是有知识产权的，模仿或者盗图只要被举报，一般就是违规或者降权，所以货品的拍摄和制作费用是不能节省的，除了实物拍摄还可能有模特拍摄、修图和后期制作等费用。

（4）仓储配送成本。主要包括仓储和快递费用。对于消费者购物过程而言，包邮的物流费用包含在货品中，对于不包邮的货品，消费者必须加上快递费后一并付款。销售重量较大的产品，物流成本可能是一项很大的支出。

（5）税收。目前大部分地区对个人网店还不征收增值税，但个人所得税等应纳税项要提前考虑进去。

三、推广成本

推广成本是指电商运营所需要做的推广投入，即广告、引流所产生的费用，这是作为电商经营必不可少的。一般而言，推广成本不低于销售额的 12%～15%。按最低 12% 计算，2 万元的销售额一般所需要的推广费用是 2 400 元。像目前淘宝店铺做满减、秒杀、抽奖等促销活动，都需要购买专门的功能使用权，每月几十元到几百元不等。如果做直通车、钻展、淘宝客等，一般都是根据点击次数、展现次数或者销售额这些效果来付费，根据推广效果需要，费用在几百元至几万元不等，甚至更多。

四、人员成本

电商运营通常需要专门成立一个电商团队来完成，团队人员涵盖运营、推广、美工、客服、仓储管理等。当然，如果是个人创业初期，部分工作可以由自己或者亲朋好友兼职承担，但随着业务步入正轨，就必须要考虑人员工资。

人员成本属于电商运营的支撑元素成本，包括人员工资和奖金、五险、差旅、公关、培训等。根据经验，卖家的人工成本应控制在每月销售额的 15% 之内，也就是说，如果每个月要支出 3 000 元的人工费用的话，月销售额应该要 2 万元以上。

通过上述分析发现，虽然很多店铺开设是免费的，但要真正运营起来，涉及的成本还真不少。上述成本还是一个比较保守的估算，还可能产生其他的费用，如退换货、仓库积压等成本。

第二步：控制电商成本

把控电商成本、进行资源的合理转化是电商企业成功盈利的关键。在电商运营中，卖家努力拉动销量上升可以做到“开源”，而降低成本则可以实现“节流”。只有开源节流双向抓，才能尽可能地扩大企业的利润空间。

一、卖家可以寻求性价比高的技术工具

有很多低成本和免费的软件解决方案，如卖家可以利用微信、微博、QQ 等免费的运营工具做初期店铺推广和客服。在控制推广成本时，根据详细的数据分析使广告发挥到最大效用，这并不是要减少广告费用，而是要以相同的广告费拉到更多的流量。

二、做好产品验收

对于产品的货期和库存，运营人员每天都需要清楚。做好产品的质量把控，到货后要大批量检查产品的颜色、质量、规格等，确保产品合格后再入库。如果不良率偏低，一定要做进库存成本和运营成本里面；如果不良率偏高，一定要全部检查，并将不良品退回。尽可能避免和减少产品质量问题，如果入库前做好验收，售后成本会大大减少。

三、将资金用在能产生收益的要素上

尤其对于电商创业的个人而言，其关键在于如何高效地使用有限的资源，把资金使用在关键员工身上。例如，可以灵活地雇用人员，当没有足够的资金雇用全职工作人员时，可以寻求外包服务或找临时帮手。

电商成本核算的意义不只是让个人创业者知道自身要投入多少资金，还能让企业知道怎么合理地增加投入而产生更好的运营效果。不管是电商创业还是企业开设网店，都应当制定成本控制对策，加强店铺的成本控制，进行科学的生产经营预测和决策，从而促进店铺的平稳健康发展。

课堂延伸

《关于进一步降低物流成本的实施意见》提出的政策措施

物流是畅通国民经济循环的重要环节。近年来，物流降本增效积极推进，社会物流成本水平保持稳步下降，但部分领域物流成本高、效率低等问题仍然突出，特别是受新型冠状病毒肺炎疫情影响，社会物流成本出现阶段性上升，难以适应建设现代化经济体系、推动高质量发展的要求。为贯彻落实党中央、国务院关于统筹疫情防控和经济社会发展的决策部署，进一步降低物流成本、提升物流效率，加快恢复生产生活秩序，2020 年 6 月，国务院办公厅转发国家发展改革委、交通运输部《关于进一步降低物流成本的实施意见》(以下简称《意见》),《意见》指出：

一是要深化关键环节改革，降低物流制度成本，包括完善证照和许可办理程序、科学推进治理车辆超限超载、维护道路货运市场正常秩序、优化城市配送车辆通行停靠管理、推进通关便利化、深化铁路市场化改革。

二是加强土地和资金保障，降低物流要素成本，包括保障物流用地需求、完善物流用地考核、拓宽融资渠道、完善风险补偿分担机制。

三是深入落实减税降费措施，降低物流税费成本，包括落实物流领域税费优惠政策、降低公路通行成本、降低铁路航空货运收费、规范海运口岸收费、加强物流领域收费行为监管。

四是加强信息开放共享，降低物流信息成本，包括推动物流信息开放共享、降低货车定位信息成本。

五是推动物流设施高效衔接，降低物流联运成本，包括破除多式联运“中梗阻”、完善物流标准规范体系。

六是推动物流业提质增效，降低物流综合成本，包括推进物流基础设施网络建设、培育骨干物流企业、提高现代供应链发展水平、加快发展智慧物流、积极发展绿色物流。

举一反三

针对拟经营的电商业务，对需要的资金和成本进行初步核算。

项目四 电商推广物料准备

项目简介

在电子商务交易过程中，客户需要借助电脑、手机等电子终端了解与选择商品，卖家准备好商品图片、视频、文案等推广物料，是开展电商业务的先决条件。本项目分为四个任务讲述电商推广物料准备：任务 1 讲解了如何美化处理照片、管理照片空间等；任务 2 讲解了撰写短视频脚本、拍摄器材和短视频后期处理工具等；任务 3 讲解了撰写电商文案的各个知识点，包括认识电商文案、明确电商文案风格、撰写电商文案等；任务 4 讲解了筹备直播硬件、直播设备、选择电商直播平台等。本项目旨在进一步提升学生从事电商工作的能力，使学生具备准备电商推广物料的能力。

项目目标

【知识目标】

- 了解商品拍摄器材及视频编辑与制作软件
- 明确商品图片、视频拍摄与文案编辑的重要性
- 熟悉商品拍摄与文案写作的流程
- 了解直播推广所需要的软硬件及流程

【能力目标】

- 能够使用设备和软件拍摄和处理商品图片
- 能够策划短视频拍摄内容，并使用短视频工具拍摄和制作短视频
- 能够结合文案目标针对不同的新媒体平台进行文案写作
- 能够撰写直播方案，筹备直播硬件，设置直播平台，选择直播平台开展直播测试

【素质目标】

- 培养实事求是的工作态度，客观展现商品卖点，不虚假、不浮夸、不侵权
- 践行社会主义核心价值观，创作合法、文明、健康的图片、视频和文案

任务1 拍摄及美化商品图片

任务描述

在电子商务交易过程中，商品图片是消费者对网店产品的第一印象，承载着商品的材质、外观、包装等信息。一张图片从无到有、从有到优，主要经过拍摄和后期处理两个步骤。一张拍摄成功的商品图片可以为后期处理环节提供优质素材，最佳的处理效果能够给予消费者最直观的商品印象，合理管理图片空间可以为下一步的网店开设和推广运营提供丰富的图片素材库。本任务讲述商品图片拍摄及美化工作。进行商品图片的拍摄及美化处理时，不仅需要依据商品的特性确定拍摄主题、配饰搭配，还要按照商品特征选择拍摄角度、构图方法以及照明技巧，最后运用图形图像处理软件对已拍摄的商品进行美化处理。

任务实施

第一步：准备拍摄器材

一、了解专业相机

相机是商品拍摄中最为重要的器材之一。在学习拍摄前，有必要先熟悉相机的性能及使用方法。这里选用佳能 EOS90D 单反相机作为教学演示，图 4-1 和图 4-2 展示了佳能 EOS90D 单反相机部件名称。

值得注意的是，快门按钮有两级，分别为半按和完全按下。半按快门按钮用于对焦和测光，而完全按下快门按钮可完成拍摄。另外，当相机处于省电状态时，轻按快门可以恢复工作状态。

使用遥控器 RC-1、RC-5 或 RC-6，可以在最远距离约 5 米的地方遥控拍摄。先将拍摄模式设定为自拍，然后将遥控器指向相机的遥控感应器并按下传输按钮，此时自拍指示灯亮起并拍摄照片。

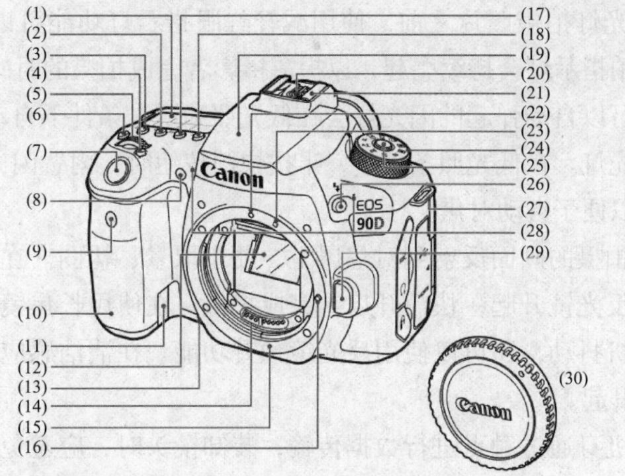

(1)	液晶显示屏	(16)	镜头固定销
(2)	<ISO>ISO感光度设置按钮	(17)	<DRIVE>驱动模式选择按钮
(3)	<[测光]>测光模式选择按钮	(18)	<AF>自动对焦操作/自动对焦方式选择按钮
(4)	<[区域]>自动对焦区域/自动对焦方式选择按钮	(19)	内置闪光灯/自动对焦辅助发射器
(5)	<[主拨盘]>主拨盘	(20)	闪光同步触点
(6)	<[照明]>液晶显示屏照明按钮	(21)	热靴
(7)	快门按钮	(22)	EF镜头安装标志
(8)	减轻红眼/自拍定时器/遥控指示灯	(23)	EF-S镜头安装标志
(9)	遥控感应器	(24)	模式转盘
(10)	手柄（电池仓）	(25)	模式转盘解锁按钮
(11)	直流电连接器电源线孔	(26)	<[闪光]>闪光灯按钮
(12)	反光镜	(27)	背带环
(13)	景深预览按钮	(28)	内置麦克风
(14)	触点	(29)	镜头释放按钮
(15)	镜头卡口	(30)	机身盖

图 4-1　佳能 EOS90D 单反相机部件名称（一）

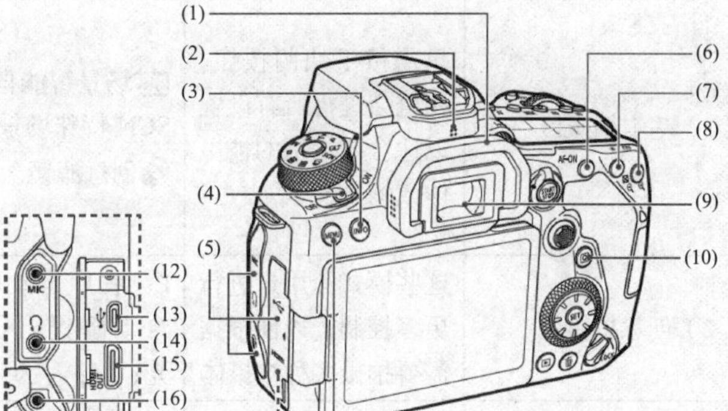

(1)	眼罩	(9)	取景器目镜
(2)	扬声器	(10)	<[Q]>速控按钮
(3)	<INFO>信息按钮	(11)	<MENU>菜单按钮
(4)	电源开关	(12)	<MIC>外接麦克风输入端子
(5)	端子盖	(13)	<[USB]>数码端子
(6)	<AF-ON>自动对焦启动按钮	(14)	<[耳机]>耳机端子
(7)	<✱>自动曝光锁/闪光曝光锁按钮 <[缩小]>索引/缩小按钮	(15)	<HDMI OUT>HDMI mini输出端子
(8)	<[对焦点]>自动对焦点选择/<[放大]>放大按钮	(16)	<[遥控]>遥控端子

图 4-2　佳能 EOS90D 单反相机部件名称（二）

在需要开启闪光灯拍摄照片之前，使用减轻红眼指示灯功能可以减轻人物的红眼现象。在自拍时，自拍指示灯会持续亮起，以提醒摄影者完成拍摄的时间。

相机内置的、可以自动弹起的闪光灯会在低光照和逆光条件下自动弹起并闪光。拍摄短片时不能使用闪光灯。在低光照条件下，半按快门按钮时，内置闪光灯会短暂地发出闪光照亮拍摄对象，以便于自动对焦。

反光镜用于将拍摄的画面反射到对焦屏上，便于取景、构图。在按下快门按钮时，反光镜升起，快门开启，完成拍摄。在使用长焦镜头时，为了避免相机抖动，还可以使用反光镜预升功能。在清洁感应器时，反光镜也会升起。

注意：镜头与机身通过触点进行数据传输，装卸镜头时，应避免刮擦触点。

二维码37

知识链接：快门及快门速度值的概念

二、设置相机拍摄模式

在佳能 EOS90D 单反相机的拍摄模式中，包括 5 种场景模式（人像、风光、微距、运动及夜景人像）、短片拍摄模式、全自动曝光模式、闪光灯禁用模式、创意自动曝光模式，以及 P、TV、AV、M 等高级曝光模式，每一种拍摄模式都有其适用的地方。表 4-1 展示了佳能 EOS90D 单反相机的模式转盘。

表4-1 佳能EOS90D单反相机的模式转盘

模式转盘		主要用途	使用场景
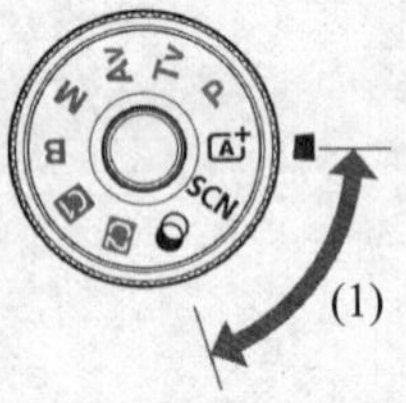	（1）基本拍摄区	只需按下快门按钮。相机会进行所有设置以适合要拍摄的被摄体或场景	A⁺场景智能自动 SCN 特殊场景 创意滤镜
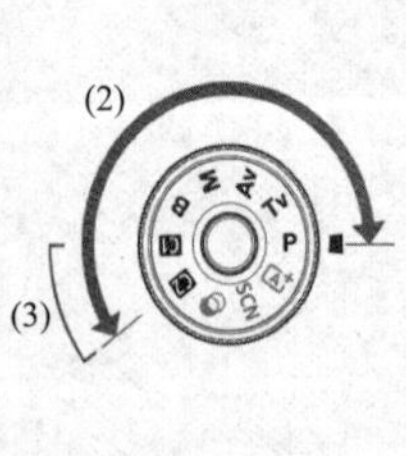	（2）创意拍摄区	这些模式让用户进行更多控制，以便根据需要拍摄多种被摄体	P：程序自动曝光；Tv：快门优先自动曝光；Av：光圈优先自动曝光；M：手动曝光；B：B 门爆光
	（3）自定义拍摄模式	功能分配	可将 <P>、<Tv>、<Av>、<M>、<B>、自动对焦操作、菜单功能及更多功能分配至 <C1> 或 <C2>

三、认识常见照明设备

为了清晰地展现拍摄对象，专业拍摄中常常需要用一些照明设备。表 4-2 展示了商品拍摄过程中常用的照明设备。

二维码38

知识链接：光圈

表4-2　商品拍摄过程中常用的照明设备

照明设备	名称	类型/图示	作用
光源	自然光	直射光、散射光	闪光灯是加强曝光量的方式之一，尤其在昏暗的地方，打闪光灯有助于让景物更明亮；石英灯通常作为灯源上的反光部件
	人造光	小型携带式闪光灯、石英灯、钨丝灯、伞灯、柔光灯等	
控制光线器材	标准罩		拍摄风格明快的商品，可以用标准罩，光线较硬
	四叶挡板（蜂窝片和色片）		标准罩加四叶挡板可以拍出对比度较高的商品照片
控制光线器材	柔光箱		使用柔光箱进行控光拍摄，商品整体表面受光均匀
	雷达罩		雷达罩可以增强商品表面立体感，比柔光箱更有层次感
	反光伞		反光伞可以作为反光灯罩使用，正面光线明亮充足、柔和，阴影较淡，用于表现商品细节特征，是理想的人像摄影光源
	反光板	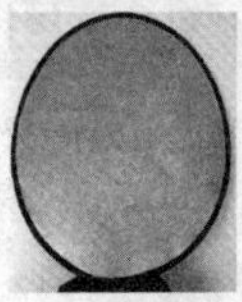	反光板起辅助照明作用，有时作主光用
	束光筒		常用于制造局部较强光，强调商品的局部
辅助拍摄器材	三脚架		三脚架是拍摄时用于固定相机，保持相机曝光时稳定性的辅助摄影器材，它的作用是防止拍摄时的震动和固定构图

续表

照明设备	名称	类型/图示	作用
辅助拍摄器材	引闪器		无线引闪器分为引闪端和接收端。引闪端安装在数码相机的热靴接口上，起到发射闪光信号的作用，频段接收端安装在闪光灯上，主要是起到接收引闪器信号，实现闪光同步。引闪器一般在影棚里配合各种灯具使用
	灯架		灯架在商业摄影中的作用非常广泛，可以用于固定闪光灯、柔光板，也可以用于搭建摄影背景的支架
	摄影台		用于拍摄时展示商品

第二步：拍摄商品图片

一、营造恰当的拍摄环境

（一）小件商品的拍摄环境

二维码39

知识链接：摄影创作应注意的问题

二维码40

知识链接：商品图片的主要功能及应用

由于小件商品本身体积非常小，在拍摄的时候也不必占用很大的空间和面积，因此小件商品适合选择单纯的环境空间进行拍摄。微型摄影棚（见图4-3）就可以有效解决小件商品的拍摄环境问题，不仅避免了布景，还能够拍摄出主题突出的商品图片。

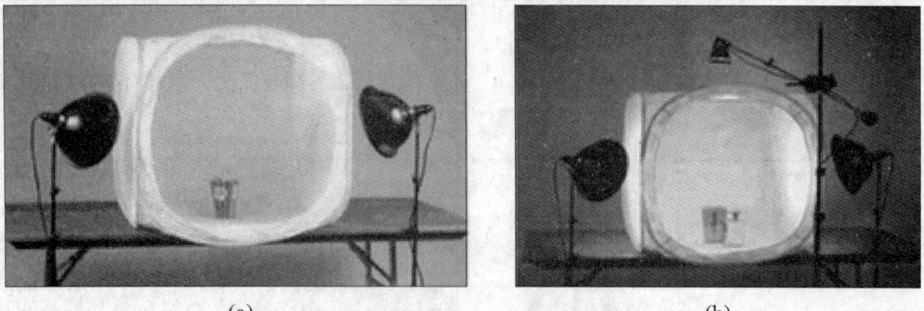

(a) (b)

图 4-3　两灯设置和三灯设置的微型摄影棚

（二）掌握商品拍摄的布光方式

布光是塑造商品图片表现力的关键步骤，尤其是针对静物商品，由于物体结构质地和表面肌理各不相同，因此吸收光和反射光的能力也不同。在电商活动中，会拍摄各种材质的商品，不同的材质对拍摄的布光是有很大影响的。如果要保证拍摄出来的商品图片质量，就要根据不同的材质特性来布光。下面我们来认识五种常见的布光方式。

1. 正面两侧布光

正面两侧布光是商品拍摄中最常用的布光方式，正面投射出来的光线全面而且均衡，商品表现全面，不会有暗角（见图 4-4）。

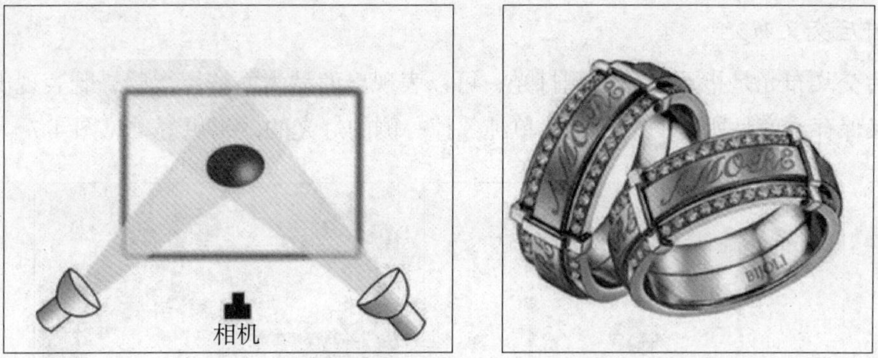

(a)　(b)

图 4-4　正面两侧布光

2. 两侧45度布光

两侧 45 度布光方式会使商品的顶部受光，正面没有完全受光，适合拍摄外形扁平的小商品，不适合拍摄立体感较强且具有一定高度的商品（见图 4-5）。

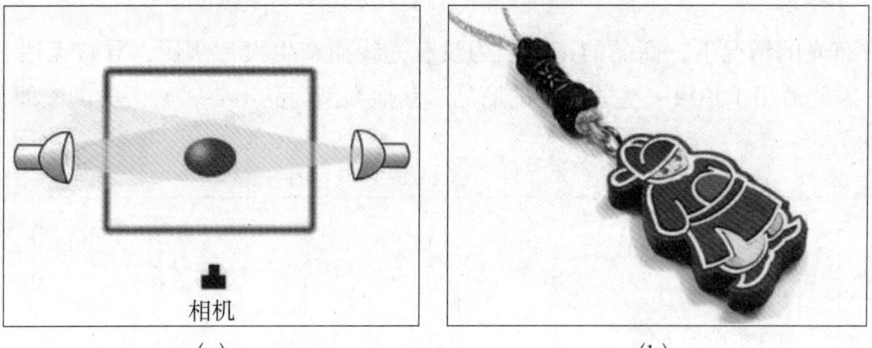

(a)　(b)

图 4-5　两侧 45 度布光

3. 单侧45度不均衡布光

由于单侧 45 度不均衡布光减少了环境光线，因此商品一侧会出现较重阴影，底部的投影也会很深，商品表面很多细节无法呈现，反而增加了拍摄难度（见图 4-6）。

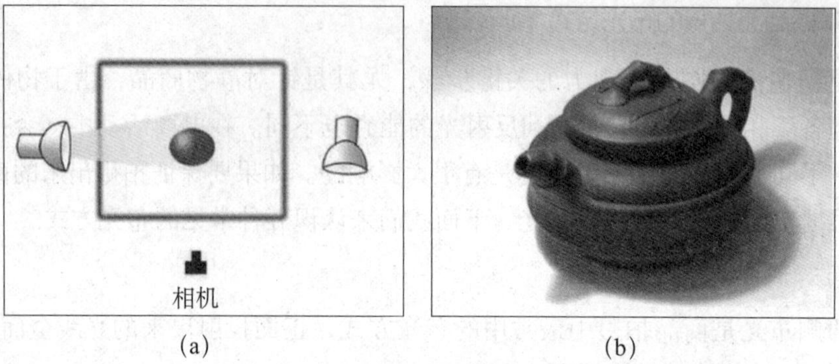

图 4-6　单侧 45 度不均衡布光

4. 前后交叉布光

前后交叉布光是指从商品后侧打光，可以表现出商品表面的层次感，既表现出商品的层次，又保存了商品所有的细节，比单纯关掉一侧的灯光的效果更好（见图 4-7）。

图 4-7　前后交叉布光

5. 后方布光

后方布光的情况下，商品的正面因为没有光线而产生大片阴影，导致无法看出商品的全貌，因此适用于拍摄一些通透性的商品，其他类型商品不要轻易去尝试该种布光方式（见图 4-8）。

图 4-8　后方布光

二、商品拍摄的基本构图

（一）横式构图

横式构图是商品呈横向放置或横向排列的横幅构图方式。这种构图方式能够使画面呈现宁静、宽广、稳定、可靠的感觉，能突显主体，使其富有装饰效果，是最常用的一种构图方式（见图 4-9）。

(a)

(b)

图 4-9　横式构图

（二）竖式构图

竖线构图能够使画面呈现坚强、庄严、有力的感觉，表现商品的高挑，常用于长条或者竖立商品（见图 4-10）。

图 4-10　竖式构图

（三）斜式构图

斜式构图是商品斜向摆放的构图方式，其特点是富有动感、个性突出。对于表现造型、色彩或者是理念较强的商品，非常适用斜式构图方式，可以产生不错的画面效果（见图 4-11）。

(a)　　(b)

图 4-11　斜式构图

（四）黄金分割式构图

黄金分割式构图是使画面的长宽比例达到 1∶0.7，运用这种比例设计的商品造型会十分美观（见图 4-12）。

图 4-12　黄金分割式构图

（五）对称式构图

对称式构图具有平衡、稳定、相呼应的特点，但是这种构图缺少变化，给人一种呆板的感觉。为了避免呆板的表现，常常会在对称中构建不对称。同类产品、色彩不同，可以使用这种构图的方式，整齐清晰，又不会很单调。图 4-13 中的耳环就是运用了近大远小对称式构图，这样的构图方式十分具有立体感。图 4-14 则是运用了叠加对称式构图。

图 4-13　近大远小对称式构图

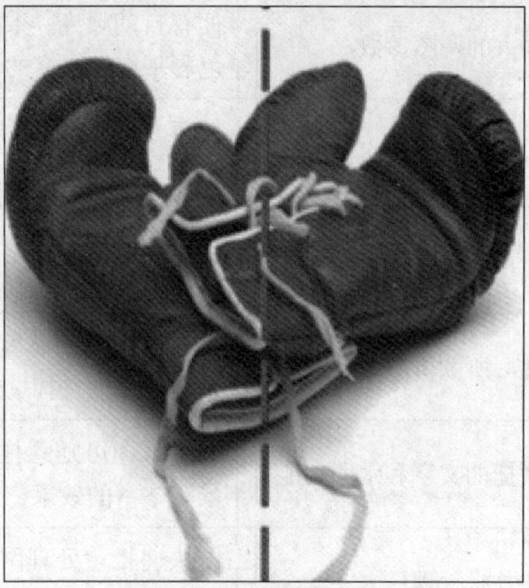

图 4-14　叠加对称式构图

二维码41

知识链接：常见商品的摆放技巧

二维码42

微课：如何拍出点击量高的商品照片

第三步：美化商品图片

通常情况下，每拍摄完一种类型的商品总是有些小瑕疵需要稍做修饰，也就是对照片进行后期处理，才能符合商业用图要求。通常从调整图片大小、调整图片画质（高清、高亮、高饱和度）、存储三个方面对商品图片进行美化处理。下面介绍三种容易上手的代表性工具。

一、光影魔术手

光影魔术手是一款针对图像画质进行改善、提升及效果处理的软件；简单、易用，不需要任何专业的图像技术，就可以制作出专业胶片摄影的色彩效果，其具有许多独特之处，如反转片效果、黑白效果、数码补光、冲版排版等，并且其批量处理功能非常强大，是摄影作品后期处理、图片快速美容、数码照片冲印整理时必备的图像处理软件，能够满足绝大部分人照片后期处理的需要。光影魔术手的六大特色功能如表 4-3 所示。

表4-3　光影魔术手的六大特色功能

功能	具体描述
1. 强大的调图参数	拥有自动曝光、数码补光、白平衡、亮度对比度、饱和度、色阶、曲线、色彩平衡等丰富的调图参数
2. 丰富的数码暗房特效	拥有多种数码暗房特效，如 Lomo 风格、背景虚化、局部上色、褪色旧相、黑白效果、冷调泛黄等
3. 海量精美边框素材	可给照片加上各种精美的边框，也可以在线下载论坛中光影迷们自己制作的各种边框
4. 随心所欲拼图	有自由拼图、模板拼图和图片拼接三大模块，为用户提供多种拼图模板和照片边框选择
5. 便捷的文字和水印功能	文字水印可随意拖动操作，并且有横排、竖排、发光、描边、阴影、背景等丰富的效果，用户也可以选择保存为文字模板供下次使用
6. 图片批处理	可快速批量处理图片，用户可批量调整图片的尺寸，加文字、水印、边框等参数，也可以批量添加或修改特效

（一）调整图片大小

（1）用光影魔术手打开一张图片，点击上方选择框中的【尺寸】，可以根据需要点击【添加常用尺寸】（见图 4-15）。

图 4-15　选择尺寸按钮

（2）在添加常用尺寸框中输入经常使用的尺寸，点击【确定】（见图 4-16）。

图 4-16　输入尺寸

二维码43

知识链接：淘宝空间图片尺寸

（二）调整图片色彩效果

（1）用光影魔术手打开一张图片，选择【基本调整】→【一键设置】，或者【基本】分别调整亮度、对比度、色相以及饱和度等（见图 4-17）。

图 4-17　使用调整功能

（2）用光影魔术手打开一张图片，选择【数码暗房】，可根据胶片或人像选择适当的数码暗房效果（见图 4-18）。

图 4-18　数码暗房功能

（3）用光影魔术手打开一张图片，选择【文字】→【添加新的文字】→【管理文字模板】，可以根据需要添加适当的文字说明（见图 4-19）。

图 4-19　添加文字

（4）用光影魔术手打开一张图片，选择【水印】→【添加水印】，可以根据需要添加适当的水印（见图 4-20）。

图 4-20　添加水印

（三）抠图方法

（1）用光影魔术手打开一张图片，选择【抠图】→【自动抠图】（见图 4-21）。

图 4-21　自动抠图功能

（2）可以通过左上角放大或缩小来调整图片的尺寸，在右边有【选中笔】与【删除笔】两种画笔可供选择（见图 4-22）。

图 4-22　画笔选择

（3）选择【选中笔】，然后将画笔移动背景中画上一笔即可。如果背景不能全部涵盖的话，再继续涂画没有涵盖的区域即可。如果所要抠取的是一个色彩比较单一的物体的话，直接在该物体上涂画即可（见图 4-23）。

图 4-23　选中要删除部分

（4）点击【替换背景】，在右边有各种颜色可供选择，也可以调取电脑存有的图片作为背景（见图 4-24）。

图 4-24　替换背景

（5）点击【另存为】，可以将图片保存到本地（见图 4-25）。

图 4-25　保存图片

（四）批量处理图片

光影魔术手可以快速批量处理图片。用户可批量调整图片的尺寸、边框等参数，加文字、水印，也可以批量添加或修改特效。用光影魔术手打开一张图片，选择【批处理】，将所需处理图片拖进指定区域进行相应操作即可（见图 4-26）。

图 4-26　批处理功能

二、创客贴

创客贴是一款简单易用、功能强大的在线图片设计工具。用户使用平台提供的海量素材、模板，通过简单拖、拉、拽操作就可以快速制作出精美的海报、邀请函、PPT、信息图、名片等。用户可登录官网或微信搜索“创客贴”小程序，【注册】→【登录】→【选择尺寸】→【挑选模板】→【编辑模板】→【下载】→【打印或分享】。

（一）挑选模板

在创客贴中可以查看各种模板，选择自己想要的风格和主题（见图 4-27）。

（二）使用素材编辑模板

点击最左侧第一个【素材】按钮，就会罗列出最常用的素材分类，点击【分类】，找到想要的素材，拖到右侧的画布上即可。在最上方的搜索框中还可以直接通过关键词搜索想要的素材（见图 4-28）。

图 4-27　创客贴模板页

图 4-28　使用素材编辑模板

（三）添加文字

点击最左侧第二个【文字】按钮，上方有【添加标题】【添加副标题】【添加正文】三种常用的样式，下方是各种艺术字，不可修改（见图 4-29）。

图 4-29　添加文字

三、美图秀秀

美图秀秀是一款免费的图片处理软件，简单、易上手，不仅有图片特效、美容、拼图、场景、边框、饰品等功能，每天更新精选素材，可以 1 分钟制作影楼级照片，还可以一键分享至微博、QQ 等社交平台。

美图秀秀最常用的工具主要包括剪裁、旋转、去水印、图片拼接、压缩图片大小、新建画布做海报等。用户也可以对自己拍摄的照片进行加工处理，以达到自己想要的效果。图 4-30 展示了美图秀秀的操作界面。

图 4-30 美图秀秀操作界面

二维码44

微课：零基础如何成为商品照片美化处理高手

二维码45

知识链接：一张优质的商品图片应包含哪些要素？

举一反三

小组合作完成指定商品的拍摄并进行美化。拍摄时注意思考问题：商品卖点有哪些？可选用哪些构图拍片？可以进行哪些方面的美化处理？

任务2　制作电商短视频

任务描述

互联网的发展以及移动设备的普及迎来了短视频时代，短视频逐渐成为重要的营销手段，越来越多的个人或团队都争相进入短视频制作领域。学习和掌握短视频的制作成为电商从业人员的重要技能之一。一则优质的短视频在策划、拍摄、剪辑和后期加工等多方面都需要精细打磨。只有集价值趣味、清晰画质、优质标题、创意音乐、多维胜出等元素于一体，才可以更好地展示电商内容，为下一步的推广运营提供丰富的素材。

那么，要制作一个短视频作品，需要经历一个怎样的流程呢？本任务从短视频制作的前期准备开始，详细介绍电商撰写短视频脚本、准备短视频拍摄器材、剪辑及处理短视频等过程。

任务实施

第一步：撰写短视频脚本

短视频具备创作门槛低、互动性和社交属性强、消费与传播碎片化的特征。脚本是拍摄短视频的根本指导性文件，是短视频作品的灵魂，它为整个短视频后续的拍摄、剪辑提供了一个精细的流程指导，有助于提升拍摄效率，并呈现最优质的视觉画面。短视频就是用镜头来讲述故事，脚本里面的镜头设计大多是写给摄影师看的。脚本中主要体现出对话、场景演示、布景细节和拍摄思路，镜头的移动和切换、特效的使用、背景音乐的选择、字幕的嵌入等细节都需要不断改进，确保整个情景流畅，抓住受众心理。

此处以分镜头脚本为例。分镜头脚本要求十分细致，通常包括画面内容、景别、摄法技巧、时间、机位、音效等。可以直观展示视频具体情节、视频长度和经费预算等重要内容，为前期拍摄提供详细的指导和参照，同时也为视频后期处理提供依据。表 4-4 展示了康师傅方便面广告分镜头脚本。

表4-4 康师傅方便面广告分镜头脚本

镜头	摄法	时间	画面	解说	音乐	备注
1	采用全景，背景为昏暗的楼梯，机器不动	4秒	两个女孩A、B忙碌了一天，拖着疲惫的身体爬楼梯	背景是傍晚昏暗的楼道，凸显主人公的疲惫	《有模有样》插曲	女孩侧面镜头，距镜头5米左右
2	采用中景，背景为昏暗的楼道，机器随着两个女孩的变化而变化	5秒	两个人刚走到楼梯口就闻到了一股泡面的香味，飞快地跑回宿舍	昏暗的楼道，与两人飞快的动作交相呼应，突出两人的疲惫	《有模有样》插曲	刚到楼道口正面镜头，两人跑步侧面镜头一直到背面镜头
3	近景，宿舍，机器不动，俯拍	1秒	另一个女孩C在宿舍正准备吃泡面	与楼道外飞奔的两人形成鲜明的对比	《有模有样》插曲	俯拍，被摄主体距离镜头2米
4	近景，宿舍门口，平拍，定机拍摄	2秒	两个女孩在门口你推我推地不让彼此进门	突出两人饥饿，与窗外的天空相互配合	《有模有样》插曲	平拍，被摄主体距镜头3米
5	近景，宿舍，机器不动	2秒	女孩C很开心地夹着泡面正准备吃	与门外的两个女孩形成对比	《有模有样》插曲	被摄主体距镜头2米

可见，分镜头脚本已经将文字转换成了可以用镜头直接表现的画面，每一个画面都在掌控中，包括每一个镜头的长短和细节。分镜头时长一般在3～10秒，可以最大限度地保留创作者的初衷，所以创作起来耗时耗力。

二维码46

知识链接：脚本种类

第二步：准备短视频拍摄器材

与拍摄图片相比，除了灯光设备、三脚架、静物台等通用设备，短视频拍摄需要更多的辅助器材。

一、拍摄设备

拍摄机器是拍摄短视频最基础的设备，主要有手机和相机两种。拍摄者处于不同阶段，可以选用不同的拍摄设备。

第一阶段：对于初创团队，由于前期资金有限，推荐使用手机拍摄。例如，华为、iPhone的高端机型已经具备非常强大的功能，可以满足拍摄、剪辑、发布的要求。

第二阶段：对于小团队型电商主体，预算有限，对视频画质有一定要求，推荐SONY

A6300、松下 GH5 等微单相机设备。

第三阶段：对于发展稳定的公司型电商主体，要面向广大用户，对画质及后期的要求较高，可以考虑专业的单反相机或者摄像机等相机设备。

二、稳定器

稳定器一般有手持稳定器和固定三脚架。拍摄视频时，一定要避免由于抖动导致画面抖动影响观感的问题。选择手机拍摄视频时，可以配备手持云台或自拍杆，可以有效防止手持不稳而形成的画面抖动（见图 4-31）。

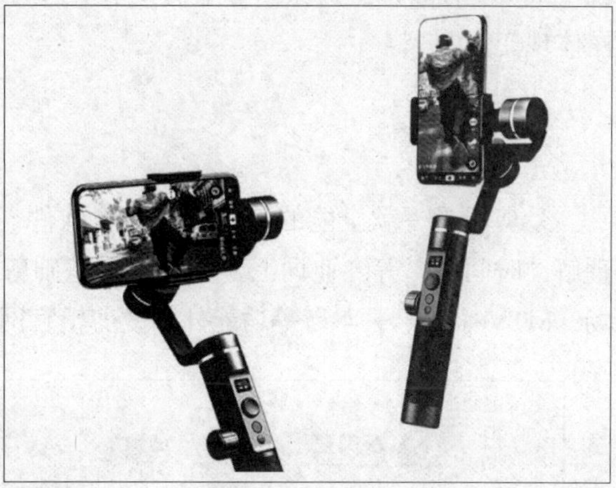

图 4-31　手持云台

三、麦克风

麦克风是很多初入短视频行业的人容易忽略的一个设备，但短视频是一种典型的视听表达方式，因此拍摄时声音的清晰度很重要，所以需要配置麦克风。如罗德 Video Micro 具有音质好、适配性强等优点，可以安插在任何一个摄像机上（见图 4-32）。除此以外，多人录制或者外景录制时，还需准备吊杆。

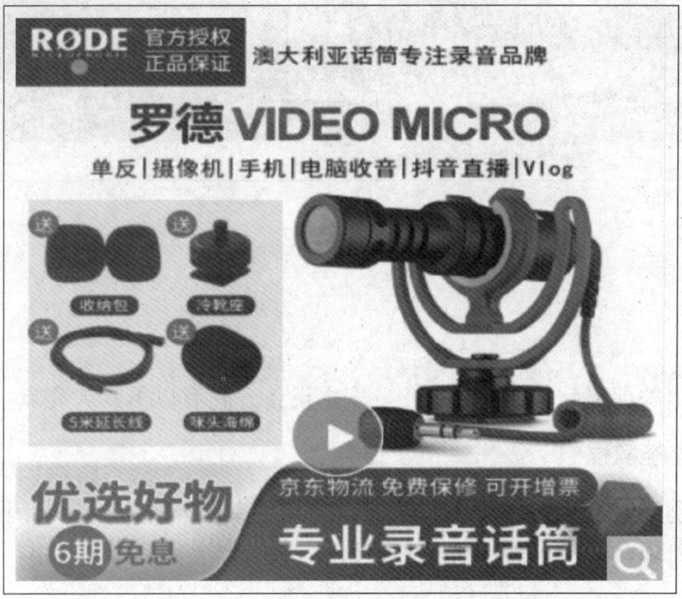

图 4-32　罗德 Video Micro专业麦克风

知识链接：拍摄短视频的其他辅助器材

第三步：剪辑及处理短视频

通常情况下，每拍摄完一种类型的视频就需要稍做修饰，也就是对视频进行后期处理，才能符合电商视频的要求。通常从以下几个方面对电商短视频进行处理：合理利用与整合拍摄素材；剪辑突出视频核心与重点；背景音乐与视频画面相呼应；镜头剪辑，通过调整被摄主体、周边对象和背景的关系来达到最佳的构图；尽量少用转场特效；片头、片尾体现变化。

一、爱剪辑

爱剪辑是一款全能的免费视频剪辑软件，支持 iOS、安卓、PC 端设备，用户不需要理解“时间线”等专业词汇就能实现零基础剪辑（见图 4-33）。除了丰富的滤镜、炫酷转场、MTV 字幕、去水印等功能外，爱剪辑官网还提供了强大的学习教程。

图 4-33　爱剪辑官网首页

二、快剪辑

快剪辑是 360 公司推出的剪辑软件，支持 iOS、安卓设备，它有以下几大亮点：

（一）操作简单，自带功能教程

快剪辑综合了拍摄、剪辑、后期特效等多重功能，能满足大部分的剪辑要求，无论是横屏素材还是竖屏素材，对视频素材的配比效果都很好。

（二）炫酷的快字幕功能

录制视频时可以自动显示字幕，准确率较高，可以自动编辑并调整个别不准确的词语或词组。

（三）一键分享功能

快剪辑集合了爱奇艺、优酷、今日头条、企鹅号、众媒平台等多个视频平台，可轻松实现一键分享，推广视频内容。

三、Premiere

Premiere 是一款常用的专业视频编辑软件，功能齐全，提供了采集、剪辑、调色、美化音频、字幕添加、输出、DVD 刻录等一整套流程。Premiere 能对视频素材进行各种特技处理，包括切换、过滤、叠加、运动及变形等。此外，Premiere 兼容性强，能和 Adobe 公司推出的其他软件相互协作，如 AfterEffects、Photoshop 等。但是，Premiere 也有局限性，因为专业度高、操作难度比较大，创作者需要多学习相关技能。

二维码48

微课：怎样制作电商短视频

四、其他常用的剪辑软件

（一）iMovie

iMovie 是一款由苹果公司出品的剪辑软件，支持 Mac 和 iOS 设备，界面非常简洁，大多数操作通过基本的点击和拖曳就可以实现。iMovie 11 的新增功能包括影片预告、全新音频编辑、一步特效、人物查找器、运动与新闻主题、全球首映等。

（二）VUE

VUE 是一款支持 iOS 和安卓设备的视频拍摄及美化软件，录制时间为 10 秒，支持分段拍摄和剪辑，可以穿插基本的转场效果，支持快动作和慢动作两种拍摄速度，可以添加音乐和贴画，同时提供优秀的滤镜。

（三）Videoleap

Videoleap 是一款能够实现专业性与易用性于一体的视频剪辑软件，从素材混合到蒙版、特效、字幕、色调调整、配乐、过场动画等，创作者可以发挥想象力去创作。Videoleap 支持 iOS、安卓、PC 端等设备。

二维码49

知识链接：剪辑视频注意事项

举一反三

选择一个商品，为其编写短视频分镜头脚本，按照所写脚本展开拍摄，并自选工具进行后期剪辑和处理。

任务3　撰写电商文案

任务描述

当前正处于网络大力发展之际，人们的消费习惯和阅读习惯都随着电商平台和其他新媒体的兴盛发生了巨大改变，平台之间的激烈竞争也使电商文案的创作更具个性化。电商文案的覆盖面之广、推广能力之强，使电商文案写作成为电商从业人员需要重点掌握的技能。

基于商业目的，电商文案不仅包含文字内容，还包括图片、视频、超链接等元素。基于网络特点，电商文案贯穿整个网络平台，通过新媒体平台进行发布以吸引客户并引起其购买欲望，卖点明晰的主图可以提升客户点击率，抓住痛点并赢得客户信任的商品详情页文案可以提升转化率。撰写电商文案可以为下一步推广运营提供丰富的素材。本任务从认识电商文案、明确电商文案的写作风格、撰写电商商品文案等知识点进行介绍。

任务实施

第一步：认识电商文案

文案是对广告创意的表现、发展与深化过程，多用于企业宣传与新闻策划工作中。在广告设计中，文案与图案图形同等重要，图形具有前期的冲击力，广告文案具有较深的影响力。

电商文案是在电商形式上衍生的文案种类，一般通过图文结合的方式，让广告具备更强的视觉冲击力，提高产品图片的信息传递效果，引导客户更好地理解和接受产品或品牌，从而达到文案人员想得到的营销效果，主要是为了让电商活动更顺利、更方便地展开。

课堂延伸

《中华人民共和国著作权法》第五十二条之规定

第五十二条 有下列侵权行为的，应当根据情况，承担停止侵害、消除影响、赔礼道歉、赔偿损失等民事责任：

（一）未经著作权人许可，发表其作品的；

（二）未经合作作者许可，将与他人合作创作的作品当作自己单独创作的作品发表的；

（三）没有参加创作，为谋取个人名利，在他人作品上署名的；

（四）歪曲、篡改他人作品的；

（五）剽窃他人作品的；

（六）未经著作权人许可，以展览、摄制视听作品的方法使用作品，或者以改编、翻译、注释等方式使用作品的，本法另有规定的除外；

（七）使用他人作品，应当支付报酬而未支付的；

（八）未经视听作品、计算机软件、录音录像制品的著作权人、表演者或者录音录像制作者许可，出租其作品或者录音录像制品的原件或者复制件的，本法另有规定的除外；

（九）未经出版者许可，使用其出版的图书、期刊的版式设计的；

（十）未经表演者许可，从现场直播或者公开传送其现场表演，或者录制其表演的；

（十一）其他侵犯著作权以及与著作权有关的权利的行为。

电商文案的类型没有固定的划分方式，根据文案在营销活动中不同的功能，本书将电商文案划分为两种：商品展示类和品牌宣传类。

一、商品展示类

商品展示类文案主要向消费者提供详细的商品信息，实现促进商品销售的目的，具体分为商品标题文案、商品主图文案、商品详情页文案三种类型。

（一）商品标题文案

消费者网络购物时，大部分都会选择自主搜索，最终呈现输入的关键词与商品的标题相匹配的搜索结果。商品标题是指商品文案中的标题部分，其主要由与商品相关的关键词组成，包括品牌名称、商品名称、商品属性等，一般位于主图文案的下侧或右侧（见图 4-34）。

（二）商品主图文案

主图，又称商品推广图，主要应用于电子商城中的产品页面。它随搜索结果出现，以图片样式呈现产品信息，是消费者判断商品是否吸引自己的重要依据之一。从现在的电商产品来看，一款电商产品会有多张主图，在主图处左右滑动即可查看全部内容。主图有两种类型：一种是图片主图（见图 4-35），另一种是视频主图（见图 4-36）。

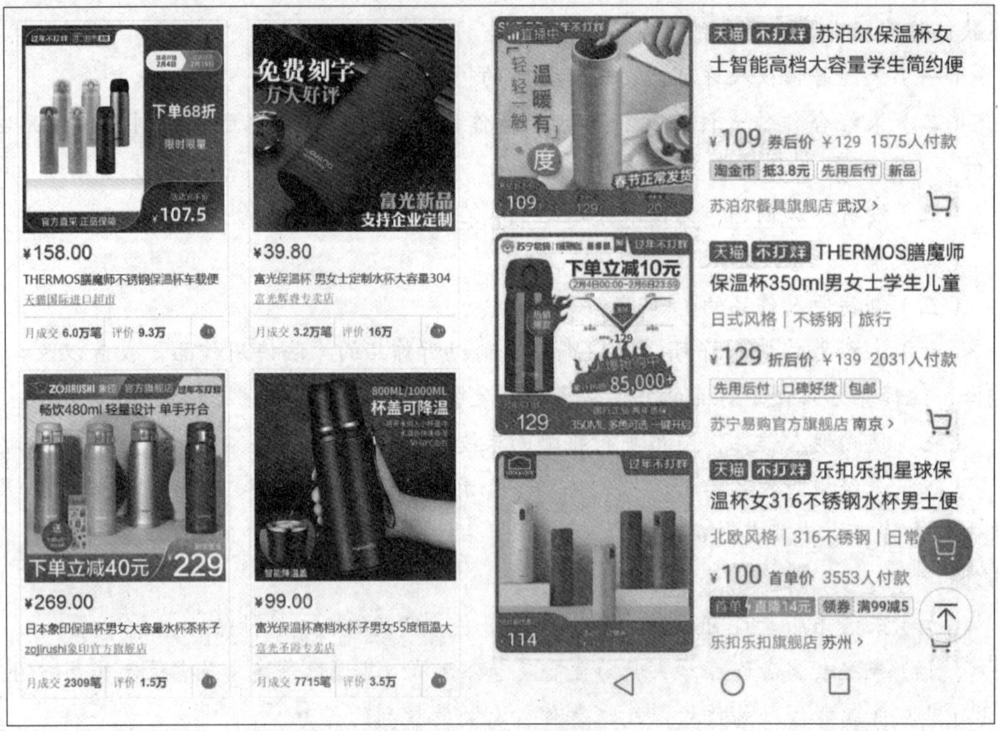

图 4-34　商品标题文案

图 4-35　图片主图

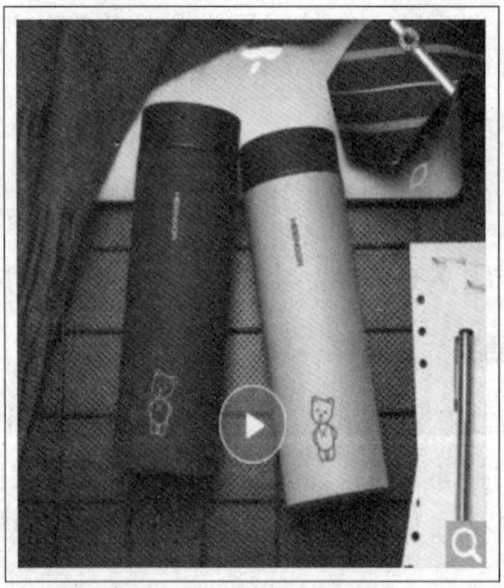

图 4-36　视频主图

（三）商品详情页文案

商品详情页文案是指在淘宝、京东商城或其他电子商务平台中，商家以文字、图片等手段展示所售产品信息的表现形式。商品详情页文案是电商文案的一个重要类型，是对商品信息和卖点的总结和归纳，其内容呈现的重要程度和吸引力强弱直接关系到受众的购买转化率（见图 4-37）。

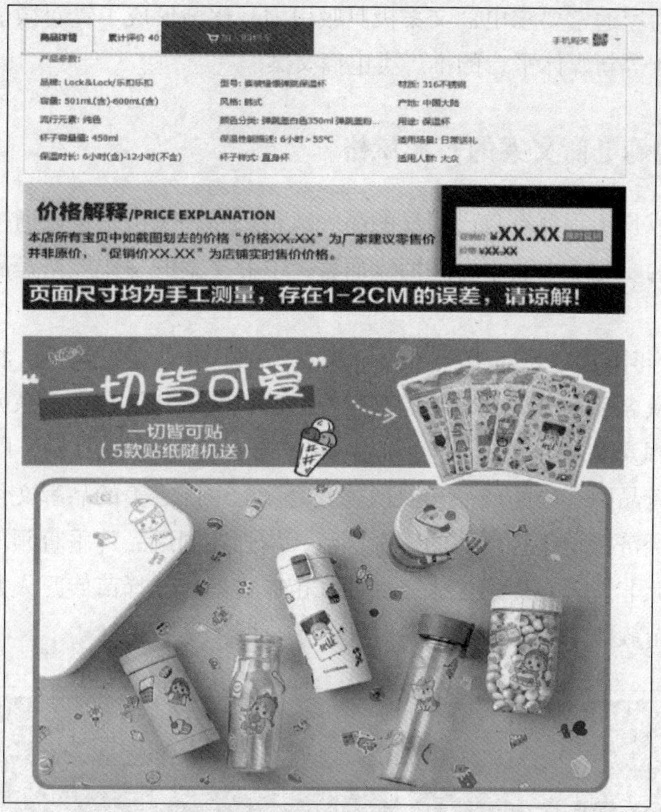

图 4-37　商品详情页文案

二、品牌宣传类

品牌宣传类文案主要是通过宣传电商品牌来促进商品的销售，通过文案内容塑造品牌良好形象，提升品牌美誉度。具体分为品牌故事文案、推广海报文案和新媒体推广文案三种。

（一）品牌故事文案

在品牌营销中，打造一个易于流传的品牌故事能够起到为品牌宣传造势的作用，甚至达到事半功倍的营销效果。例如，农夫山泉的文案“我们不生产水，我们只是大自然的搬运工”，呈现了其水源的纯净。

（二）推广海报文案

推广海报文案是以一张图片的大小为基准设计的电商文案，非常适用于移动端。其主题灵活，写作方法比较自由，可以是一句简短的广告宣传语，还可以是具有创意性的文案设计。例如，腾讯地图中秋节的宣传推广文案——“走了那么多地方，最圆的月亮，还是家的方向。”

（三）新媒体推广文案

随着网络渠道的拓展，产品信息同质化加剧，为提高消费者对电商品牌及商品的关注度，电商平台及商家通常要求电商文案极具吸引力，逐渐形成了针对微信、微博、今日头条、抖音类短视频等新媒体平台的推广类电商文案。

第二步：明确电商文案的写作风格

很多品牌的成长历程都有自己明显的品牌风格。品牌风格是可以通过产品、文案和设计三者共同体现的。对于电商平台和商家而言，电商文案的写作风格是品牌风格的直观展示载体。

以天猫 2020 年国货之光的 10 亿俱乐部新人——“花西子”为例，相比于其他国产美妆品牌，花西子从名字、产品、包装等多个维度看，从里到外都呈现东方气韵，瞄准国风爱好者，深耕国风美妆，将古典元素作为品牌符号，传达“东方彩妆 以花养妆”的品牌理念，输出有独特品牌符号的产品和展现东方之美、中国之美的品牌文化。在品牌文案和设计上，以颜值经济撬动年轻群体的审美潮流，增强在国风品牌垂直领域的品牌烙印。例如，通过开展苗族非遗公益探索之旅，在西江苗族古寨，选择苗族匠人龙太阳，传承银饰文化，推出的“苗族印象”系列产品一时间燃爆全网（见图 4-38）。

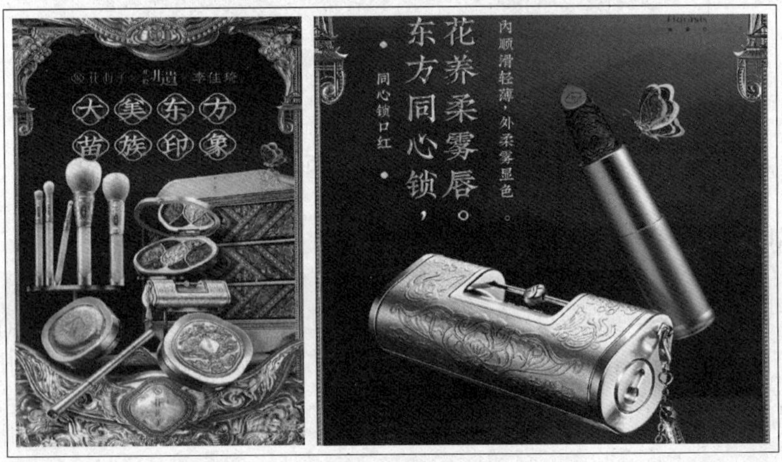

图 4-38 花西子文案

第三步：撰写电商商品文案

一、撰写商品详情页文案

二维码 50

知识链接：商品详情页文案

二维码 51

微课：商品详情页文案撰写的优化技巧

（一）挖掘商品卖点

商品卖点是指能够吸引消费者眼球的独特利益点和广告诉求点。用商品卖点吸引犹豫不决的浏览用户，激发用户的临时需求是商品详情页最重要的作用。撰写商品详情页文案时要理清思路，挖掘商品卖点，具体可以采用以下三种方法。

1. 九宫格思考法

使用九宫格思考法挖掘商品卖点时，可以将中间格填写商品名称，在其他八个格子中依次填写该商品的可行性销售优点。九宫格思考法可以帮助我们形成快速挖掘产品亮点的思维，然后运用营销技巧撰写文案，针对不同优点选择不同的场景，可以写出不同的电商文案，即让用户知道在什么情况下，使用商品可以得到什么好处。

以 TriPollar 美容仪为例，讲述其一款“初普 STOP 明星抗初老套装提拉紧致射频美容仪”商品卖点挖掘过程（见表 4-5）。运用九宫格思考法时，可以在中间格子填上“TriPollar 美容仪”这个商品名称之后，在其他八个格子填上该美容仪的可行性销售优点：明星同款、抗初老、激发胶原、提拉肌底、立体紧致小 V 脸、增加皮肤弹性、射频技术、小巧便携。在设计文案时就可以选择上述卖点中能用于场景化的词汇开始拓展写作，如“提拉肌底、小巧便捷”能写到的场景包括自拍、旅行、跟男友约会、公司聚会、职场面试等。

表4-5　九宫格思考法示例

抗初老	提拉肌底	增加皮肤弹性
激发胶原	**TriPollar 美容仪**	射频技术
明星同款	立体紧致小 V 脸	小巧便携

2. 型录要点延伸法

型录是商品编目、目录的意思。运用型录要点延伸法挖掘卖点，就是将一个商品型录中的特点全部照抄，然后在每个要点后加以延伸，可以快速充实商品详情页里的基本信息，但最终目的是将商品卖点的原始描述衍生为对目标客户起作用的文案。

如图 4-39 所示，以 usmile 专业分段护理儿童电动牙刷（“冰激淋”）为例，牙刷的整体设计犹如冰激凌样式，该外观设计荣获日本、中国台湾多项设计大奖；微信小程序智能匹配儿童合适的刷牙模式；共由三枚刷头组成，分别是乳牙段（小太阳刷头）、换牙段（小豆子刷头）、成牙段（小雨滴刷头），三枚刷头适合儿童不同阶段使用，支持 IPX7 级别防水。

图 4-39　usmile 儿童电动牙刷

3. FAB法则

在提炼商品卖点的过程中也会经常使用FAB法则。FAB分别代表属性（Feature）、作用（Advantage）和益处（Benefit）三个方面，它是一种典型的说服型销售技巧。以某不锈钢炒锅为例，该炒锅由具有良好耐热性、耐蚀性的304不锈钢制作而成，钢体结构有7层，包括最底层的菱形纹蜂窝不粘层和纳米钛黑生物膜，可以让这款不粘锅的不粘无烟效果达到最好。这是因为在蜂窝保护层的分隔作用下，减少了食物与锅面的接触面积，从而形成了气体悬浮，达到真正的自离式不粘锅。

利用FAB法则进行分析后，可提炼出通俗易懂、便于宣传的卖点：

- 属性：材料优质、工艺先进；
- 作用：少油烟、不易粘锅、不生锈；
- 益处：易清洗、健康、节能。

（二）准备商品图片

设计商品详情页时一般会涉及以下几种商品图片：

1. 焦点图

焦点图一般放在商品详情页的最上方，主要是用于来展示店铺中的新产品或优惠信息，能够起到直接的推荐作用。产品的焦点图要具有一定的视觉吸引力，容易引起受众的注意和点击查看的欲望（见图4-40）。

图4-40　产品焦点图

2. 产品全图

产品全图是指从产品的不同角度、不同颜色和不同款式出发，全面展现产品信息的图片（见图4-41）。

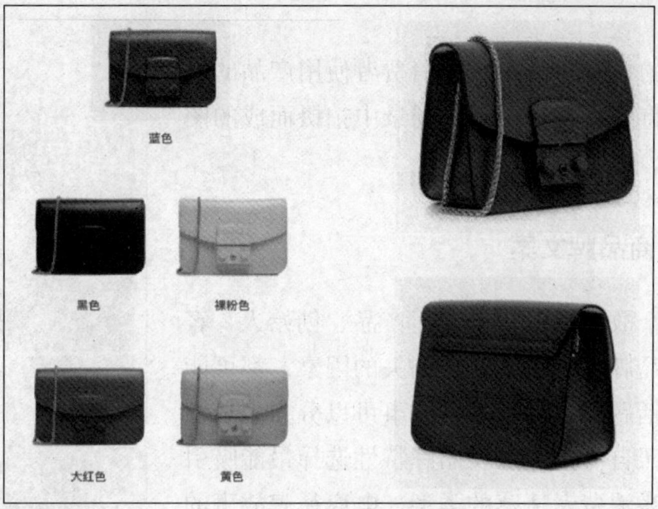

图 4-41　产品全图

3. 产品细节图

产品细节图是指表现产品局部的图片，主要包括款式细节、做工细节、面料细节、辅料细节和内部细节等。产品细节图的展示能让受众对产品的品质更加放心（见图 4-42）。

图 4-42　产品细节图

4. 场景图

电商文案中的场景图可使用某消费者使用产品的实拍图，也可使用将产品置于生活化场景中拍摄而成的图片（见图 4-43）。

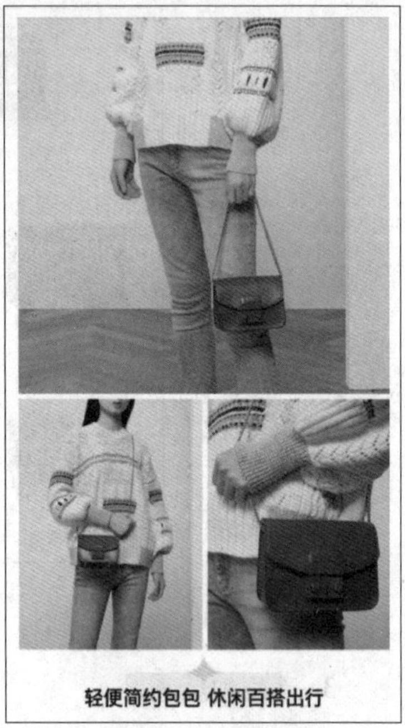

图 4-43　场景图

二、撰写电商品牌文案

为品牌讲一个故事，不管是关于产品、创始人、客户，还是其他与品牌的价值、文化相关的因素，都可能成为受众传播的话题和口碑。品牌故事可以分为多种类型，商家可以按照自身条件以及品牌特性选择最能吸引消费者注意、刺激消费者情感的类型。电商品牌故事的文案写作一般围绕以下两方面。

（一）讲述品牌历史故事

很多电商商家通过讲述品牌历史故事对电商品牌进行宣传推广。品牌历史故事包含以下内容：品牌从创建之初到成功是如何一步步走过来的？这期间有过哪些坚持、奋斗与磨难？发展中有哪些感人的小故事？取得了哪些优秀的成绩？获得了什么荣誉？品牌历史故事用励志、热血、坚强的精神来打动消费者，使消费者产生对品牌的敬意与好感，提高品牌的知名度和美誉度。

二维码52

知识链接：品牌五要素

（二）讲述企业家故事

在国家提倡“大众创业，万众创新”的年代，人们通常会被创业故事感动或激励。许多电商品牌的创业者讲述的创业经历具有很强的感染力和震撼力，因此讲述企业家创业故事也是不少电商品牌在进行品牌故事推广时采用的一种方式。

二维码53

知识链接：电商活动文案的概念

三、撰写电商海报文案

通常情况下，海报文案的撰写要与具体的促销方式相对应。电商海报文案一般包括以下四种类型。

（一）价格促销海报

利用价格吸引受众，如“××直降200元”“全场9折，购满3件再打7折”等。图4-44展示了学习课程年中促销海报。

（二）会员让利海报

通过不定期给予会员优惠的方式，吸引受众与店铺建立长期联系，如“会员消费满

××送××”“会员价××”（见图 4-45）。

图 4-44　学习课程年中促销海报

图 4-45　会员让利海报

（三）奖品促销海报

通过赠送礼品和抽奖等给予受众优惠，如进店有礼、满额赠送、积分抽奖等（见图 4-46）。

图 4-46　奖品促销海报

（四）情感营销海报

借助活动期间受众可能有的情感需求，引导受众点击文案，如“浪漫情人节，感恩遇见你”，再配合具体折扣信息，以增强活动的感染力（见图 4-47）。

图 4-47　情人节促销海报

四、撰写节日活动文案

电商平台和商家通常会结合品牌形象与具体的节假日特点寻找营销切入点，以提高品牌的曝光度，增强与目标受众之间的情感联系。例如，“粽”情、出“粽”、一见“粽”情等谐音解决了不少品牌与端午节关联的难题。携程旅行结合每年端午都会爆发的南北大战——“端午你吃甜粽还是咸粽”，设计了“千万里，我从咸粽区来看甜粽区的你”这一宣传文案，赋予旅行更多的情感温度，耐人寻味（见图 4-48）。

图 4-48　携程端午节海报

商家可按照以下 5 个步骤撰写节日活动文案。

（一）明确目标购买人群

节日是特殊的情感载体，不同节日有不同的情感表达。在设计节日文案时，不同的品牌和品类运营者应该根据其自身的调性和特点明确目标群体，挖掘目标群体的购买理由，进而找到节日文案撰写的切入点，营造节日氛围，让消费者产生共情和共鸣，刺激消费者购买。以母亲节为例，目标群体主要涵盖 3 种：妈妈自己、想尽孝心的儿女、新手爸爸，其购买理由如表 4-6 所示。

表4-6　母亲节目标群体划分

目标群体	购买理由
妈妈自己	节日促销；补偿 / 慰劳自己；购买家庭用品或孩子必需品
想尽孝心的儿女	表达对妈妈的孝心
新手爸爸	补偿 / 感激妻子（孩子通常未出生或出生不久）

（二）提炼与节日相关的关键词

找到与“妈妈”“母亲”或者“母亲节”相关的属性、特征及洞察。例如，“妈妈”或者“母亲”的相关属性和特征包括美丽、伟大、温柔、不求回报、勤劳、有耐心、辛苦等；还有其他相关洞察的关键词，如做家事、看电视、逛街购物、减肥、变漂亮、保持年轻、子女平安、出去游玩、聊天、有人陪、与亲子互动等。而“母亲节”相关洞察的关键词，如请妈妈吃大餐、送康乃馨、送礼物、写卡片、回家团圆、帮妈妈做家事、带妈妈出去玩、陪妈妈逛街、向妈妈表达爱意等。

（三）提炼产品的关键属性或卖点

提炼产品在目标购买人群眼中的属性特点，但提炼出来的属性必须是消费者眼中的事实，是得到消费者认可的，而且具体提炼和抽取哪些方向的产品关键属性和特征，还需根据节日的不同特点选择契合的卖点，如表 4-7 所示。

表4-7　不同产品卖点提炼

产品	关键属性和卖点
厨具或小家电品牌	智能、快捷、省时省力、减轻家务负担等
护肤品	美丽、保持年轻、锁住水分、抗皱、重拾自信等
保健品	身体健康、睡眠好、精力充沛、恢复活力等
支付 App	支付、便捷、省事、有优惠等

（四）结合节日属性和品牌特征，指出价值所在

在符合品牌调性的基础上，找到品牌自身与节日契合的属性及卖点，而且该属性还能解决顾客最关心的痛点；进而进一步指出该品牌能解决顾客最在乎的问题，提供给顾客所需的利益和价值。例如，高德地图将“导航”及“实时路况每两分钟更新一次”功能与“回家看妈妈”相结合。用户使用高德地图，可以躲开拥堵，驶入畅通、快捷归家路，多一点时间陪伴妈妈，创意文案为：“用高德地图，早到家，看妈妈。”再如，支付宝从子女角度出发，将其“生活缴费”功能、“记录生活的每笔消费”等与“关爱、牵挂母亲”进行结合。用户可以将在支付宝上为母亲缴纳水电费当作向母亲表达关爱、牵挂的一种方式，创意文案为：“千里之外，每月为母亲按下水电费的‘支付’键，仿佛我从未走远。为牵挂付出，每一笔都是在乎。”

（五）重视互动性，刺激消费者转发并购买

在产品同质化加剧、消费者日趋理性的情况下，在各个节日背景下，定制营销、个性服务、体验式服务等个性化消费趋势凸显，因此，商家必须关注消费者需求的转变，跟随新的消费需求热点，具体可以体现在增强节日活动文案的融入趣味性和

二维码54
知识链接：电商造节大全

二维码55
知识链接：撰写电商文案的注意事项

互动性。例如，在文案结尾加入互动或分享游戏，更有利于引起兴趣，从而促成转发。

举一反三

1. 以“5·17 吃货节”为背景，为“三只松鼠”写一篇节假日文案。

2. 为华为最新款手机写一款产品上新文案，突出其超强的视听效果。

3. 图 4-49 为某女装店铺中一款桑蚕丝连衣裙的基本信息，根据本任务所讲的知识点，为该产品撰写一篇详情页文案。

品牌名称：JR H

产品参数：

品牌：JR H	适用年龄：30-34周岁	尺码：S M L XL XXL
面料：雪纺	图案：花色	领型：圆领
腰型：中腰	衣门襟：单排扣	颜色分类：花色
袖型：其他	组合形式：单件	货号：D208892花色
裙型：其他	年份季节：2020年秋季	袖长：七分袖
裙长：长裙	流行元素/工艺：拼接 纽扣	款式：其他/other
销售渠道类型：纯电商(只在线上销售)	廓形：A型	材质成分：桑蚕丝100%

图 4-49　桑蚕丝连衣裙的基本信息

任务4　筹备直播物料

任务描述

近几年来，营销领域掀起了一股电商直播的浪潮。尤其是 2020 年以来，受新冠肺炎疫情的影响，众多企业转型选择开辟线上销售渠道，利用直播形式增加产品销售量和扩大企业知名度。为了确保直播顺利进行，需要充分做好直播前的准备工作，对硬件部分进行筹备，主要包括场地、道具、设备三大模块，此外，恰当的直播平台也关乎直播的效果。本任务主要从直播硬件、直播设备和电商直播平台三个方面讲解直播物料的筹备工作。

任务实施

第一步：筹备直播硬件

通常而言，5～6 名运营人员即可组成一个完整的直播团队，每个人的具体岗位各不相同，具体分工及职责见表 4-8。当然，实际工作中直播团队人数是非常灵活的，可根据公司的预算和规模来设置。

表4-8　直播团队人员分工及职责

分工	职责	人数
主播	负责直播、互动、导购、策划工作	1
助理	协助主播、策划、直播间预告工作	1
场控	配合互动、软件设置（直播贴片等）、后台操作（上架宝贝、修改价格、录制讲解等）、调试设备	1
策划	负责产品内容、促销脚本、内容制作和分发、直播脚本	1
BD	负责产品整理招商、佣金管理、对接店铺、产品信息整理	1
数据分析	负责数据收集、数据分析、优化建议	1

一、踩点直播场地

（一）户外直播场地

常见的户外直播场地有公园、商场、广场、游乐场、景区等。根据活动策划的需要，产品体验、街头采访、导购直播可以选择人流量充足的户外场地进行直播，增加直播节目的互动性；而户外直播如粉丝见面会、真人秀游戏等适合户外封闭场地，避免活动进行过程中出现不必要的麻烦而造成活动中止。

（二）室内直播场地

产品体验、产品演示、培训、见面会等直播内容比较适合在室内进行，常见的室内直播场地有办公室、咖啡馆、店铺、住所、发布会现场等。在室内场地进行直播前，为营造直播氛围并突出宣传产品，可以对室内进行简单装修。由于室内较为封闭，为保障直播质量，直播现场不宜出现较多围观群众，以避免直播时收录的杂音对直播造成影响。

二维码56

知识链接：筛选直播场地的注意事项

二、准备直播道具

直播道具包括展示产品和宣传物料。产品作为直播活动的主角，需要在直播的各个环节均有所展现，其中有直播时使用的产品、产品展示架，同时包括产品宣传海报、产品玩偶等一系列以产品为中心的物料。

直播道具除了产品本身，用于更好地表现产品卖点的道具，在直播销售中也称销售工具。

以李佳琦直播间为例，当介绍直播间产品的价格优势时，为充分展示折扣力度，小助理会拿出计算器、折扣单、折扣海报等进行展示。当谈到某款产品与某明星同款，小助理会拿出准备好的大幅明星同款照片进行展示。当需要演示如何下单购买时，小助理会拿出手机或 iPad，实时演示下单的操作步骤和界面。

（一）待展示产品

直播带货非常考验主播介绍产品、展示产品的能力，在有效的时间内将产品的信息高效输出给用户并被他们所接受是一项重要的技能。为了更好地展示产品，在直播前，必须准备展示样品供直播介绍、展示和试用或试吃，提前准备讲述产品的相关物料。

为了吸引顾客购买产品，直播时所有的内容设计都要围绕产品。运营者势必要懂得运用多种具有代入感和体验感的表现手法来突出产品的核心亮点。以美妆产品为例，不但要提前准备好试用样品，还要针对产品本身的卖点选择合适的试妆助理，充分展示产品的使用技巧及使用效果。美妆主播不能仅仅是直接推荐产品，而是要在教大家如何变美的过程中潜移默化地介绍产品。以服饰产品为例，直播服饰并不是单纯地推销衣服，而是教人搭配选择更适合自己的服装风格。在直播前应该准备好直播服饰不同风格的搭配方式，确定合适的试装模特，以便在直播过程中充分展示产品。

（二）宣传物料

直播间的氛围就像商场的环境，适宜的直播间氛围能够有效触发消费者的购买欲望。准备直播道具时，需提前对直播场地进行考察和测量，以制作规范、适用的产品物料。直播中的宣传物料范围较广，具体包括定制化的海报、胸卡、贴纸、气球等一系列能够出现在直播镜头中的宣传物料。例如，很多知名主播开展生活节、零食节、母婴节、潮电节、时尚节、美妆节和公益助农等专场主题直播，并通过设计直播间背景营造直播氛围（见图 4-50）。

图 4-50　公益助农直播

二维码57

知识链接：引流物料的筹备

第二步：筹备直播设备

为确保直播过程清晰、稳定进行，直播设备至关重要。在直播筹备阶段，需要对手机、电源、摄像头等设备进行反复调试，以达到最优状态。目前直播的主流设备是手机，直播前在手机端安装直播软件，通过手机摄像头即可进行直播。当使用手机进行直播时，需准备至少两台手机，并且在两台手机上同时登录直播账号，以应对突发状况。虽然手机可以便捷移动并大大提高直播效率，但受手机电池电量、网络信号等因素制约，因此还需要借助直播辅助设备进行优化。专业直播间所需物料如表 4-9 所示。

表4-9　专业直播间所需物料

序号	所需物料	备注
1	隔音效果好的墙面，有的要装绿幕或者蓝幕等	直播间装修
2	专业摄像机、SDI 线材等，视频采集端包括 DV、移动相机、USB 高清摄像头等	拍摄设备
3	切换台、通话系统等	导播系统
4	抠图软件、字幕包装	
5	数字调音台、麦克风、耳夹麦等	音频设备
6	编码器等	直播设备
7	网络	网络设备
8	提词器	
9	顶灯、环形灯、补光灯	

第三步：开通电商直播平台

小米 10 选择线上发售，看房买房也开启线上渠道，这说明电商直播不再仅仅局限于淘宝、天猫等网络购物平台，它席卷的是整个社会行业。

目前，电商直播平台百花齐放，表 4-10 罗列了当下主流电商直播平台的带货模式，可结合自身情况，选择恰当的直播平台开展直播。

表4-10　主流电商直播平台的带货模式

梯队	平台	带货模式
第一梯队	淘宝	商家、主播带货
	抖音	网红主播娱乐 + 带货
	快手	网红主播娱乐 + 带货

续表

梯队	平台	带货模式
第二梯队	微博	微博 KOL、网红主播娱乐
	拼多多	商家直播
	西瓜	达人直播带货
	京东	商家直播、明星 KOL 直播
	小红书	垂直领域 KOL、明星直播
	B 站	垂直领域 UP 主、B 站直播
第三梯队	虎牙	游戏直播互动
	花椒	生活内容直播
	斗鱼	游戏直播互动
	YY	游戏直播互动
	苏宁易购	商家直播
	蘑菇街	女性电商直播

举一反三

你的学校打算进行一场直播，向高三毕业生展示学校实力，鼓励高三考生报考你的学校。请参照本任务知识点，为本次直播筹备直播硬件、准备直播道具、筹备直播设备。

项目五　开设及管理网店

项目简介

本项目分为五个任务讲解网店的开设和管理过程。任务 1——注册开店，主要讲述网上开店的方式及如何在常见的电商平台开设店铺；任务 2——上架商品，主要讲述商品发布与上架流程；任务 3——装修店铺，主要讲述 PC 端店铺装修和无线端店铺装修的流程及方法；任务 4——优化店铺，主要讲述商品标题优化、商品主图优化、商品详情优化；任务 5——客户服务，主要内容包括网店客服认识、网店客服工作流程及网店客服岗位任职要求等。通过本项目的学习，能够让读者熟练掌握开设网店、装修网店和运营网店的相关知识，使其具备独立运营网店的能力。

项目目标

【知识目标】

- 了解电商平台开店流程
- 熟悉商品发布、上架流程
- 熟悉店铺装修的基本内容及流程
- 熟悉店铺优化的常用方法
- 了解网店客服重要性，熟悉网店客服工作的内容

【能力目标】

- 能够在淘宝等电商平台上进行网店注册、开店，并发布、上架商品

- 熟练掌握网店装修的技巧，并能独立完成网店装修工作
- 熟练掌握店铺优化的方法，并且能够利用相应方法对店铺进行优化
- 能够具备承担相应的网店客服工作的能力

【素质目标】

- 开店过程中，遵守国家法律法规和平台规则，实名认证，不盗用他人信息
- 网店经营中，真实呈现，不浮夸、不盗图，杜绝刷单行为，诚信经营
- 在网店客服岗位工作中，尊重客户，不欺瞒客户，遵守职业道德，不泄露客户隐私

任务1　注册开店

任务描述

互联网的广泛使用使得交易方式发生了重大改变，网店成为经济生活中的一匹黑马。在“大众创业，万众创新”的浪潮下，网店创业也成为互联网创业的一种新方式。网店是基于网上购物这个大时代背景而快速发展起来的产物，具有成本低、方式灵活等特点，经营得当，可为经营者带来非常可观的利润。那么常见的开店方式有哪些？如何在电商平台上开设店铺呢？这些都是初学者需要了解的。开店之前，需要了解网店运营的基础知识，如网上开店的概念、网上开店的方式等。通过本任务的学习，读者可以对网店有一个初步的认识，为后续的网店运营打下基础。

任务实施

第一步：了解网上开店的方式

网上开店是指经营者在互联网上注册一个虚拟网上商店并出售商品。目前，网上开店主要有三种方式，包括自助式开店、自建独立型网店以及自建独立型网店和自助式开店相结合。

一、自助式开店

自助式开店是指通过提供网上商店专业的服务平台进行自助开店。提供网上商店专

业服务的平台，主要包括淘宝网、易趣网等 C2C 网站，天猫商城、京东商城、当当网等 B2C 网站。这种方式类似于在商场中租用了一个柜台出售商品，开设方式比较简单。通常而言，这些平台会提供一些标准的模板和细致的开店导航，开店操作简单、易上手。而且这些专业网站已经集聚了非常高的人气，网店可以借助这些流量来进行推广。

二、自建独立型网店

自建独立型网店是指网店经营者根据自己商品的经营情况自行设计或委托专人制作网站。独立型网站一般都有一个独立的域名，不依附于其他的大型购物商城，经营者自主进行经营，其设计风格比较个性化。

自建独立型网店的经营推广比自助式网店更加困难，需要有一定的运作团队来维护网站的运作。同时由于这类网站不挂靠其他商城，虽然不用缴纳保证金，但网站推广及维护的费用成本较高。

三、自建独立型网店和自助式开店相结合

目前，很多企业将独立型网店和自助式开店结合起来，既在大型商城中开设店铺，又建立自己独立的网站进行运营，这种方式投入较高，但结合了这两种开店方式的优势。新的品牌可以依靠大型商城的人气慢慢积累品牌知名度，再发展自己的独立网站。例如，格力电器既在电商平台中自助开店，如京东商城中的格力官方旗舰店；同时又自建独立型网店，如格力董明珠店，采用双渠道的方式来销售产品。

课堂延伸

人民财评：又一批新职业公布，就业观念也需与时俱进

7月6日，人社部联合国家市场监督管理总局、国家统计局，向社会发布一批新职业，包括“区块链工程技术人员”“互联网营销师”等。这是《中华人民共和国职业分类大典（2015 年版）》颁布以来发布的第三批新职业。同时，“直播销售员”“互联网信息审核员”等 5 个工种也同时发布。

职业分类大典颁布以来，收录的职业岗位信息，经过了多次更新。比如 2019 年公布的新职业中，电子竞技员、电子竞技运营师就赫然在列。这次更新加入“互联网营销师”等 9 个新职业，以及“直播销售员”等 5 个新工种，实现了与时俱进。

就领域来看，收录的职业和工种基本上对应时下热门的行业。以直播电商为例，“直播销售员”中的“顶流”李佳琦日前还跻身特殊人才，成功落户上海。而这些新职业和工种的不断涌现，是市场经济发展的必然，也意味着就业方向的重大变化。

无独有偶，就在新职业公布同时，教育部下发了《关于严格核查 2020 届高校毕业

生就业数据的通知》，对就业指标统计进行了进一步明确——开设网店被归为“自主创业”，互联网营销工作者、公众号博主、电子竞技工作者以及自由撰稿人等均算“自由职业”。

像开网店、做公众号、自由撰稿等灵活的就业形式虽然存在了一段时间，但未必被社会完全认可。在传统的就业观念中，与公务员、事业单位等体制内的行业相比，它们可能还是有些“不务正业”，不会被视作找工作的首选。

在这样的背景下，无论是收录新职业，还是将一些比较灵活的就业形式，纳入高校就业指标统计中，某种程度上，也算是为新兴的职业和工种“转正”。这种“转正”，是顺应市场经济规律的体现，同时为就业观念的更新提供了指导。

事实上，不断出现的新职业和工种背后，像互联网营销、直播电商等新经济形态，早已成为国民经济的重要组成部分，它在贡献经济产值的同时，还创造了大量的就业机会。支持新经济的发展，就应该接纳这些全新的岗位，让就业市场和经济产业结构相互适配。

从铁饭碗时代，到新兴职业和工种百花齐放，无疑是巨大的进步。对求职者来说，要抛开职业偏见，拥抱就业市场的新变化。而对于各地而言，在人才竞争愈演愈烈的当下，无论是招揽英才，还是稳岗稳就业，都得在经济结构上练好内功——新经济、新产业得到有力发展，才会有更多的新兴岗位被创造出来。

资料来源：人民网.

第二步：注册开店

下面以淘宝网个人店铺为例，对注册开店流程详细讲解。

（1）登录“淘宝网”，点击“免费开店”，进入开店页面（见图 5-1），选择“个人店铺入驻”。

图 5-1　淘宝免费开店页面

（2）通过账号密码登录或者通过手机短信验证码登录（若没有淘宝账号，手机验证码登录之后会自动生成淘宝账号），如图 5-2 所示。

图 5-2　淘宝账号登录页面

（3）输入店铺名称，完成支付宝认证，然后使用手机淘宝或者千牛 App 进行淘宝实人认证（注意：手机淘宝认证时需要登录的账号就是要进行开店的账号），实人认证只需要进行人脸认证。淘宝实人认证通过之后点击“同意协议，0 元免费开店”（见图 5-3）。完成上述操作即可完成开店。

图 5-3　支付宝认证、淘宝实人认证、同意协议

举一反三

根据任务 1 的学习内容，根据自身条件选择一个平台，注册开设个人店铺。

二维码 58

知识链接：淘宝网店铺知多少？

任务2　上架商品

任务描述

在完成开店环节后，接下来要做的就是商品上架，将商品上传至网店，让消费者通过网店买到自己想要的东西。上架商品是网店运营中非常重要和关键的部分，商品发布过程中每一项都要认真填写。填写不合适或错误，不仅会影响商品排名，严重的还会导致被降权，给商品和网店带来重大损失。

商品上架工作主要分为前期准备和上架商品，其中前期准备主要围绕商品类目、商品标题、商品定价和商品主图等内容展开，上架商品中主要依托淘宝个人店铺讲述商品上架流程。

任务实施

商品上架是网店运营中重要的一环。商品上架是指将商品按照平台商品发布流程上传至网店，经过描述后进行上架销售，可以供买家进行搜索和购买。商品上架是店铺开张的第一个关键步骤。只有商品上架销售，买家才能搜索得到并购买。

第一步：做好前期准备

上架商品是经营网店的第一步，也是很重要的一步。在商品发布过程中，需要填写和上传众多信息，如商品类目、商品标题、商品定价、商品主图等，这就需要在发布商品前做好相关准备工作。

一、选择商品类目

在发布商品时，首先要选择商品类目。商品所在类目的精确性是影响商品搜索排名的一个重要因素。如果类目设置得不合理，就会导致商品的主关键词排名不高，从而失去流量。图 5-4 为淘宝网“书包”类目。

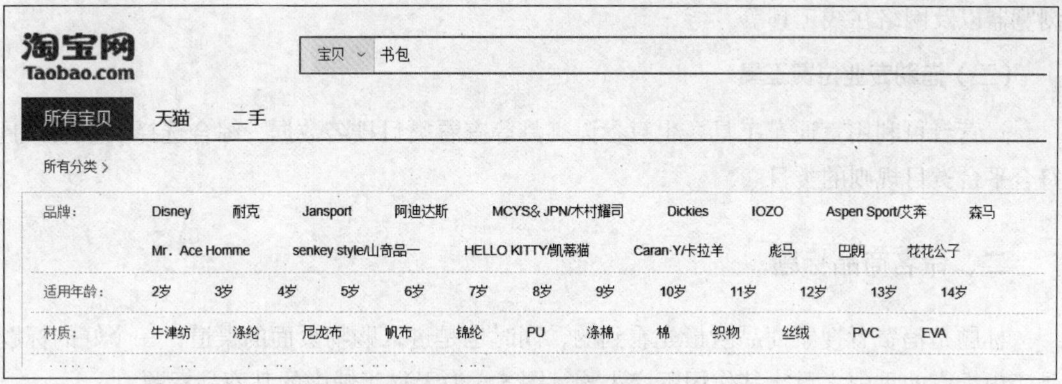

图 5-4　淘宝网“书包”类目

商品类目选择关乎商品排名以及店铺流量，可以从以下三方面来正确选择类目。

二维码59

知识链接：商品类目及正确选择的重要性

（一）系统查询：使用类目搜索方便、快捷找到类目

可以在电商平台类目搜索栏中输入商品关键词，系统会自动寻找与此匹配的类目。图 5-5 是在淘宝平台中进行商品关键词搜索，系统自动推荐的商品类目。

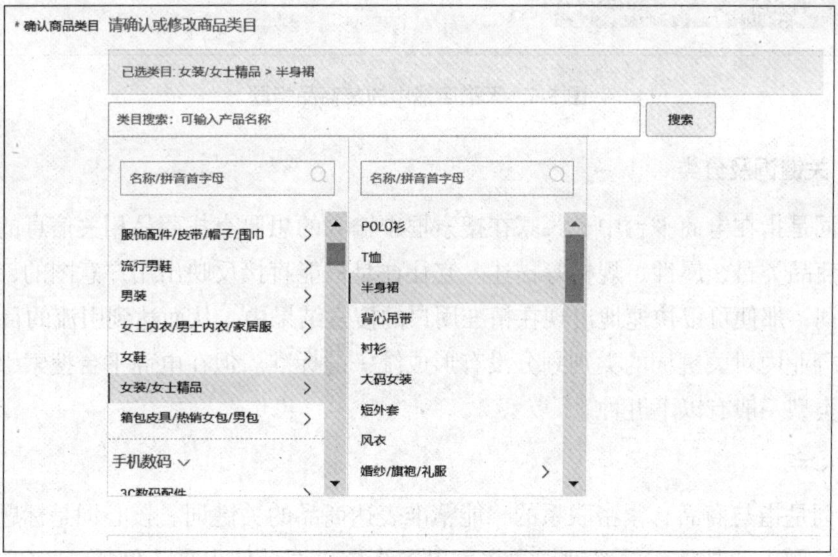

图 5-5　淘宝的类目推荐

（二）同行参考

利用店侦探、千里眼等免费插件以及免费网络在线查询工具查看同行发布产品的目录。在系统查询仍无法确定的情况下，可以参考同行发布类似或相同产品的目录，这里可以借助一些常用的工具来查看，如店侦探、千里眼等插件，以及电商平台自带工具如 UC

浏览器以及网络在线工具等。

（三）借助专业付费工具

运营者可利用直通车工具、生意参谋工具等查看类目排名数据，综合选择数据最好且符合平台类目规则的类目。

二、命名商品标题

标题是消费者搜索商品时最先看到的，同时也是进入购物页面的渠道，一个好的标题是店内推广的重中之重，其作用不容小觑。图 5-6 为天猫店铺中的某商品标题。

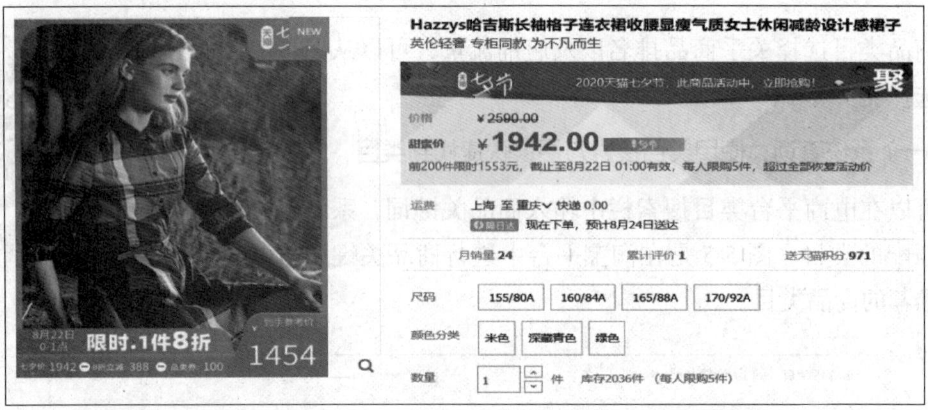

图 5-6　天猫店铺中的某商品标题

（一）关键词及分类

关键词是指在电商平台中，买家在搜索框中输入的想要查找商品相关信息的短语或词语，是对商品类目、属性、规格等描述。它往往是最能直接反映出用户意图的，如果网店选对关键词，那便可以快速地出现在精准用户的搜索结果中，从而达到引流的目的。

目前行业内对关键词的类别划分没有形成统一的标准。但在电商平台搜索引擎中常见的关键词类型一般有以下五种。

1. 核心词

核心词是指与商品有紧密联系的，能精准表达商品的关键词。核心词是标题的重要组成元素，标题中的其他相关关键词往往可以围绕核心词延伸出来。例如，“冬季长款羽绒服”，这里的核心词就是“羽绒服”。

哪些词可以做核心词呢？常见的核心词主要有商品词和类目词。

商品词一般指的是商品的名称，如“羽绒服”“连衣裙”“牛仔裤”等。

类目词一般是指商品所属类目的名称。以淘宝网为例，连衣裙属于女装类目下的子类目，连衣裙类目下，还包括“半身裙”“针织裙”等。这些词都可以作为核心词出现在商品标题中。

2. 属性词

属性词是告知客户产品的一些商品参数和特征的关键词，如尺寸、规格参数、型号、颜色、样式、用途之类的词。图 5-7 是淘宝平台中的属性页面。通过属性词能够建立起用户对商品的全面认知，也是影响用户购买决策的一个重要因素。

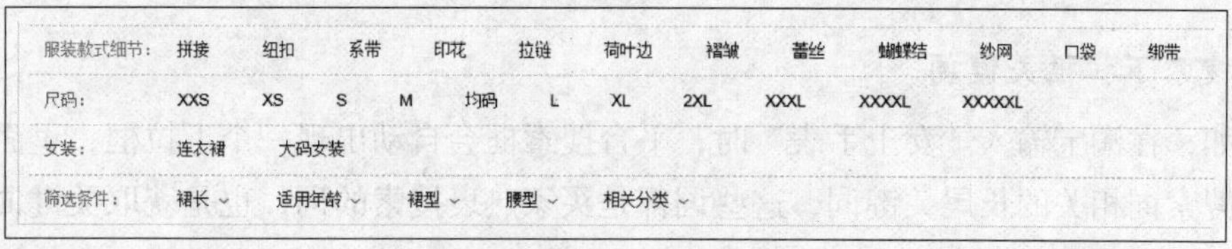

图 5-7 淘宝平台中的属性页面

在标题中一般用多个属性词加以修饰，如“羊毛混纺西装领长袖连衣裙”，其中“羊毛混纺”“西装领”“ 长袖”都属于属性词。

3. 品牌词

品牌词是指商品的品牌名称，如“百草味”“良品铺子”“华为”等。网店在使用品牌词时，要避免不当使用他人的品牌词，否则可能会构成侵权。

4. 营销词

营销词是指具有营销性质的关键词，描述商品的优惠信息、商品卖点、店铺信誉等，通常放在标题的前面。例如，“2020 秋季新款”“包邮”“原装正品”等可以是一个或多个，用于增加商品被搜索到的概率。

5. 长尾词

长尾词是指商品的非中心关键词，但与中心关键词相关，可以带来搜索流量的组合型关键词。长尾词一般由两个或两个以上的词组成，可以由核心词、属性词、营销词等搭配组合而成，如“优雅名媛气质显白丝绸”。由于可以进行关键词组合，因此长尾词的总体数量庞大、搜索量较小、竞争力不大。很多卖家会选取一些长尾词来精准匹配用户检索需求，以提升转化率。

（二）寻找关键词

在商品标题中关键词是核心，那么如何寻找关键词？可以通过以下方式获取。

1. 平台首页的系统推荐词

电商平台系统大量数据分析会总结出一些热门搜索词，这些词会随着季节或节日而变化。图 5-8 为淘宝首页搜索框下热门词，图 5-9 为京东首页搜索框下热门词。

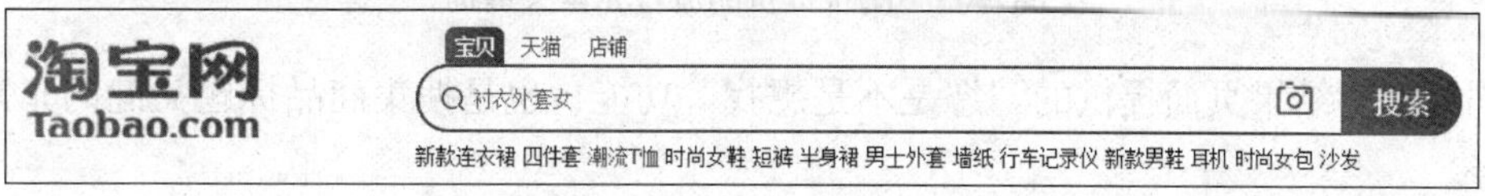

图 5-8 淘宝首页搜索框下热门词

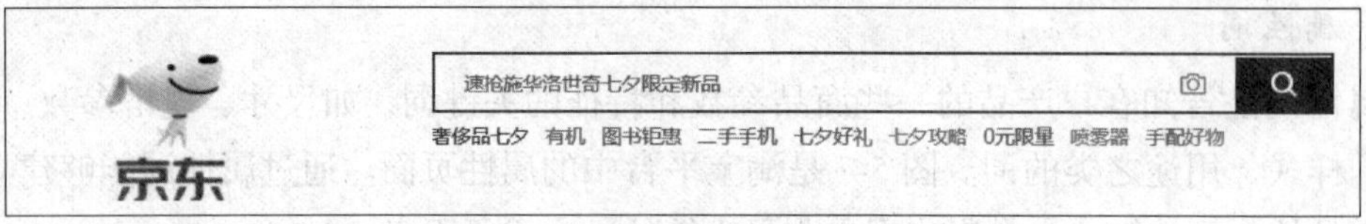

图 5-9 京东首页搜索框下热门词

2. 搜索下拉框关键词

例如，在淘宝输入“女士手表”时，平台搜索框会自动出现一个下拉框，里面出现了许多和搜索词相关的长尾关键词，这些词都是买家热衷搜索的词，也是获取关键词很好的途径（见图 5-10）。

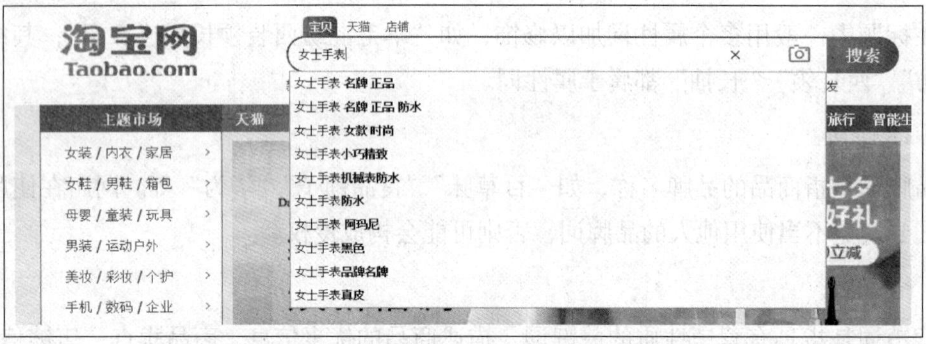

图 5-10 淘宝搜索下拉框

3. 搜索结果页面给出的关键词

在搜索结果页面中，系统根据商品属性及买家对商品的关注点，提供了许多流行元素关键词（见图 5-11）。

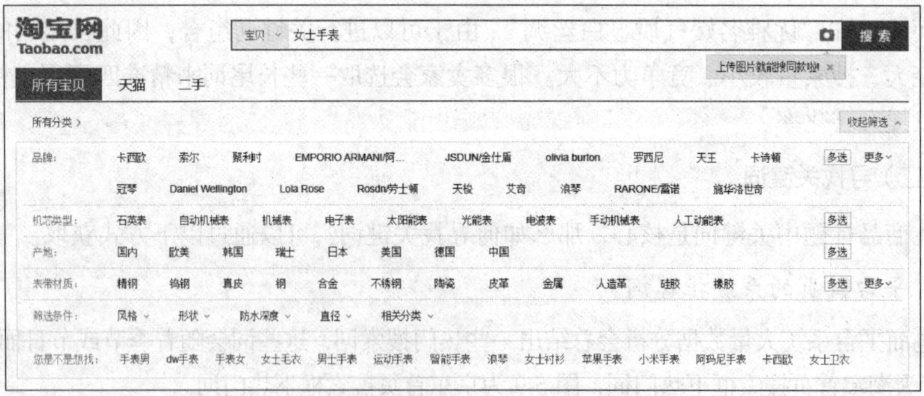

图 5-11 淘宝提供的流行元素关键词

同时搜索结果页面提供的“您是不是想找”功能，也是搜集商品标题关键词非常重要的途径。

4. 使用工具来获取关键词

卖家可通过如阿里指数、直通车、京东快车、京东商智、生意参谋等工具获取关键词，但是有些工具必须购买平台相关服务才可以使用。

除了上述途径外，也可以参考同类店铺中人气商品的标题命名，尽量站在买家的角度考虑买家会如何搜索，认真思考并记下与店铺或商品有关的关键词。通过多种途径寻找关键词后，将关键词复制整理到 Excel 表格中，以方便后期命名标题时使用。

（三）命名标题

对通过上述途径获取的关键词进行整理和分析，形成关键词列表（见图 5-12）。接下来写下有搜索量且竞争力较低的商品核心关键词，然后补充商品属性、规格参数、促销信息等，最终形成商品标题。

序号	关键词
1	连衣裙 春
2	连衣裙 2021新款 春
3	连衣裙 收腰显瘦 气质
4	连衣裙高端大牌 名媛
5	连衣裙 高端洋气
6	连衣裙设计感小众
7	连衣裙 长款
8	连衣裙 性感
9	连衣裙 修身
10	连衣裙 气质显瘦

图 5-12　关键词列表

二维码60

知识链接：淘宝店铺商品标题命名技巧

三、设置商品定价

在发布商品时需要填写商品的价格，虽然设置简单，但也讲究定价技巧。

（一）成本定价

将商品所有的成本叠加在一起，加上利润，得出的就是产品的价格。但是现在的电商平台价格战很激烈，选择价格低的货源或者选择成本较低的物流方式，都会给竞争带来巨大的优势。

（二）需求定价

有经验的卖家会根据商品的市场需求来调整价位。例如，如果商品是新品，不仅消费者喜欢而且在平台里具有独一无二性，这时候可以适当提高价位；某些商品在某个季节或者节日期间需求量比较大，那么卖家也会适当地加价，等过了这个时间段之后再降价；有的卖家为了打开销路，一开始将价格定低一些，等销量和好评多了，买家需求量大了，再提高价格。

（三）市场估价

参考市场上的定价，然后根据自己的优势，对商品进行定价。市场上的定价大多经过了考验，是客户和卖家共同认可的价格，更多地反映了产品的价值，而不是成本。市场上的一些高价畅销品都是基于这个原理进行定价，如名牌轿车、名牌服饰等。

（四）目标客户定价

目标客户定价即针对目标人群的消费习惯和消费能力制定相应的价格。例如，店铺的买家主要是以学生为目标消费者，那么定价就应该相对低一些；而如果买家是白领群体，商品的价格可以适当定得高一点，因为相对于价格而言，他们更注重商品的品质。

（五）尾数定价

很多卖家喜欢避开整数报价，如定价为 19.9 元、39.9 元等，这样一方面让买家觉得卖家的定价很精准，另一方面给买家一种打了折扣的错觉。

（六）折扣定价

在商品定价时，很多网店喜欢给产品打折扣。即事先制定一个较高的价格，根据市场的变化，逐步按折扣调整价格。例如，商品初始定价 599 元，给予 3 折的折扣，售价就是 179.7 元。商品原价和折扣价的明显对比让商品价格显得格外有吸引力。

四、设计制作商品主图

商品主图是在发布商品时介绍商品的图片，这些图片最能表现商品特点，一般出现在商品搜索页、店铺首页和商品详情页的顶端。商品主图是吸引买家点击商品、访问商品的关键。只有设计好商品主图，才能给店铺带来更多的流量。

（一）主图制作要求

通常而言，店铺网页中有 70% 的内容都是图片，剩下的内容大多为文字还有少量视频。一张好的产品主图能够将产品最优秀的部分展示出来。要想做出一张好的产品主图，必须满足以下基本要求。

（1）产品主图的尺寸和大小要符合平台的要求。

（2）背景要求：介绍产品的第一张图片必须为产品的正面实物照片，背景通常为白色（家纺、服装等类目除外，各平台标准有所不同）。

（3）突出主体：图片必须能够突出主体，让人们一眼就能看到其中的内容，因此图片必须拍摄清晰、干净利落，不能模糊或者出现水印等。

（4）清晰完整：主体展示清晰完整，保证上下贴边或左右贴边，尽量撑满整个画布，不要留白边。

（5）干净美观：主体展示清晰完整，背景氛围干净、美观，氛围背景元素及颜色简单，最好不要超过 4 种，不要过度修图。

（二）主图及主图视频设计要点

好的商品主图能够提高点击率，从而达到引流的目的。设计主图时可以遵循以下要点。

1. 内容简洁

买家在搜索商品时，浏览速度较快，因此主图传达的信息越简单，就越容易被接受。因此主图设计时应避免产品放置杂乱、产品数量和文案信息过多、背景杂乱等现象。如图5-13所示，两张图都是榨汁机的主图，左侧的主图用了大量的文本说明了产品的优点，而且主图布局杂乱，使得单件商品不突出；而右图设计简洁大气，文本适量且能很好地阐述其卖点。

图 5-13　商品主图对比

2. 突出卖点

主图卖点不一定是促销内容，而是吸引顾客的亮点及核心竞争力，如商品的款式、材质、形状或者商品价格等。如图5-14所示，左图标明材质来突出商品卖点，右图通过“一秒变瘦”来强调商品的功能。

图 5-14　商品卖点

（三）制作主图及主图视频

二维码61

知识链接：淘宝网中商品主图设置技巧

按照上述主图尺寸要求及设计要点来设计主图，并制作主图视频。这部分可参考项目四中的相关内容，此处不再赘述。

五、使用图片空间

当主图及视频制作完成后，可以上传至平台的图片空间。

图片空间是用于存储和管理商品主图、细节图、商品详情和店铺页及其他相关商品及店铺业务图片的网络空间。在发布商品时，为了更快捷地实现操作，可以将相关图片素材上传至图片空间，也可以对图片空间进行分类管理。

（一）将图片上传至图片空间

每个平台给网店的免费图片空间不一样，如淘宝个人店铺给信用 1 钻以下卖家的免费使用空间是 1G，京东平台中卖家有 30GB 的免费图片空间。注意商品主图视频一般不计算在图片空间之内。

卖家可以上传商品主图、细节图、商品详情及店铺首页等图片到图片空间。图 5-15 为淘宝平台中的上传图片至图片空间界面。

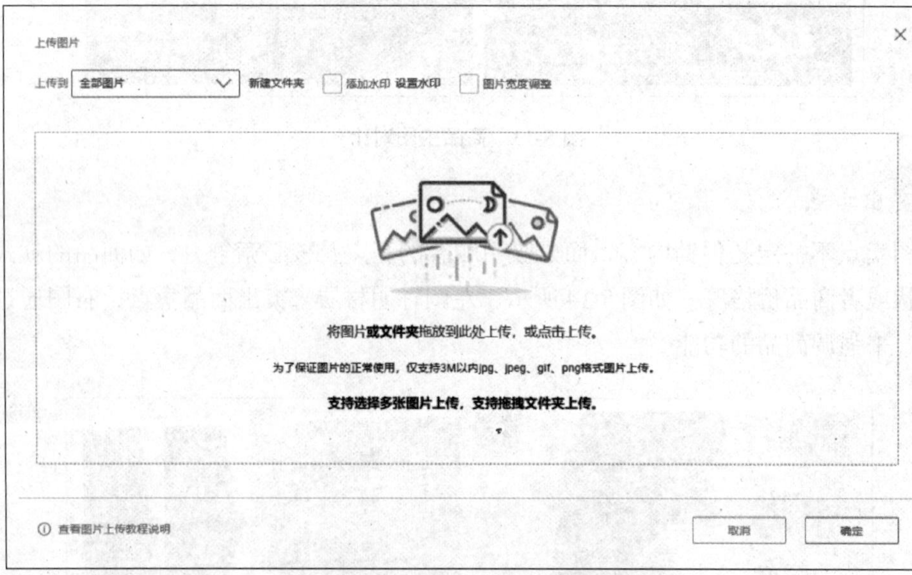

图 5-15　上传图片至图片空间界面

（二）分类管理图片空间

为了合理、高效地规划图片空间，同时提高发布商品的效率，可以对图片空间进行分类管理，如按照商品主图、商品详情、商品细节图等分类存储。图 5-16 为淘宝平台中的图片空间的新建分类。

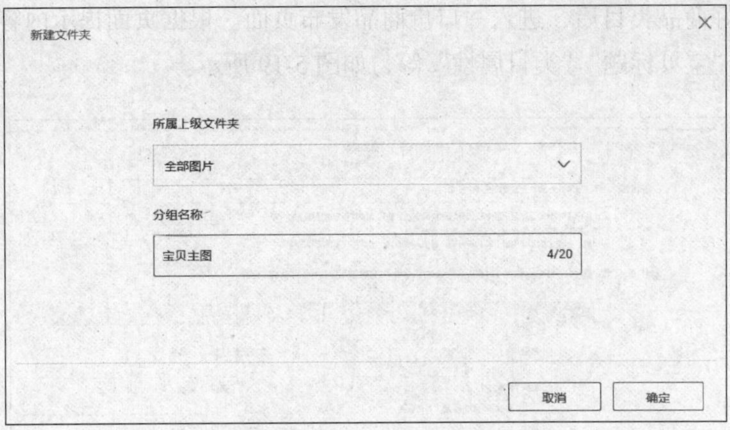

图 5-16　图片空间的新建分类

第二步：上架商品——以淘宝个人店铺为例

下面以淘宝个人店铺发布一款商品为例，简述商品的上架操作流程。

二维码62

微课：微店商品上架

一、填写商品基础信息

商品基础信息包括商品类型、商品标题、商品属性等，商品属性如实填写即可。

（1）打开淘宝网，登录卖家中心。在卖家中心页面，左侧导航栏中【宝贝管理】下方的【发布宝贝】选项，如图 5-17 所示。

（2）选择商品类目，如图 5-18 所示。

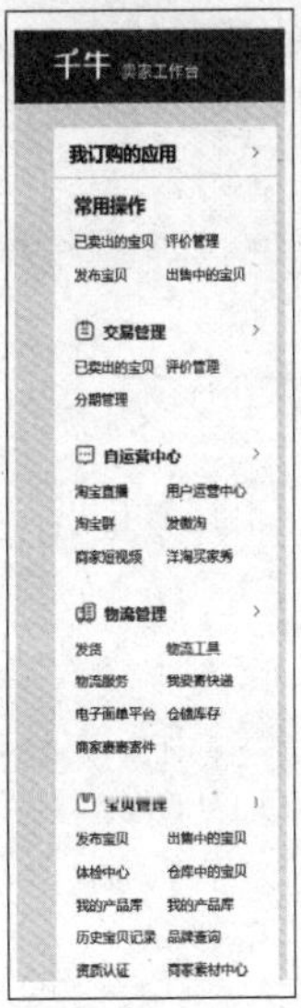

图 5-17　发布商品

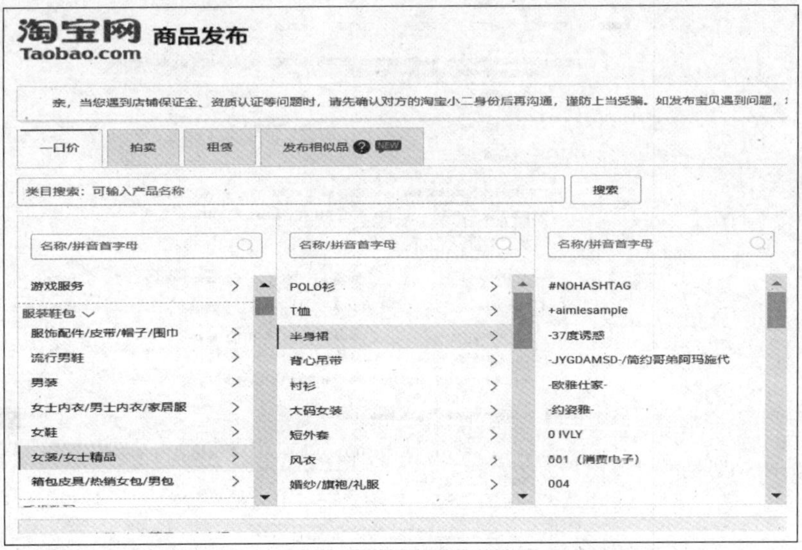

图 5-18　选择商品类目

（3）选择好商品类目后，进入一口价商品发布页面。根据页面提示内容，填写商品相关信息，包括“宝贝标题”“类目属性”等，如图 5-19 所示。

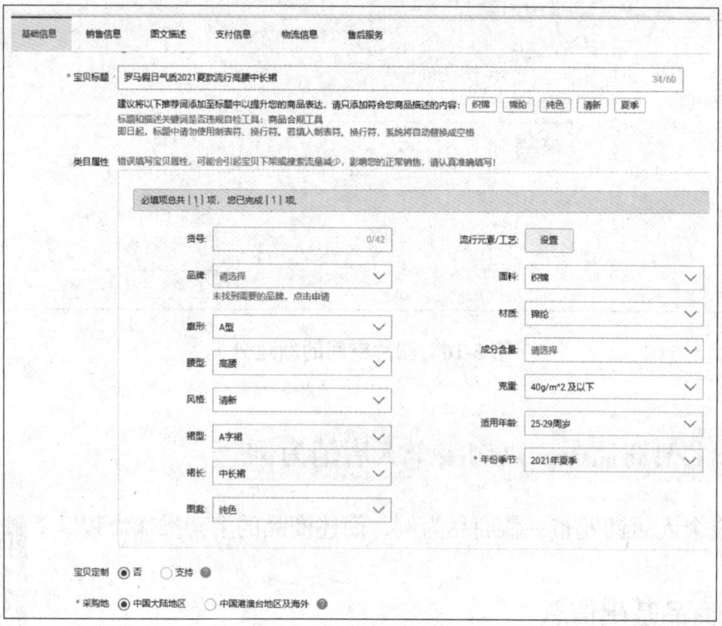

图 5-19　填写基础信息

二、设置销售信息

在【销售信息】页面，完成颜色分类、尺码、宝贝销售规格、一口价、总数量、商家编码、商品条形码等信息的填充，如图 5-20 所示。

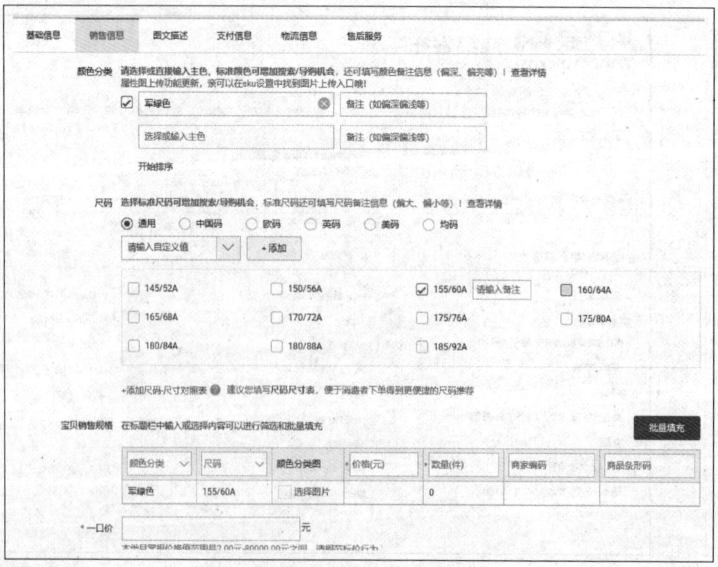

图 5-20　设置销售信息

三、编辑图文描述

图文描述，又称商品详情，是由文字、图片、视频等构成的，向客户介绍商品特点、使用方法等详细情况的页面。图文描述是提高转化率的入口，可激发客户的消费欲望，树立客户对网店的信任感，打消客户的消费疑虑，促使客户下单。

（1）在【图文描述】页面，上传商品主图，如图 5-21 所示。注意：商品主图需要提前将其上传至图片空间。

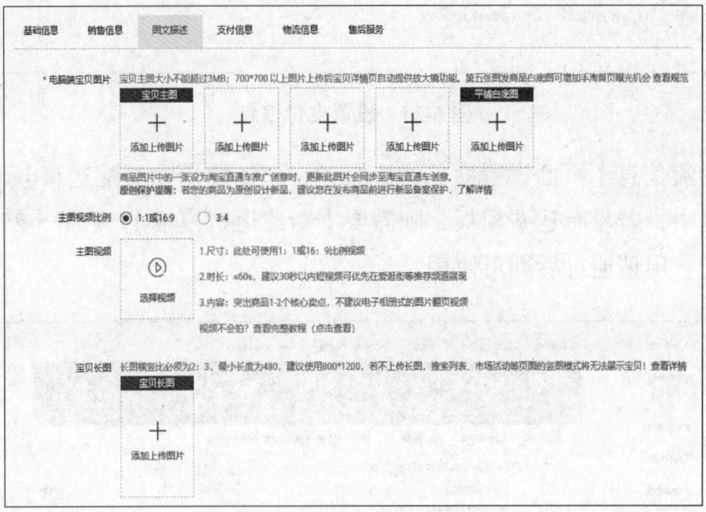

图 5-21　上传商品主图

（2）图文描述分为【电脑端描述】和【手机端描述】，其中【电脑端描述】有【使用文本编辑】和【使用旺铺详情编辑器】两种方式。【使用文本编辑】可以将事先设计好的商品详情页图片上传（见图 5-22）；【使用旺铺详情编辑器】中可借助淘宝神笔商品详情编辑器，完成商品详情的设置（见图 5-23）。

【手机端描述】和【电脑端描述】设置流程一致。

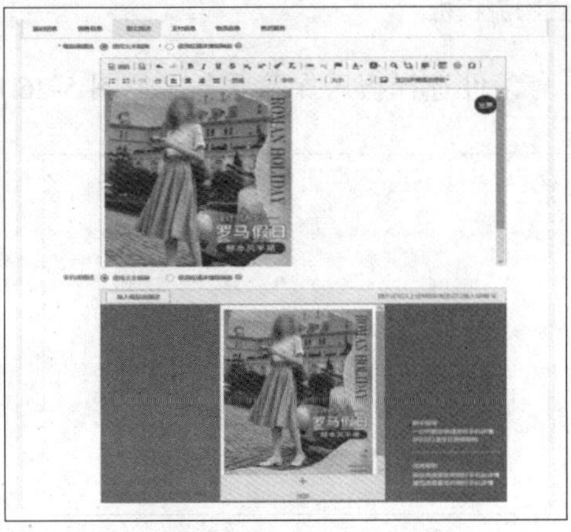

图 5-22　使用文本编辑

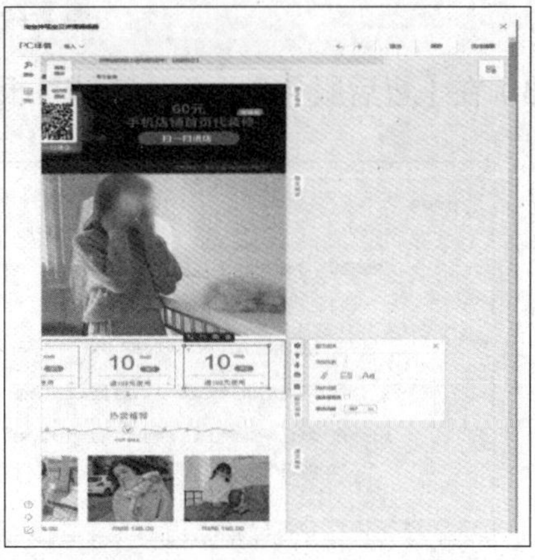

图 5-23　使用旺铺详情编辑器

四、完善支付、物流和售后服务信息

（1）在【支付信息】页面，包含【付款方式】和【库存计数】两项内容。【付款方式】可以根据网店的具体情况选择；设置库存计数时建议选择【买家拍下减库存】选项，以方便日后修改商品库存量（见图 5-24）。

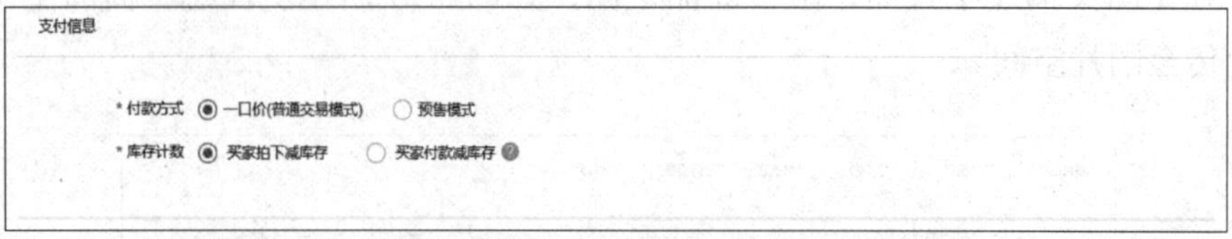

图 5-24　设置支付信息

（2）在【物流信息】页面设置商品物流服务，包括使用物流配送和电子交易凭证。其中使用物流配送中，若没有运费模板，则需要【新建运费模板】（见图 5-25）。电子交易凭证需要事先申请，申请通过后即可使用。

图 5-25　设置物流模板

（3）在【售后服务】页面，店铺可根据自身条件选择售后保障服务（见图 5-26）。

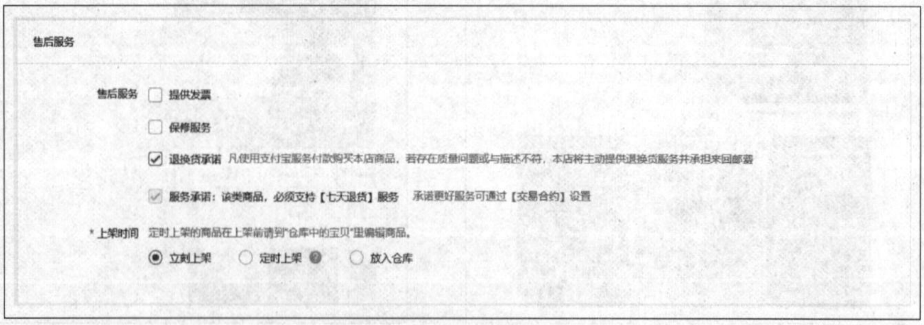

图 5-26　设置售后服务

上述设置完成后，提交商品信息，即可完成新品上架。商品展示见图 5-27。

图 5-27　商品展示

二维码63

知识链接：使用“淘宝助理”批量上架商品

举一反三

根据上述学习内容，请选择一款商品，为其命名、定价、设计商品主图，完成表 5-1，并在自己的店铺上架该商品。

表5-1　上架商品记录表

项目	具体信息
商品条码	
商品标题	
商品类目	
商品价格	
商品属性	
商品主图	

任务3 店铺装修

任务描述

店铺是网店的“门面”，店铺装修是运营店铺中的重要一环，那么应该如何装修店铺呢？淘宝、天猫、京东和拼多多等电商平台中都有专门的店铺装修模板，可以通过简单的操作进行设置，完成网上店铺的建设。但要想从众多网店中脱颖而出，就要学习基本的装修技巧。本任务将从店铺装修前期准备、PC 端店铺装修和无线端店铺装修三个方面，借助现有的电商平台对网店店铺装修的相关知识进行讲解。

任务实施

第一步：做好店铺装修前的准备

一、确定装修风格

一般而言，可以从根据店铺的主营项目、目标消费群体、个人喜好、季节、网店促销活动等方面来确定装修的风格。以某品牌时尚女装的天猫店铺为例（见图 5-28）介绍。

（1）店铺的主营业务为女装类，其装修风格一般都比较华丽，多以模特图片为主，非常注重美观性。

（2）其目标消费群体是 20～35 岁的年轻女性，整体装修风格符合年轻女性的审美习惯，色彩搭配鲜活亮丽，装修风格整体色调清新，配合鲜花等元素来装饰，迎合了夏天的旋律。

（3）从该店铺的模特到商品都是统一的欧美风格，更容易吸引那些喜欢欧美风的时尚女性。

（4）结合了平台“88 会员节”促销活动对店铺进行了宣传和推广。

图 5-28　某品牌时尚女装的天猫店铺

二、收集店铺素材

确立好风格之后，就要开始寻找适合的素材。装修店铺时，店铺招牌、店铺背景、轮播图片、分类导航等各个模块都需要装修素材。因此，提前收集一些店铺装修使用的素材，以方便后续的装修。常用的素材网站包括千图网、素材中国、昵图网、花瓣网等。图 5-29 为素材中国网展现的模板效果。

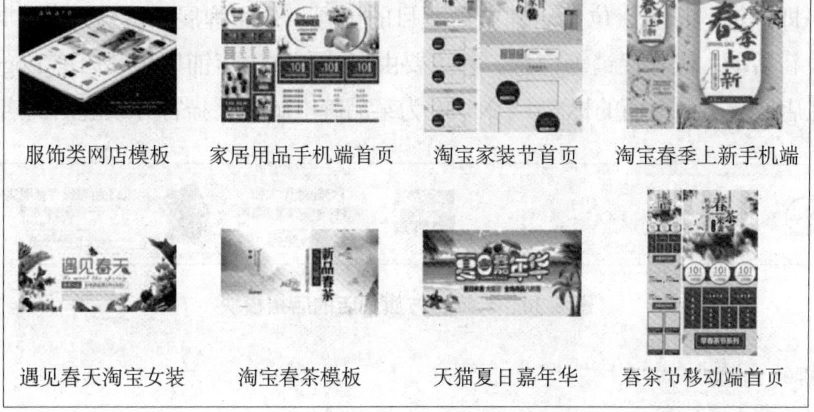

图 5-29　素材中国网展现的模板效果

第二步：装修 PC 端店铺

一、店铺首页装修

二维码64

知识链接：认识“旺铺”

一般而言，网店首页是绝大部分访客浏览网店的起点。店铺首页的设计至关重要，它代表了一个店铺的颜值，颜值越高，越能吸引更多的消费者。因此，店铺首页的装修是每一个网店店主都必须仔细考虑的问题。

（一）店铺首页设计技巧

首页设计会对顾客的购物体验产生直接影响，在实际运作中可以从以下几方面设计：

（1）展示最基本的用户操作。设计者需要将最基本的用户操作展示出来，如可以清楚地看到店铺招牌、导航栏、产品海报、产品分类、客户服务等，可以通过点击相关区域，轻松进行下一步操作。

（2）传达足够多的信息。店铺首页应传达足够多的信息，让人一眼就能看到店铺的类别、产品种类、促销信息等。

（3）塑造店铺的形象。首页设计要突出店铺的形象，符合品牌或产品的档次，根据“首因效应”让顾客对店铺形成良好的形象和认知。

（4）图文并茂，展示主推产品。新品、爆品、重点产品通过图片、文字、视频等多种形式多方位展示。

（5）产品展示有序、逻辑清晰。首页应布局整齐清晰、板块明确、色调鲜明，更有利于产品展示。

由于各个电商平台的设计不一样，因此店铺首页布局内容也存在差异。尽管如此，店铺首页布局的常见内容包括店招、导航栏、图片轮播模块等。

（二）店招装修

店招，即店铺的招牌，位于店铺中最醒目的位置，是品牌展示的窗口，常用于展示店铺名称、最新活动、优惠促销等信息。它主要由店铺名称、店铺口号及店铺 Logo 等要素组成，是放在店铺首页最上面的标志。图 5-30 为某品牌电脑在天猫官方旗舰店的店招模块。

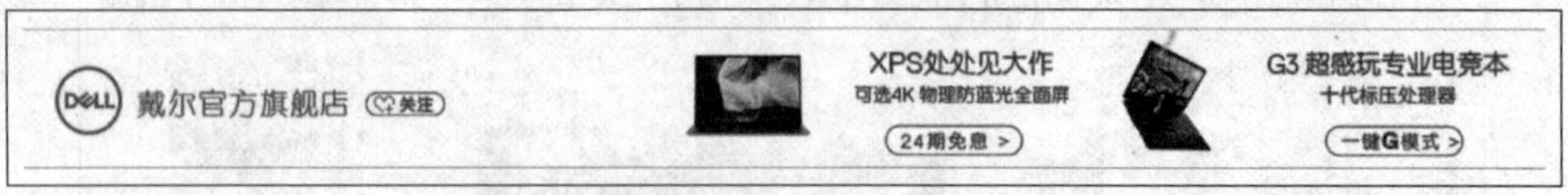

图 5-30　天猫官方旗舰店的店招模块

1. 店招的内容

在设计店招时，首先要考虑向顾客展示什么内容，可选用以下内容：

- 店招中大多数包括店铺名、店铺 Logo；
- 将店铺内最具卖点的商品展示在店招中；

- 放入优惠券、促销信息、打折降价等快速链接；
- 放入关注按钮、关注人数、收藏按钮、店铺资质等内容；
- 放入代言人或公司创始人的形象照片、签名等。

2. 店招装修的操作流程

下面以淘宝网个人店铺为例，详细介绍店铺中默认店招的装修流程。

（1）登录淘宝网账号，进入【千牛卖家中心】页面，单击【店铺管理】中的【店铺装修】链接，进入店铺装修页面（见图5-31）。

（2）在【店铺装修】页面，选择【PC端】，选择页面中的【首页】进入首页装修（见图5-32）。

（3）在【基础模块】下拖拽【店铺招牌】模块到店招区域（见图5-33）。点击【编辑】，进入店招模块编辑页面。

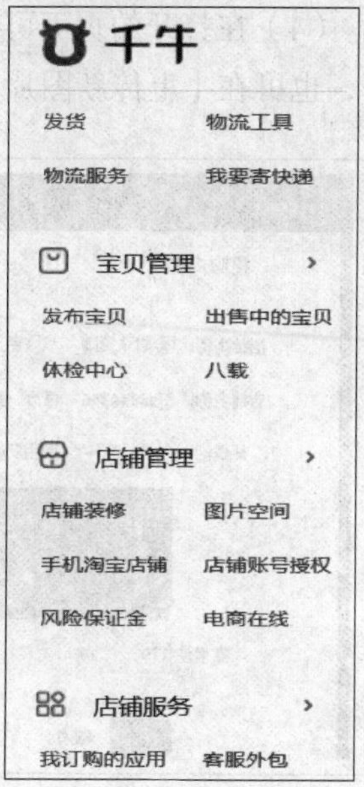

图5-31　千牛卖家中心页面下的【店铺装修】

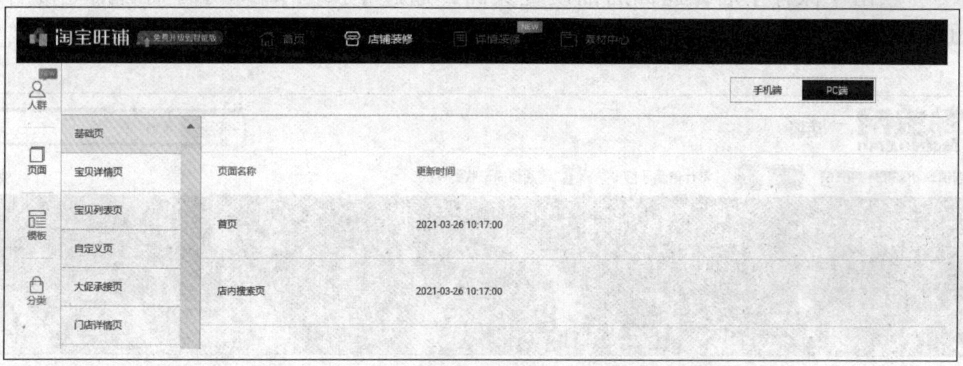

图5-32　店铺装修页面下的【PC端】页面

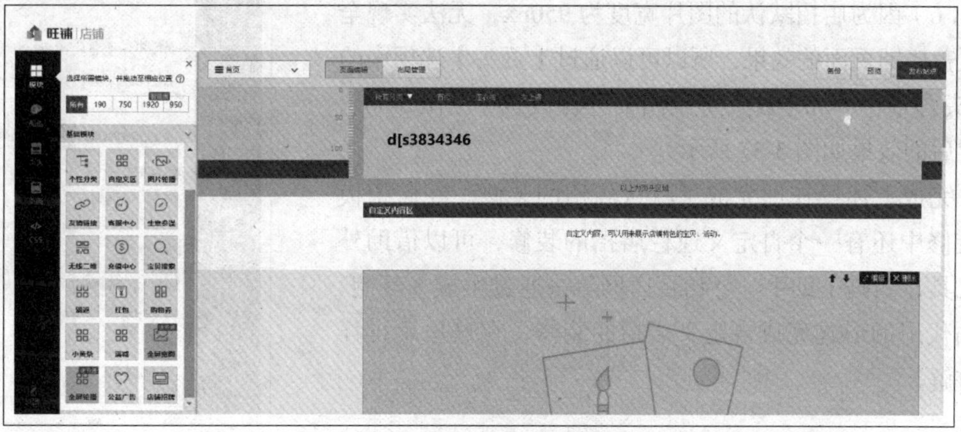

图5-33　编辑店招

（4）在打开的页面可选择店招图片，如果已经上传至图片空间，则可直接在淘盘中选择，也可在【上传新图片】页面，添加图片链接，上传新图片（见图 5-34）。

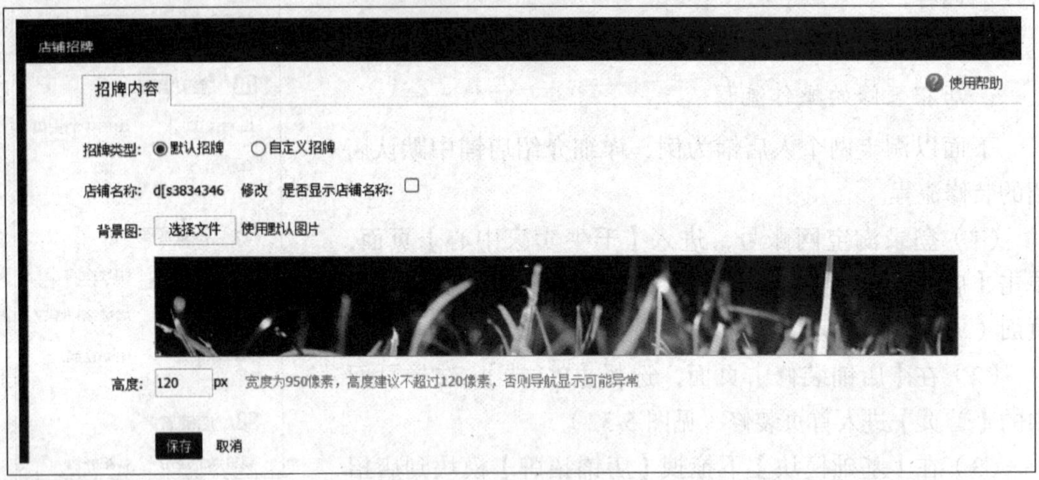

图 5-34 选择图片

（5）点击【保存】后，返回店铺设置页面，通过【预览】，即可看到店招上传后的效果（见图 5-35）。

图 5-35 店招预览

（6）因为店招默认的图片宽度为 950px，无法实现全屏覆盖店铺页面的效果，所以可以通过【页头】选项中的【页头背景色】和【页头背景图】进行设置（见图 5-36）。设置后的效果如图 5-37 所示。

完成上述操作即完成了默认店招的装修。在店招模块装修中还有一个自定义通栏店招的装修，可以借助外部工具，如码工助手、寻访百店网等，通过生成、复制、粘贴代码的形式完成自定义店招的装修，在这里不再详细讲解。

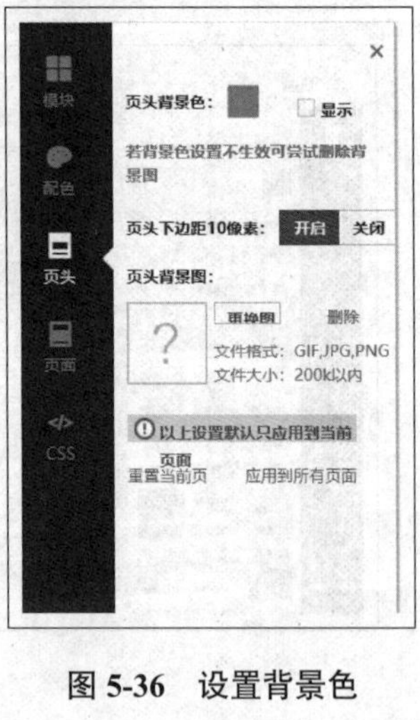

图 5-36 设置背景色

图 5-37　设置背景色后的店招预览效果

（三）导航栏装修

店铺首页导航栏是网店中最简单的一个板块，虽然面积不大，但具有非常重要的作用。因为它对买家来说就像是网店的一幅地图，合理设置首页导航栏可以使网店商品的分类更加清晰、条理，有效缩短买家寻找目标商品的时间（见图 5-38）。

图 5-38　一家京东店铺的导航栏

这里以淘宝个人店铺为例，进行导航栏装修的流程演示。

（1）登录“千牛卖家中心”，选择“店铺装修”中的店招模块中的导航处进行编辑，打开导航对话框（见图 5-39）。

图 5-39　编辑导航条

（2）在导航对话框中，单击【添加】按钮，打开【添加导航内容】对话框。单击需选中需要在导航栏中显示的选项前的复选框，然后依次点击【确定】保存设置（见图 5-40）。

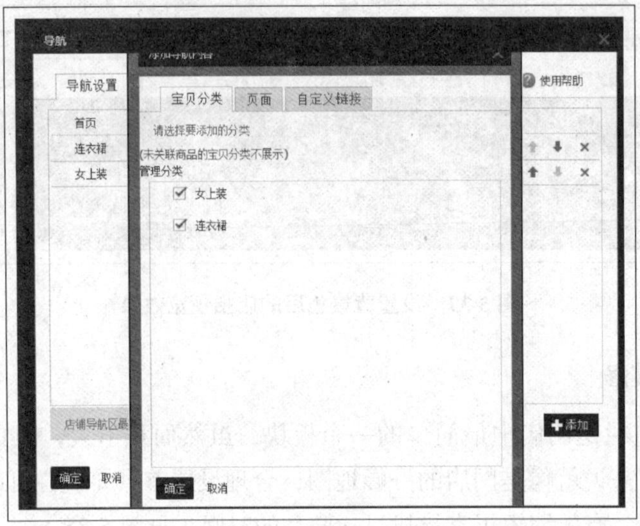

图 5-40　管理分类

（3）预览设置后的导航效果，即可看到已添加所设置的分类（见图 5-41）。

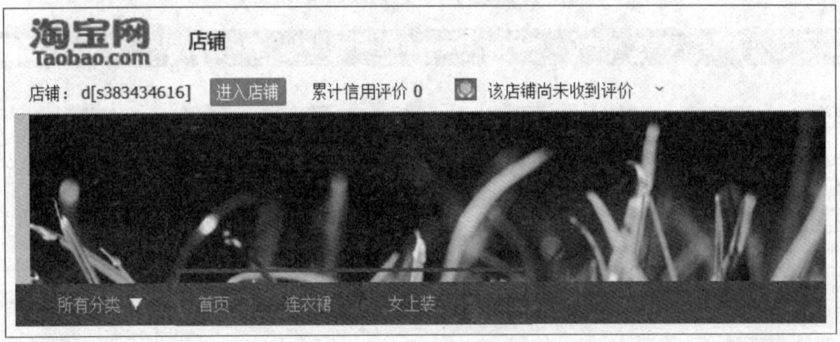

图 5-41　预览导航效果

除了上面的步骤外，还可以给商品添加链接，调整好相应的位置。如果网店有资金，可以对导航栏进行全方位设计，这样更能突出店铺的个性（见图 5-42）。

图 5-42　某店铺的导航栏

（四）图片轮播模块装修

大型图片轮播图是网店的重要模块，它的作用就是在同一区域中通过多种图片切换的方式进行展示播放，从而达到使用最少的模块来展示更多商品或促销信息的功能。图 5-43 为某店铺的轮播海报。

图 5-43　某店铺的轮播海报

1. 图片轮播模块装修的操作流程

常规轮播和全屏轮播设置方式不同，常规轮播效果的设置方式比较简单，在设置轮播图片之前，要确定轮播图是否已上传至图片空间。在平台的店铺装修页面，对【图片轮播】模块进行编辑，选择上传的轮播图片，并设置每张轮播图对应的商品链接到链接地址处，同时设置轮播效果即可完成。

以淘宝网个人店铺为例来设置常规轮播模块，具体操作如下：

（1）将制作的图片轮播模块的图片上传到图片空间，在图片轮播模块上单击“编辑”按钮，打开图片轮播页面（见图 5-44）。

图 5-44　图片轮播页面

（2）单击【图片地址】后，在打开的列表框中选择轮播图片，也可以在图片空间复制图片地址，粘贴到图片地址栏中。单击【添加】按钮，可添加多张图片（见图 5-45）。

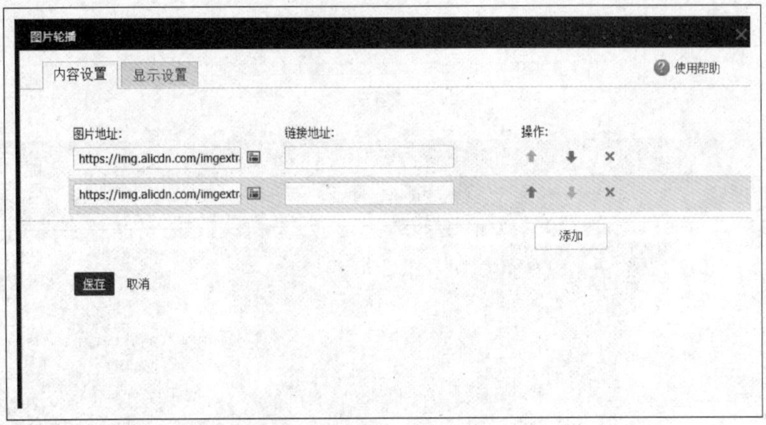

图 5-45　图片轮播内容设置

（3）在【显示设置】页面中,【显示标题】选中【不显示】,【切换效果】选择【渐变滚动】选项，然后保存设置（见图 5-46）。

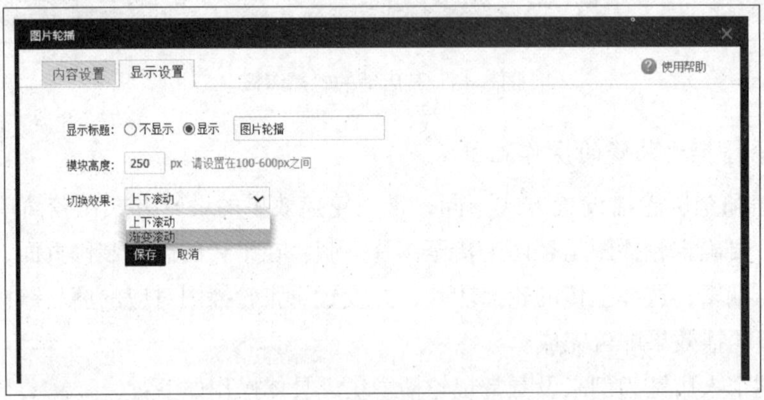

图 5-46　图片轮播显示设置

（4）设置完成后返回店铺装修页面即可预览图片轮播效果（见图 5-47）。

图 5-47　图片轮播预览效果

2. 通过代码实现全屏轮播

现在很多网店为了提高客户的体验感，PC 端首页都会做全屏效果，但是全屏轮播图片的设置需要通过代码完成。

（1）借助【码工在线】网站，根据店铺类型选择一个合适的全屏轮播模板（见图 5-48）。

图 5-48　全屏轮播模板

（2）对选定的模板进行编辑，添加设计好的轮播图片，进行轮播参数设置和动画内容设置（见图 5-49、图 5-50 和图 5-51）。

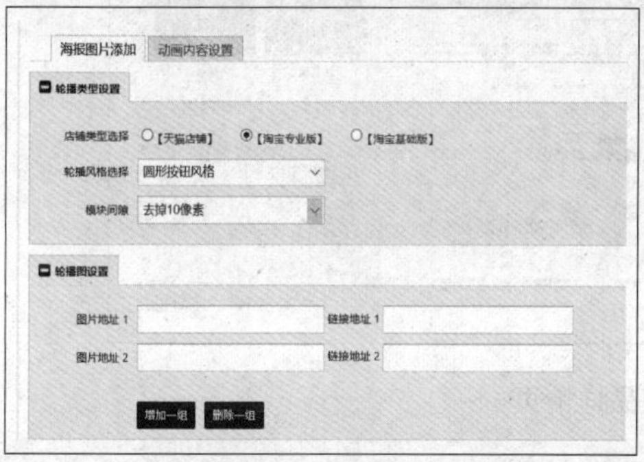

图5-49　海报图片添加

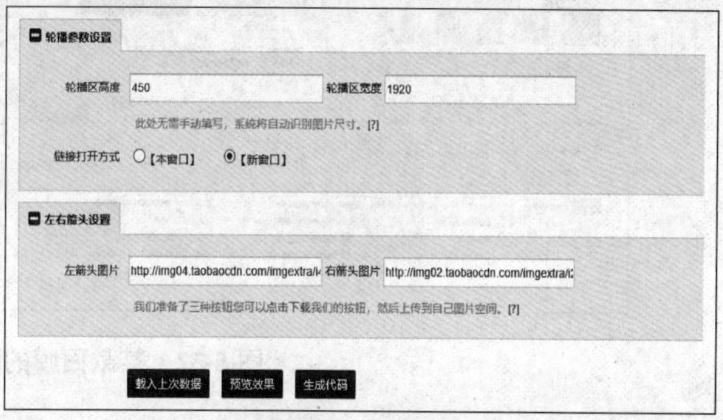

图5-50　轮播参数设置

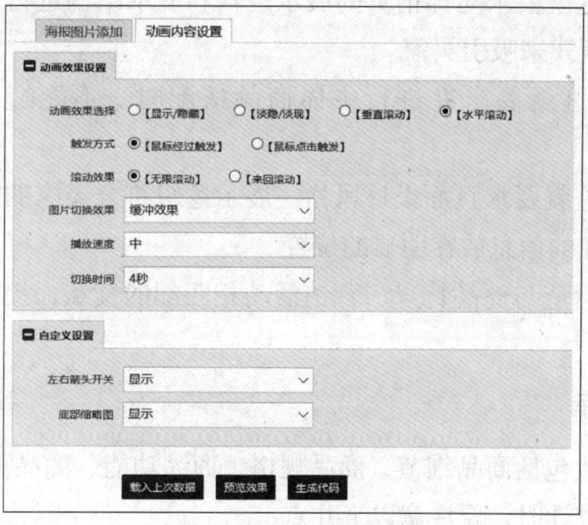

图 5-51　动画内容设置

（3）完成上述设置后，生成代码，将代码复制粘贴到【自定义内容区】对话框，确定后即可完成自定义轮播图设置。

二、商品详情页装修

从营销的角度看，详情页的主要内容为说明商品具体信息、引发买家兴趣、树立店铺形象等，因此在设计商品详情页时，需要对整体的美观性、商品展示、品牌推广等因素进行考虑。图 5-52 为某款面膜的商品详情页，设计师从材质属性、细节展示、情景展示等方面入手进行设计，诠释了商品精良的品质及良好的功效，以吸引消费者购买。

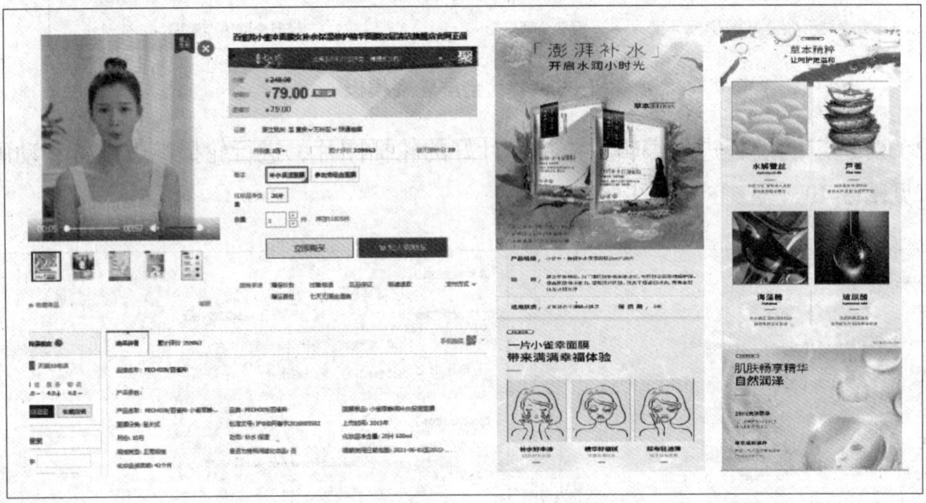

图 5-52　某款面膜的商品详情页

（一）商品详情页整体页面设计原则

（1）页面生动。这就要求对详情页的展示逻辑和展示结构进行设计，用生动的图片、亲切的文字、新颖的版式来吸引买家。

（2）主体突出。这就要求在进行主体商品搭配时，不能喧宾夺主。

（3）服务买家。这就要求页面设计风格、展示逻辑符合买家的需求和习惯，将其最关注的信息放在明显的位置。

（4）氛围良好。营造与商品特点、营销活动相匹配的气氛，提升买家对商品的好感度。

二维码65

知识链接：用FABE原则设计详情页

（二）商品信息展示

商品信息展示一般包括商品细节、商品规格、商品功能、商品搭配、促销活动等。那么卖家在进行详情页设计时，要注意以下几点：

（1）商品细节。商品细节是买家在购买商品时最想要了解的部分，所以在制作商品描述图的时候，应最大限度地把商品的优势细节展示出来，如采用对比、放大等手法。

（2）商品规格。介绍商品的参数，帮助买家全面了解商品，用数据说话。

（3）商品功能。若买家在购买商品时重视功能性，那么在进行店铺装修时需要添加功能展示模块，将商品的各个功能进行详细介绍。

（4）商品搭配。很多买家在购买商品时不懂得搭配，此时通过搭配展示可以为其提供专业的搭配建议。同时，搭配展示还可以让买家一次性购买更多的商品，提升店铺销售业绩。

（5）促销活动。商家通常会在首屏展示优惠活动、促销文案，因此在进行海报设计时可以加入商品促销信息。

（三）品牌展示

品牌展示是对品牌名称、品牌荣誉、品牌资质、品牌知名度等信息进行的展示，可以有效地提升买家对品牌的认同度和信任感。在设计详情页时，可以将品牌信息自然地引入商品描述中，营造专属的品牌氛围，帮助买家形成对品牌的记忆，达到提高复购率、增强用户忠诚度的目的。图 5-53 为某品牌的品牌展示实例。

图 5-53 品牌展示实例

除了上述模块外，还有包装展示、关联营销、会员营销等内容，可根据装修需求进行适当调整。

第三步：装修无线端店铺

目前，无线端购物已经成为一种常态，因此电商的经营也从以 PC 端为主，转移到 PC 端、无线端并重的局面。无线端店铺的视觉设计是运营的重点。由于无线端店铺以手机、平板电脑等设备为载体，会产生视觉界面的限制，因此与 PC 端店铺的装修有明显的不同。

一、无线端店铺设计原则

从买家角度分析，无线端店铺最大的特点就是可以随时随地访问店铺，购物操作简单、快捷。因此，无线端店铺在设计时也应该遵循这一点。

（1）信息简洁。无线端店铺受页面大小限制，能展示的内容十分有限。为了达到快速传播有效信息的目的，在设计无线端店铺时应该尽量保持内容精简。

（2）信息图像化。无线端店铺的视觉设计应该以图片为主，手机屏幕不方便展示太多文字。因此，必须先用图片吸引买家注意，用图片展示商品和店铺的信息，再通过少量文字辅助说明重点内容。

（3）结构清晰。无线端店铺的模块必须分类清晰、少而精，方便买家快速选择、查看。

（4）色彩搭配合理。无线端店铺的色彩搭配、装饰风格，通常可以与 PC 端保持一致，基于品牌特征、商品特征进行搭配和装饰。由于手机屏幕的浏览面积比较少，建议尽量采用鲜亮的颜色，有利于提升画面的清晰度、美观度，同时更方便买家阅读。但是色彩不宜过于复杂，以免使画面显得拖泥带水。

图 5-54　某淘宝店铺无线端首页

二、无线端店铺装修操作流程

图 5-54 为某淘宝店铺无线端首页，从图中可以看出无线端店铺首页分为三部分，页面顶部主要包括店铺招牌、搜索栏、导航栏，中间部分为产品展示区，页面底部包括店铺 Logo、全部宝贝、店铺微淘、宝贝分类及联系客服。

下面以手机微淘为例，详细描述店铺首页装修流程。

（1）进入装修后台，选择【手机端】装修页面，点击【装修页面】，进入手机淘宝首页装修页面（见图 5-55）。

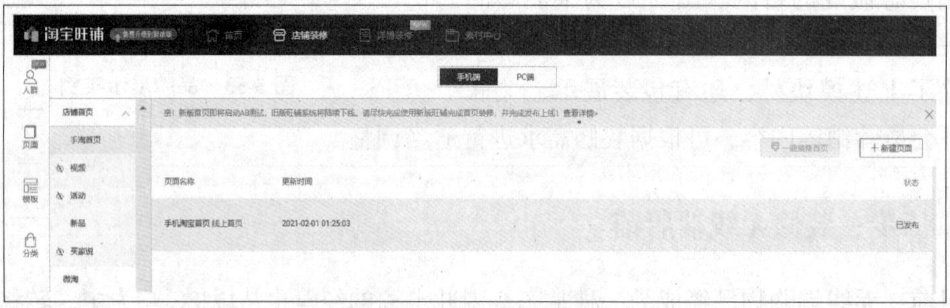

图 5-55　手机端装修页面

（2）选中店招模块，弹出【店招模块】页面（见图 5-56）。

图 5-56　店招模块页面

（3）单击【上传店招】，将准备好的店招图片上传，点击确定（见图 5-57）。

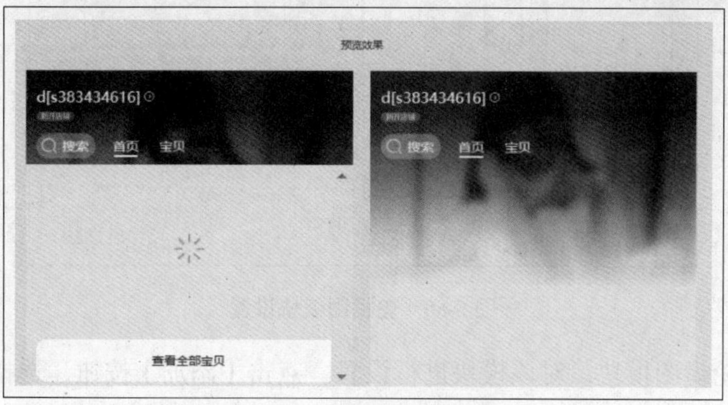

图 5-57　店招模块页面预览

（4）点击店招模块中的【搜索栏】，进入【店铺搜索】页面。添加与本店商品有关的关键词，点击【确定】完成关键词设置（见图 5-58、图 5-59）。

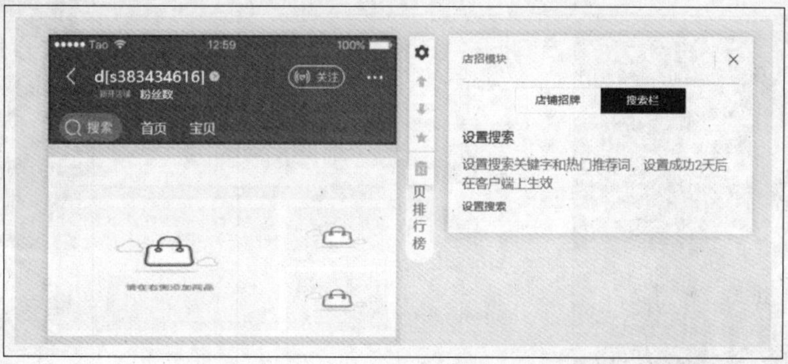

图 5-58　店招页面的“搜索栏”页面

图 5-59　“搜索栏”页面的热门关键词设置

（5）店招模块装修完成后，就可以对用于展示商品的中间部分进行设置，可以利用左侧的导航栏中的【宝贝类】【图文类】【营销互动类】等装修模块进行装修。例如，将【轮播图模块】拖拽至装修页面（见图 5-60）。

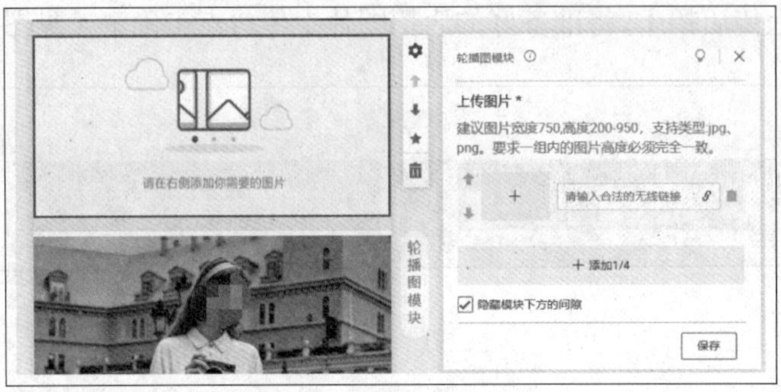

图 5-60　轮播图模块设置

（6）选中轮播图模块，对该模块进行设置。点击【添加】按钮，选择并上传设计好的轮播图，然后将轮播图对应的宝贝链接或页面链接粘贴到无线端的链接框，点击【保存】完成设置（见图 5-61）。其他模块的设置方式与轮播图的设置方式基本相同，不再赘述。设置完成的效果如图 5-62 所示。

图 5-61　轮播图模块上传图片及链接

图 5-62　手机淘宝装修效果图

微课：为你的网店添砖加瓦

知识链接：淘宝店铺装修和天猫店铺装修的不同之处

举一反三

给自己的店铺完成店招、导航栏、图片轮播、商品详情页等模块的设计与装修。

任务4　优化店铺

任务描述

俗话说："得流量者得天下。"互联网时代，开设网店是一件很容易的事。但是网店建设完成后，如何更好地运营店铺来提升商品的流量和转化率，进而提升店铺的盈利能力，这对于很多网店经营者来说确实是一件不容易的事情。这就需要卖家在经营过程中不断地优化和调整店铺，以获得更多的流量。面对店铺流量出现急剧下滑且没有违规操作的情况，这个时候卖家就需要优化店铺。其实从商品上架后就需要不断优化和调整店铺，以保证商品的流量、点击率和转化率。当然在平台中获得流量的最简单方法是付费推广方式，如直通车、快车、钻展等，但是这些方式成本较高，对于很多中小型卖家来说不太现实。除了付费推广外，还有很多免费获取流量的方法和技巧。

任务实施

第一步：优化商品标题

二维码68

知识链接：淘宝SEO的概念及其必要性

商品标题优化是将商品标题中与商品属性不匹配，以及引流不精准的关键词替换为能带来精准流量的关键词。关于标题关键词的获取途径在任务 2 中有详细介绍，此处不再赘述。但是要注意选取时效性高、搜索人气高、在线商品数量少的关键词。

找到好的引流关键词后，需要将商品标题中有问题的关键词替换为查询的关键词。但是在优化过程中需要注意几点：

（1）替换关键词时应当先确定核心关键词，也就是这款商品的主关键词，要直接体现商品特点和优势。如图 5-63 所示，商品为女士卫衣，商品标题中的核心关键词为"连帽外穿卫衣女"，而"ONLY"为品牌词，"2020 秋季新款"为热搜词，"宽松"则为商品属件词。

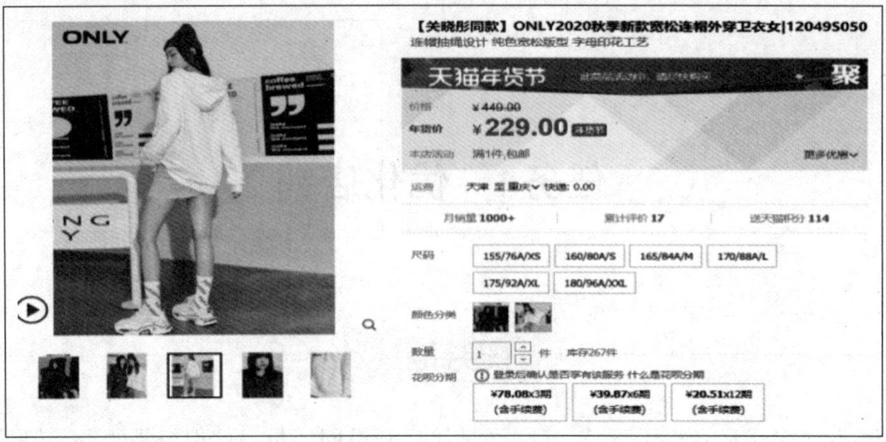

图 5-63　天猫平台某商品标题

（2）替换时切记不可一次性全部替换掉商品标题中的关键词，否则容易被电商平台判定为作弊，遭受降权的惩罚。新修改的标题需要重新累计权重，所以每次最好只修改一个独立的关键词及 4～6 个字符。

（3）修改后的标题一定要保持原标题中每个独立关键词的顺序。

（4）修改标题的时间最好错开流量的高峰期，建议选择凌晨时段，以避免修改后影响商品权重。修改后最好当天或者隔天就有访客通过搜索将新品商品加入购物车或者收藏夹，因为这样可以快速提升商品的搜索人气以及标题关键词权重。

第二步：优化商品主图

商品标题优化的作用在于使商品获得更多展现机会，而商品主图才是吸引买家点击商品、访问商品的关键，因此优化好商品主图，有助于店铺获得更多的流量。

一、优化商品主图的技巧

主图对提升商品点击率有着重要的影响。在经营网店的过程中，对于存在问题的主图一定要及时优化，尤其是对于店铺内的爆款商品，主图的优化对于降低直通车出价和提升转化率有直接影响。下面介绍几个主图优化的常用技巧。

（一）主图突出商品主体

主图是商品参与竞争的“门面”，如何才能让买家注意到卖家的商品呢？

（1）图片一定要清晰，不清晰的商品图直接影响客户的第一印象。

（2）主体要完整、突出，让买家一眼就能看出商家售卖的是什么。一张主体突出的主图会给买家最直观的感受，直接锁定这款商品是否是其需要的。

（3）店铺自身拍摄的优质实拍图更有优势。如果主图并非卖家实拍，会导致买家搜索时出现一模一样的图片，难以吸引他们点击，因此有条件的卖家应尽量实拍。

（二）主图文案直击买家需求

商品主图不应仅有图片，还可以适当加入一些文案来增加点击量。卖家可以从商品的功能、材质、价格、质量、销量等属性，提炼对买家有吸引力的卖点和痛点。

（1）在文案中可以彰显商品的定位，从而增强消费信心。如图 5-64 所示，在这个零食主图中，“累计热销 5 000w+ 袋”“虎皮凤爪荣获世界美味大奖”这些文案能够打动顾客，促进其点击购买。

（2）文案重点突出品质。很多买家担心大牌商品的质量问题和真假货问题。如图 5-65 所示，“官方直采”“假一赔十”让顾客买得更安心。

图 5-64　某品牌鸡爪的主图

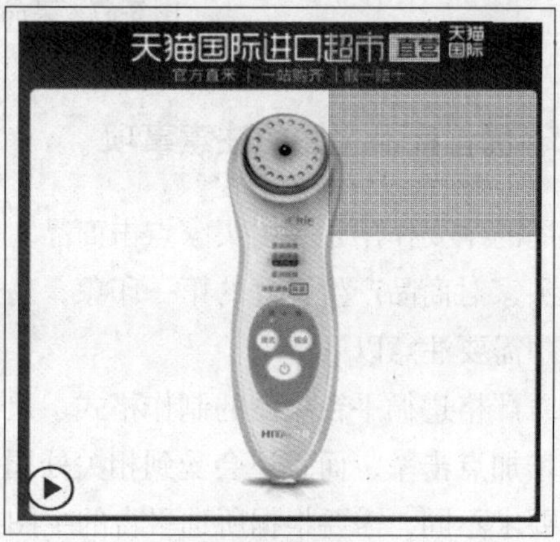

图 5-65　某品牌美容仪的主图

（3）文案要戳中顾客的需求。如图 5-66 所示，该儿童牙膏的文案中，“低氟防蛀”“安全可吞咽”两个卖点抓住了妈妈们的心，因为每个妈妈都会担心小朋友刷牙的时候把牙膏吃进肚子，而文案中的“安全可吞咽”直击买家需求。

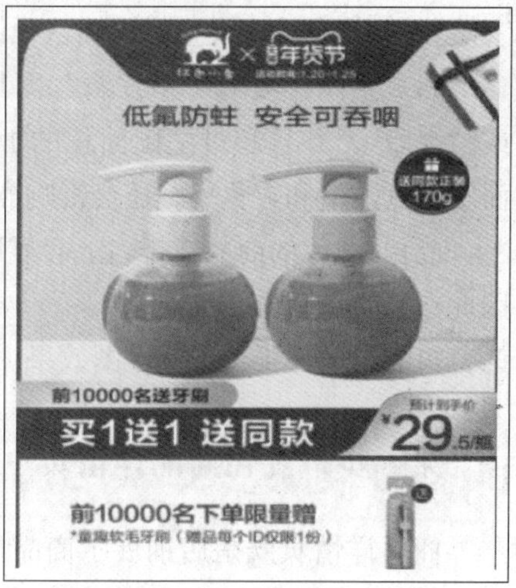

图 5-66　某品牌儿童牙膏的主图

（三）主图背景衬托商品主体

一些带有背景和环境场景图片素材的主图能够在短时间内抓住人的眼球。将商品的定位和商品的主图结合起来，迅速将商品带入环境中，在背景图片设计素材烘托的情况下，会让买家在视觉上感到身临其境。

背景的一个原则是衬托性，不能喧宾夺主，要突出被拍摄的主体。背景太亮、颜色混乱、对比度过低都不合适。不同商品因行业特性不同，为了突出商品特性，可以采用高对比度，如饰品采用纯黑或纯白背景，呈现高大上的效果（见图 5-67）。

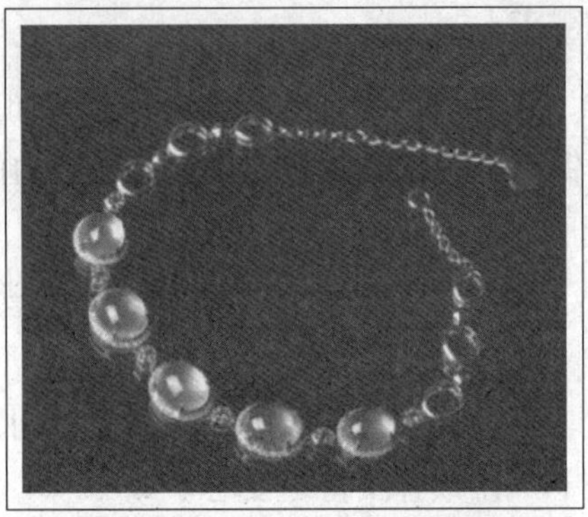

图 5-67　某品牌翡翠手环主图

二、优化商品主图的注意事项

主图的主要作用是吸引买家点击商品。一个好的商品主图不但可以吸引买家点击，而且会让买家对商品产生良好的第一印象，对最终的成交转化起到一定的作用。在实际优化过程当中需要注意以下事项。

（1）严格遵循平台主图的制作格式、尺寸、大小等要求设计主图和主图视频，否则不仅不会增加点击率，而且还会受到相关处罚，影响商品排名。例如，淘宝平台和天猫平台的主图要求不同，需要根据所选平台的主图要求来设计和制作。

（2）主图不可短期频繁更换。如果短期内频繁更换主图，会被系统平台误判为偷换商品。系统一旦误判会对商品造成不利影响，所以在商品上架前，要对"主图""描述"及"标题"等信息检查设置好，确认无误后再上架，尽量减少主图更换的次数。

（3）主图不要有"牛皮癣"图片。"牛皮癣"图片是指商品主图上直接添加"文字"或"水印"，并且超过主图面积的 1/5。这种主图不仅会影响消费者对于商品的了解，进而影响点击率和转化率，还会影响商品的搜索排名结果。在其他条件相同的情况下，附带"牛皮癣"图片的商品在排名上会靠后，有些"牛皮癣"图片严重的类目甚至可能被下架。因此在给主图添加营销词时，一定要在新加的背景上添加文字，同时要严格把握好字数，语言简洁，确保不会影响主图效果。

第三步：优化商品详情页

商品详情页既是店铺展示商品详细信息的网页，也是与同类商品或网店竞争的主战场，是网店无声的推销员。因此，优化商品详情页对提升网店转化率、激发买家的购买欲望、建立买家对网店的信任感、打消买家疑虑、促使买家下单都有明显的作用。

一、商品属性优化

商品属性是指用于描述商品特征和性质的信息，如服装的颜色、尺码、材质等，它决定了买家人群定位和购买意愿。电子商务平台会强制网店在发布商品时填写必要的商品属性信息。因为不完整的商品属性信息不仅会降低买家的平台购物体验，而且不利于为买家推荐合适的商品。图 5-68 为天猫平台某商品的属性。

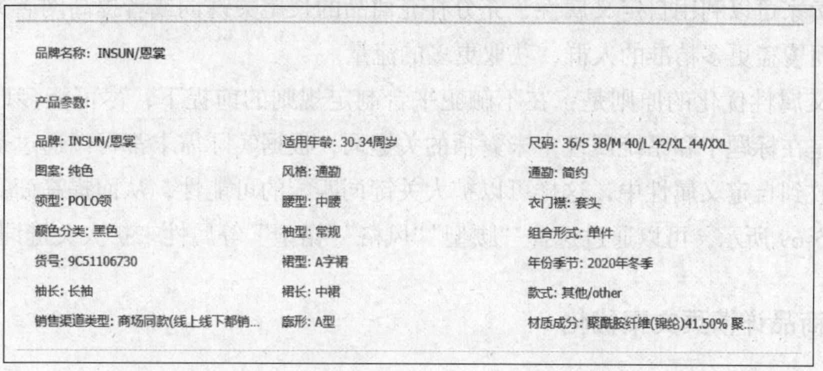

图 5-68　天猫平台某商品属性

商品属性分为两种：一种是系统属性，一种是自定义属性。属性类型不同，优化策略不同。

（一）系统属性优化策略

系统属性是指平台规定必须填写的属性。如图 5-69 所示，“年份季节”是系统的必填属性。电子商务平台搜索引擎可以根据系统属性，准确掌握商品的信息，获取商品的准确特征，进而将商品精准地推荐给买家。对买家而言，可以在搜索结果页面通过筛选系统属性挑选出更加符合自己需求的商品。

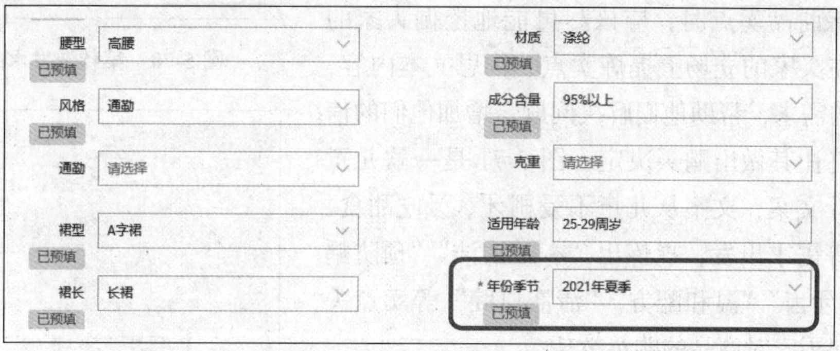

图 5-69　淘宝网某商品属性

系统属性优化的原则为详细和准确。首先，尽可能将所有属性项目填写完整，不留空，这样可以给搜索引擎更多的信息以增加被搜索引擎抓取的机会；其次，为商品选择精准的属性关键词，不精准的属性关键词会导致点击率下降，进而影响转化率和排名。如图 5-69 所示，如果属于 2021 年夏季的商品，在系统中选择“2019 年夏季”时，就会丧失很多搜索流量。

（二）自定义属性优化策略

自定义属性是指各大电子商务平台允许网店根据实际需求定义的属性。如图 5-69 所示，除了“年份季节”属性外，其他属性属于自定义属性。自定义属性给了卖家很大的发挥空间，卖家可以利用自定义属性，充分补充商品的长尾关键词或者提高网店关键词的覆盖率，从而覆盖更多精准的人群，获取更多的流量。

自定义属性优化的原则是：在不触犯平台制定规则的前提下，尽可能多地包含关键词，尤其是在标题中和系统属性中未囊括的关键词，根据实际需求都可以通过适当的方法将关键词放到自定义属性中，这样可以扩大关键词匹配的可能性，从而提高商品曝光的概率。如图 5-69 所示，可以通过选择“腰型”“风格”“裙型”等属性来扩大关键词的覆盖面。

二、商品详情页文案优化

商品详情页文案是指店铺详情页中以文字来表现的内容，主要包括商品介绍、宣传语、促销信息、售后条款、购物指南、支付与配送信息等。好的商品文案对网店来说至关重要，具有说服力和引诱力的文案将极大地提高店铺的转化率。随着商品同质化越来越严重，提炼有竞争力的卖点，以及优化方案内容、格式和图片成为详情页文案优化的必经途径。

（一）商品卖点提炼

商品卖点是指商品具有前所未有、别出心裁或与众不同的特点。例如，某款洗发水可以“养护头皮”“激活毛囊”“唤醒毛囊”“持久保湿”“修复损伤”“蓬松柔顺”等，这些都可以称为卖点（见图 5-70）。

图 5-70　某款洗发水的卖点

在提炼商品卖点时，应该尽可能地挖掘买家的需求，站在买家的立场上提炼卖点、构思文本内容，思考他们的需求，帮助他们解决问题，增加他们的信任感，最终让其做出购买决定。图 5-71 是一款儿童牙膏的设计文案，文案从儿童不爱刷牙、爱吃甜食、口腔问题等需求出发，提炼出“有效清洁”“预防龋齿”“强健牙齿”“温和配方”“清洁口腔”等卖点关键词，激起买家对商品的购买欲望。

图 5-71　基于买家需求的商品文案设计

（二）文本内容优化

在优化文本内容时应注意以下问题。

（1）内容应该考虑买家需求，并针对商品卖点打造具有独特创意、与众不同的卖点，只有这样才能吸引更多的买家。如图 5-72 所示，针对婴儿湿巾的设计文案中，基于用户对婴儿湿巾“安全”“不刺激”“无污染”的需求，提炼出“8 层净化，滴滴能饮”“温和不刺激”“清洁安心”等卖点，突出“EDI 纯水”的概念，辅以安全性的测试合格证书来强化安全、无污染的理念，增强买家的信赖感，促使其购买。

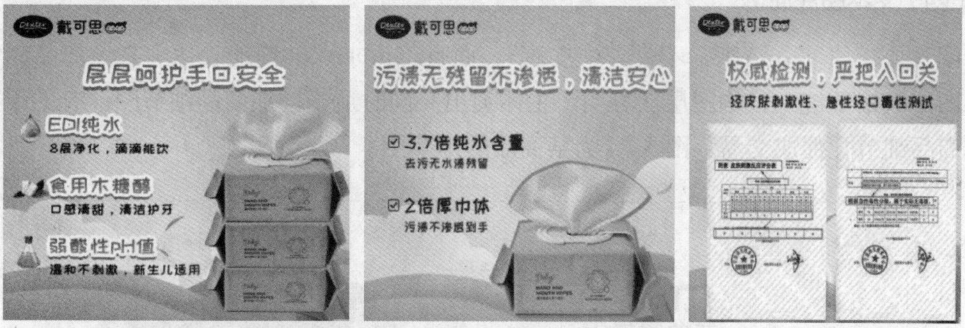

图 5-72　打造独具卖点

（2）文本内容应简洁、简练。为了让文案内容能够突出商品卖点，要放大最受消费者欢迎和最具优势的卖点，一个核心卖点能够表述清楚基本上就足够了。文字内容除了可以突出商品优势外，还可以包含打折优惠信息或包邮信息等，最好能用最少的文字表达商品最想传递给消费者的信息。图 5-73 是针对某品牌洗面奶的文案设计，文案着重突出了该商品的折扣优惠信息，并通过文字和图表的形式加以展示，更加形象，促使买家购买。

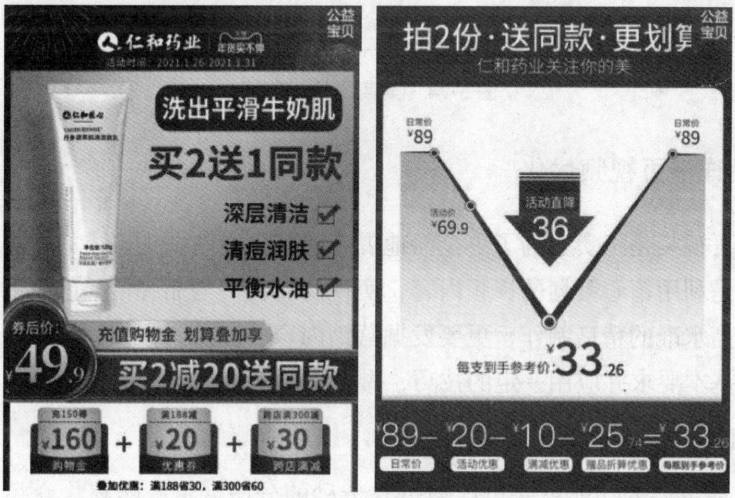

图 5-73　文案突出折扣优惠信息

（3）文本内容要真实，不能夸大事实。例如，对于新《广告法》中的一些禁用词，如世界第一、最好、最大、国内领先等，不能随意使用，否则将承担相应的法律责任。

（三）文本格式优化

在设计文本时，文本的字体、大小、颜色和排版都会影响文案的效果。例如，可以使用一些常见字体，但谨慎使用斜体、手写体及其他不常用的字体。文本中重要的内容可以用粗体加粗或者大写突出显示。同时文本排版要美观，拼写和语法要正确，符合目标客户的阅读习惯。

（四）文本图片优化

图片要求真实、清晰，不带“牛皮癣”，而且将诉求点准确地表达出来。商品详情页内的图片风格要统一，构图层次分明、主体突出。同时适当增加商品细节图，有助于买家了解商品细节，促成交易。图 5-74 为某商品的细节图。

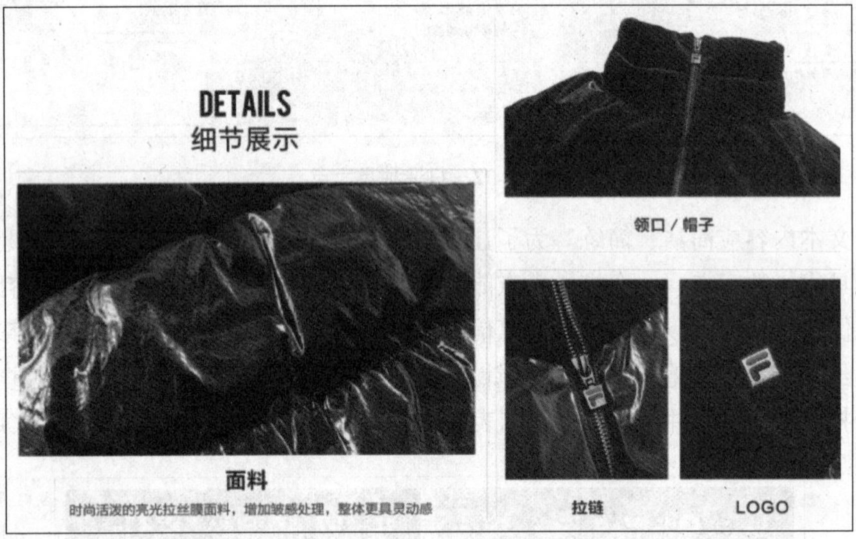

图 5-74　某商品的细节图

三、商品详情页视频优化

商品详情页视频是指卖家为了更全面地展现商品，在网页中嵌入的短视频。商品视频的主要功能就是利用精心策划的视频内容，实现商品营销与品牌传播的目的。成功的商品视频不仅要有高水准的精良制作，更要发掘营销内容的亮点。在拍摄商品视频时，需要掌握视频营销的基本要求并应用一定的技巧，做到事半功倍。

（一）内容设计

商品视频最主要的功能就是可以通过几十秒的分段展示，能够将商品的卖点清晰地表达出来，从而吸引消费者，促成其购买意愿。因此，商品视频的关键在于内容，视频的内容除了要展示商品的全貌和效果外，更重要的是要将商品的卖点逐一地展现在消费者面前。图 5-75 是一个兼具车用和家用的保温杯视频截图。卖家关注了消费者在旅行途中想随时随地喝热水的需求，因此在视频内容中设计了两个场景：一个是车里的场景，一个是家庭场景。分别针对这两个场景进行了烧水泡茶的视频内容展现，同时内容中突出了智能加热、自动调温、方便携带等商品卖点。通过这个视频能更好地增强商品功能和卖点的说服力，刺激消费者的购买欲望。

图 5-75　保温杯的商品视频截图

（二）视频制作

例如，可以将商品置于功能相关的场景中，搭配相应道具，拍摄商品的整体外观形象，再展示商品品牌 Logo、商品名、商品型号；制作过程中可以利用动态视频配合字幕说明的形式，将卖点拆解后逐个展示以迎合消费者的需求。如图 5-75 所示，视频可配合字幕来展示不同场景下的商品使用过程及细节，突出商品的卖点。

举一反三

以自己店铺中的某一款商品为例，分别从商品标题、商品主图、详情页文案、详情页视频等方面对其进行优化。可参考表 5-2 内容形成优化方案。

表5-2　优化方案参考内容

	优化前	优化思路	优化后
商品标题			
商品主图			
详情页文案			
详情页视频			

任务5　客户服务

任务描述

客户服务是指一种以客户为导向的价值观，是企业通过营销渠道为满足客户的需求提供的，包括售前、售中、售后等一系列服务的过程。刚毕业的大学生小张在择业时犹豫不决，有人建议她试试网店客服的工作。网店客服作为一个店铺和客户直接交流的窗口，在网店的推广、商品的销售和售后的客户维护方面均起着极其重要的作用。网店客服是买家了解商品信息和店铺信息的主要途径之一。优秀的网店客服不仅可以促成买家下单交易，还能留住买家将其转变为店铺老客户，提升客户对店铺的忠诚度。网店客户服务是网店过程中的一个重要环节，因此小张首先要了解网店客服的工作意义，明确其工作内容和流程，掌握相应的知识，为就业做好准备。本任务将从认识网店客服、了解网店客服工作流程和认识网店客服岗位任职要求三个方面对相关知识进行讲解。

任务实施

第一步：认识网店客服

一、网店客户服务

网店客户服务，简称网店客服，是指在开设网店这种新型商业活动中，充分利用各种通信工具，并以网上即时通信软件（如旺旺、QQ、京东咚咚等）为载体，为客户提供产品介绍、问题解答和售后服务等相关服务。

二维码69

知识链接：网店客服工作的意义

二、网店客服的工作内容

网店客服的工作内容非常多，主要包括销售接待、订单处理、售后服务、销售统计等。

（一）销售接待

网店客服的主要工作就是接待客户，与买家在线沟通，解决买家在购物过程中遇到的问题，帮助买家进一步了解企业产品和服务，促成买家下单转化为店铺客户。例如，帮助买家选择产品尺码、型号，介绍店铺优惠信息、产品包装和售后承诺等。销售接待工作占据了网店客服大部分的工作时间，是网店客服的核心工作。

（二）订单处理

订单处理，即客服人员解决买家在下单过程中产生的问题，以及买家下单后对于订单的处理。例如，买家在下单时拍错了产品颜色、尺码，以及出现收货地址填错等问题，都需要客服人员及时解决。客服人员在处理订单时，一定要仔细核对用户填写的信息是否完整、准确，以免给买家造成不必要的麻烦。

（三）售后服务

售后服务是指买家签收商品后，客服对客户的产品使用情况、合作关系等进行维护。售后服务的质量是店铺服务质量中非常重要的一个方面。好的售后客服不仅可以提高店铺的动态评分，还可以留住老客户，提高客户对店铺产品的忠诚度。客服售后服务的内容非常繁杂，包括产品使用解答、退换货处理、中差评处理等。此外，完善的售后服务还包括分析管理，以拉近卖家与买家之间的距离，提高买家复购率。

（四）销售统计

销售统计是衡量网店客服工作效益的重要指标，通过对网店客服的销售量进行统计考核，可以了解网店客服的工作绩效情况。对于网店客服的薪酬绩效考核来说，销售统计具有重要的参考价值。此外，销售统计还有利于企业财务管理，方便网店运营人员掌握企业产品库存以及目标消费群体的购买喜好，从而及时调整店铺库存和产品信息。

第二步：了解网店客服工作流程

除了认识网店客服外，小张还需要明确客服工作的具体流程。网店客户服务体现在网购交易的整个过程中，商品交易的发生前、发生中以及发生后都可能需要客服，所以客服人员应根据商品交易过程遵循相应的工作流程，网店客服的工作流程可以分为售前服务、售中服务和售后服务。

一、售前服务

网店客服的售前服务是一种引导性服务。当买家对产品抱有疑虑时，就需要客服人员提供售前服务，从买家进店到付款之前的整个流程都属于售前服务的范畴，包括进店问候、介绍商品、与买家沟通、客服疑难解答、引导买家收藏店铺和感谢买家光顾等内容。以下介绍前三项内容。

（一）进店问候

进店问候，即网店客服主动问候进店咨询的买家。网店客服在与买家正式沟通前如何巧妙地拉近与买家的距离，对于客服展开后续促销工作有重要的影响。通常来说，网店客服首次与买家沟通时，一般会设置短语自动回复，这样不但可以提高旺旺等即时沟通工具的回复速度，而且不会因为让买家久等而导致其情绪不佳。需要注意的是，自动回复的语句应当符合店铺定位形象，给买家一种亲切自然的感觉。

（二）介绍商品

客服人员必须掌握商品的专业性知识和行业相关知识，了解同类商品销售情况和店铺促销活动等信息。此外，还需根据买家提出的要求，向买家推荐店铺的商品，或者推荐搭配商品等。

（三）与买家沟通

网店客服在接待买家的过程中会遇到各种类型的买家，他们会提出各式各样的问题。为了提高转化率，促进买家下单，网店客服需要掌握与不同类型买家打交道的沟通技巧，注意提炼自己的营销话术，针对不同类型的买家开展精准营销。

二维码70

微课：淘宝售前客服技巧

二、售中服务

售中服务是指商品交易过程中客服为买家提供的帮助，主要集中在买家付款到订单签收这个阶段，包括订单处理、装配打包、物流配送以及订单跟踪等内容。

（一）订单处理

订单处理是指对买家订单信息进行核对，确认买家填写的订单信息准确无误，以免发生发错货物或者发错地址等问题。如果在核对信息时，发现用户订单信息有误，或者店铺里的商品库存不足，就需要及时处理订单并与买家说明情况，减少不必要的误会和交易麻烦。

（二）装配打包

商品在寄出之前，需要对其打包。如果买家提出了特殊的包装要求，要根据情况予以满足。因此，客服还应当了解一些快递包装的基本知识，学习一些简单实用的包装技巧，对于液体、衣服、皮包、鞋子、书刊、首饰、电子产品等要分别采用适当的包装方法，以此减少包装不当而导致物品损坏的情况，避免给店铺造成损失。

（三）物流配送

物流配送，即网店客服联系快递公司揽件，并将商品按买家填写的地址寄送给买家。需要注意的是，物流信息要填写正确和完整。

（四）订单跟踪

货物发出之后，网店客服还应及时地跟进物流信息，提醒买家早点签收货物，并引导买家给予好评，提升宝贝排名。此外，对于物流运输过程中出现的破损、丢件等问题，需要及时与快递公司联系并协商解决，争取买家谅解，树立店铺良好形象，减少由此带来的买家中评和差评。

课堂延伸

让智能客服给消费者带来更好体验

新冠肺炎疫情防控期间，电商网购、在线教育、在线医疗、数字文娱等在线经济快速发展，在消费总量增长的同时，消费者的咨询也多了起来。客服是承担沟通任务的重要角色，在智能化趋势下，越来越多的商家请机器“上岗”担任智能客服。智能客服在解决类型化、重复率较高的问题上比较有效，但也不是完美无缺：接不通、找不到、程序呆板、步骤烦琐……一些智能客服并没有想象中那样美好。

“有问题请找客服”，在互联网经济时代，优质的客户服务能大大增加用户黏性，提升企业竞争力。相反，如果客服屡屡被给予“差评”，消费者也可能从“粉丝”变成“路人”。这一正一反的经济账，企业自然十分清楚。一些企业使用智能客服确实能够降低人工成本，但在人工智能技术尚未成熟、自身管理能力又跟不上的情况下，盲目用“机器”换“人工”，大规模上马智能客服，一旦沟通质量和效率下降，往往会影响企业声誉。

智能客服不“智能”，这既源于技术的不成熟，也在于一些商家的观念认知存在偏差。要知道，商品是标准化的，服务却往往是个性化的。同样的产品售出后，其触达人群的服务需求千差万别，用简单化、一刀切、程式化的机器人客服往往很难解决所有问题，难以应对复杂、多元、变化的消费需求。“我们老年人耳朵不灵，根本听不明白智能客服复杂的语音提示”“电话接通后，听了5分钟音乐才转接到相应服务板块”……消费者的类似反映就很能说明问题。为此，商家必须牢固树立以消费者为中心、个性化服务的理念，努力实现售后服务的丰富性、多样化，让客服质量迈上新台阶。

让智能客服更“智能”，不能只靠“人工智能”，还需要“人工介入”。人机互助与共存是必然趋势，企业既要不断提高客服机器人智能化水平，从客户需求出发优化程序设计，提升智能客服系统的应变能力，也要根据实际情况保留相应比例人工客服，通过人工客服弥补机器客服的不足，保证人工客服转接渠道通畅，保障消费者在申请售后、保修、投诉等方面的合法权益。

总体来说，商家在积极探索使用智能客服解决售后问题的同时，不应过度依赖智能客服，而应使智能客服与人工客服密切协作，在给消费者带来更好体验方面下足“绣花功”。唯有以消费者为中心，根据不同消费者实际需要提供良好服务的企业，才能在激烈的竞争中脱颖而出、行稳致远。

资料来源：人民网.

三、售后服务

售后服务是指买家在签收商品之后，客服人员针对商品的使用、维护等进行的服务。售后服务的质量是店铺服务质量中很重要的一个方面。好的售后服务不仅可以提高店铺的动态评分，还能吸引更多新顾客，留住老顾客。

二维码71

微课：带你走进京东校园实训中心

（一）售后服务的内容

网店售后的内容非常多，跟踪包裹、处理投诉、退换货处理、中差评处理等都属于售后服务的范畴。

1. 跟踪包裹

买家付款之后，店铺应当尽快发货，并且将通知发送给买家。除此之外，店铺应当主动跟踪包裹的去向，遇到意外要尽快查清楚原因，并及时通知买家。这样做很烦琐，但是它能尽可能地消除差评。

2. 处理投诉

投诉是不可避免的，顾客可能会因为各种原因而发起投诉，如商品质量原因、商品价格原因、快递因素及货源因素等引起的投诉等，这将给卖家带来麻烦。客服的其中一项工作就是处理这些投诉，解决纠纷。

二维码72

知识链接：网店客服在处理投诉时的要点

3. 退换货处理

退换货是网店售后中较为常见的现象，网店客服应根据实际情况，快速做出相应处理。一般而言，在买家申请退换货时，主要有退货、换货和折价三种处理方式。

（1）退货。当买家对收到的商品不满意时即可申请退货。在买家申请退货时，客服人员应当首先了解退货的原因，以及是否符合退货要求，确认之后再将卖家的退货地址发给买家，并请买家告知物流凭证，收到买家退还回的货物后尽快给买家退款。目前买家在淘宝申请退货时，淘宝网会根据买家的信用等级直接退还货款。

（2）换货。当买家申请换货时，客服人员首先要判断商品是否符合换货要求，如商品吊牌等是否完整、是否影响商品的二次销售等。如果符合换货要求，需要买家提供换货地址，并请买家告知物流凭证，收到买家退还回的货物后再换货发回去。

（3）折价。当买家对商品不满意或者商品存在细微瑕疵时，会向卖家反映，此时客服人员可以要求买家以拍照的方式反馈商品问题，再根据商品的具体情况，判断是否折价、折价多少等，选择折价后再退还相应款项即可。

4. 中差评处理

中差评对于店铺信用的影响非常严重，因此处理好中差评也是网店客服的重要工作内容。

（1）及时联系买家。当收到买家的中差评之后，客服人员首先要及时联系买家，了解产生中差评的原因，并分析原因。

（2）进行沟通，引导买家修改中差评。了解了中差评的原因之后，客服人员要耐心与买家沟通，恳请买家修改中差评。如果中差评的原因在于卖家，则要主动承认错误，及时与买家协商沟通，提出令双方都满意的解决方案，为买家退换货或者折价进行补偿；如果中差评的原因在于买家，也可以通过一定的补偿措施恳请买家修改中差评。

（二）售后服务的注意事项

售后服务是交易过程中的重点环节之一，好的售后服务会给买家带来好的购物体验，因此客服人员在处理售后问题时要注意以下事项。

（1）态度端正。热情、耐心、礼貌和尊重是客服人员应具备的最基本素质，这在售后服务中要体现出来。客服人员要耐心、温和地处理各种售后问题，满足买家的合理要求。

（2）回应买家的投诉与抱怨。买家收到商品后，如果对商品的质量性能或服务感到不满，就会有各种各样的投诉与抱怨，此时客服人员要积极面对买家的投诉或抱怨，不能回避问题或消极处理。

（3）避免与买家发生争执。少部分买家如果对商品不满意，态度会十分恶劣。客服人员在遇到这类买家时，一定要避免与其发生争执，防止事态恶化，应该尽快提出切实可行的解决方法，安抚买家并解决问题。

（4）引导买家进行好评和收藏。好评和店铺收藏对于店铺的发展非常重要，优秀的客服人员应该善于引导买家给出好评和收藏店铺。

（5）留住回头客。当买家在使用了商品，并有比较积极的反应时，客服人员要抓住机会，将其发展为老客户。

第三步：认识网店客服岗位任职要求

网店客服工作看似简单，但要成为一名称职的优秀客服人员，需要具备基本素质，掌握相关的专业知识，具有一定的能力。

一、基本素质

网店客服人员的工作类似于销售接待，每天都会遇到各种各样的买家咨询问题。作为一名网店客服人员，处理好基本的人与人之间的沟通关系是工作展开的基本前提，主要包括以下几个方面。

（1）具备良好的心理素质。如具有良好的情绪自我掌控和调节能力；在与客户交流过程中有同理心和耐心，能够洞察客户心理，用心服务和耐心解答客户的问题和疑惑。

（2）具备良好的语言组织能力、表达能力、应变能力与沟通能力。

（3）具有强烈的集体荣誉感和责任心，尽职尽责地做好本职工作。

（4）具备一定的计算机基础技能，如快速的文字录入能力和熟练的 Office 办公软件操作能力。

（5）具备电话、在线咨询工具的使用操作技能，如 QQ、微信、千牛、京东咚咚等。

二、知识要求

一名合格的网店客服人员只有对店铺的商品了如指掌，做到胸有成竹，向买家解释时才更具说服力。

（一）商品知识

客服人员应当对普通商品的种类、材质、尺寸、用途、注意事项等，以及特殊商品的使用方法、洗涤方法等要有基本的了解。

（二）商品周边知识

商品特性不同，适用人群也不同。例如，不同的肤质适用不同的化妆品，客服人员除了解商品信息，还应知晓皮肤状态的相关信息，在为买家做推荐时才能做到精准。

（三）网站交易规则

网店客服人员只有清楚网店的交易规则，才能更好地把握交易尺度，必要时也可以指导买家进行操作。同时也需要了解支付宝及其他网关交易的原则和时间规则，指导买家通过支付网关完成交易、查看交易状况及更改现在的交易状况等。

（四）物流及付款方面的知识

客服人员应了解不同物流方式的速度、价格、服务质量、联系方式及查件方式；了解不同物流方式的包裹撤回、地址更改、状态更改、保价等情况；了解不同付款方式的区别、便利性、优惠活动等，指导买家顺利完成付款等操作。

三、能力要求

营销类网店客服人员应具备一定的能力要求，如语言表达能力、独立工作能力、分析和解决问题能力、沟通能力等。

（一）语言表达能力

语言表达能力是实现与客户沟通的必要技能和技巧。掌握语言表达技巧，能体现出客服人员的专业素养。每一名优秀的客服人员都必须熟练掌握标准的普通话，除普通话之外掌握一些地方话，也会在工作中起到良好的辅助作用，可以增加与买家的亲切感，降低沟通失败的概率。

（二）独立工作能力

优秀的客服人员必须能够独当一面，具备独立的工作能力，减少同事及领导的工作压力。

（三）分析和解决问题能力

网店客服人员不但需要能做好客户服务工作，还要善于思考总结，提出工作的合理化建议，具备分析和解决问题的能力，能够帮助买家分析和解决一些实际问题。

（四）沟通能力

良好的沟通是促进买家成交的重要步骤之一。在销售的整个过程中与买家保持良好的沟通是保证交易顺利的关键。不管是交易前还是交易后，客服人员都要与买家保持良好的沟通，这样不但可以顺利地完成交易，还有可能将新买家转化为回头客，成为老客户。

一名优秀的网店客服人员除了要具备上述能力外，还需要具备良好的倾听能力、敏锐的洞察力、灵活的适应能力等。

举一反三

拜访优秀网店客服，在沟通过程中积累十句以上有用的话术。

项目六　站内推广

项目简介

本项目分为四个任务讲解网店的站内推广。任务 1——分析店铺流量来源，主要分析店铺流量的来源有哪些；任务 2——利用站内免费资源推广，主要讲解站内的免费推广资源有哪些，如何合理利用进行店铺推广；任务 3——选择站内付费方式推广，主要讲解站内付费工具和服务有哪些以及如何使用这些工具和服务进行推广；任务 4——参与站内促销活动，主要讲解如何利用官方活动和店内促销活动进行推广等。通过本项目的学习，希望读者可以掌握站内推广的常用方法及使用技巧，进一步提升网店从业者的网店经营与推广能力。

项目目标

【知识目标】

- 了解店铺流量的来源
- 熟悉网店推广常用的免费推广方式
- 熟悉网店推广常用的付费推广方式
- 熟悉网店推广常用的活动推广方式

【技能目标】

- 能够熟练利用淘宝等电商平台中的免费推广方式推广店铺
- 能够熟练利用淘宝等电商平台中的付费推广方式推广店铺
- 能够熟练利用平台活动和店内促销活动展开店铺推广

【素质目标】

- 熟悉《互联网用户公众账号信息服务管理规定》，树立理性竞争观，杜绝虚假流量、虚假信息
- 熟悉《网络直播营销行为规范》，依法规范直播行为，做合格主播
- 遵守法律法规，不做虚假推广，传播健康向上的信息

任务1　分析店铺流量来源

任务描述

店铺流量即店铺的访问量，其直接关系到店铺的销量。对于做网店经营的卖家来说，最关心的问题是店铺的流量从哪里来？这就需要对网店流量的来源进行分析。而现在虚假流量泛滥，清楚地了解各个流量的构成及作用，能够可以帮助卖家更好地把握店铺的运营。

任务实施

网店获取流量的途径非常多，主要可分为站内流量和站外流量。接下来就详细介绍关于站内流量和站外流量的来源构成。

第一步：了解网店站内流量

站内流量是指由平台本身带来的流量，是买家主要的流量渠道。如淘宝的站内流量，即由淘宝网本身带来的流量，如通过站内搜索、直通车、聚划算、智钻等获得的流量。站内流量主要由自然流量、付费流量和活动流量构成。

一、自然流量

自然流量通常是指免费流量，通过免费的方式获得流量。例如，在淘宝平台中，自然流量通常来源于淘宝站内搜索优化、淘宝社区、淘宝直播、店铺推荐和收藏、友情链接和评论等。自然流量的花费是有限的，是低成本的，甚至是免费的。因其来源的特殊性，所以自然流量的质量往往高于付费渠道，而且相对稳定，没有特殊原因，不会出现骤升骤降的情况。但是因其见效较慢、耗时较长，在店铺运营中卖家应该重视店铺自然流量的获取，逐步积累，从而提升网店的自然流量。

二、付费流量

付费流量主要是通过购买服务并投放各类广告引入的流量。例如，在淘宝平台中，其内部的付费流量主要来源于直通车、智钻、淘宝客、达人等。付费流量的优点在于精准、高效、快速，能够通过精准的广告投放，快速地获取高意向的精准受众人群。缺点在于花费比较大，卖家容易形成依赖，一旦停止付费投入，流量可能就消失了。

三、活动流量

活动流量主要是指店铺通过参与活动获取的流量。常见的活动包括平台官方营销活动和店内促销活动。以淘宝为例，平台官方营销活动主要包括聚划算、淘抢购、天天特卖、行业营销活动和淘宝群等。随着电商流量的竞争日趋激烈化，卖家需要从多种渠道寻找合适自己的精准流量。如今付费推广的成本日趋增加，与单笔订单的获取成本和单个流量的获取成本相比，活动流量的性价比更高。

第二步：了解网店站外流量

站外流量是指在平台以外的其他互联网上获取的流量。淘宝平台的站外流量主要是指从淘宝网以外的论坛，如微博、微信、小红书等站外渠道获取的流量。在当下，随着站内流量越来越贵，向外获取流量成为重要的引流方式，这就需要卖家创建更多优质的内容来吸引更多的外部流量。常见的站外流量有搜索流量、社交流量等。

一、搜索流量

搜索流量，顾名思义就是通过搜索产生的流量。这里的搜索主要是指借助站外搜索工具，如百度、谷歌、搜狗等，通过搜索标题、关键词，从而进入店铺查看相关的商品，并进行点击、收藏、加购、转化等购物行为，从而产生搜索流量。由于搜索行为是消费者自身主动产生的，因此搜索流量是相对于精准的流量，其转化率相对较高。在实际操作中，外部搜索流量往往是容易被卖家所忽视的。

二、社交流量

社交流量是指通过个人和社交关系进行流量的获取，包括社群运营、社区团购、微信好友、朋友圈、微博等。网店的社交流量是依靠用户，在其社交媒体分享互动商家的第三方商城到自己的社交空间，从而打通亲密关系链，形成更多的曝光，然后产生销量。如何获取社交流量，在这个过程中最关键的是靠用户分享。优质的内容、独特的商品卖点、上乘的商品质量、贴心的客服服务、实惠的价格等都能吸引更多的社交流量。这就需要卖家从商品卖点、商品质量、服务质量等方面进行内功优化，从而为店铺推广寻求更宽的推广渠道。

课堂延伸

新修订的《互联网用户公众账号信息服务管理规定》发布施行

国家网信办2021年1月22日发布新修订的《互联网用户公众账号信息服务管理规定》，自2月22日起施行，重点强调打击虚假信息、虚假流量等违法违规行为。

对比2017年10月8日起施行的原规定，此次发布的新规定条目增加至23条，特别针对部分公众账号信息服务平台和生产运营者主体责任落实不到位、自律和他律意识淡漠、缺乏内容审核把关机制等问题，增加了相应监管内容。

在打击虚假流量问题方面，新规定指出，公众账号信息服务平台应当建立公众账号监测评估机制，防范账号订阅数、用户关注度、内容点击率、转发评论量等数据造假行为。平台对用户注册后超过六个月不登录、不使用的公众账号，可以根据服务协议暂停或者终止提供服务。

公众账号生产运营者不得操纵利用多个平台账号，批量发布同质信息内容，生成虚假流量数据，制造虚假舆论热点；不得编造虚假信息，伪造原创属性，标注不实信息来源，歪曲事实真相，误导社会公众；不得以有偿发布、删除信息等手段，实施非法网络监督、营销诈骗、敲诈勒索，谋取非法利益。

资料来源：《人民日报》.

举一反三

以拼多多店铺为例，思考并分析其店铺的站内流量和站外流量来源有哪些。

任务2　利用站内免费资源推广

任务描述

免费推广方式最大的优势在于推广成本低廉，甚至免费。这对于绝大多数商家来说，无疑是一个不错的推广方式。因此，熟悉并熟练掌握常见的站内免费推广方式及其运营技巧，不仅可以为店铺引流，也可提升转化率。站内免费推广主要是利用站内的免费资源和免费方式进行网店的推广，目前经营平台中有多种免费推广网店的方法，如站内搜索引擎优化、站内直播引流推广、平台论坛推广、友情链接推广等，本任务将详细介绍这些推广方式。

任务实施

第一步：做好站内搜索引擎优化

站内搜索引擎优化是指通过学习利用平台的搜索引擎的搜索规则，进而提高网店在平台搜索引擎内排名的方式。它建立在以用户搜索体验为中心的基础上，是站内最优质的自然免费流量来源。

每个电商平台都有自带的搜索引擎。当买家有购买需求时，通常会主动借助站内的搜索引擎进行搜索。由于商品同质化程度高、网店间竞争激烈，因此同一个搜索关键词对应成千上万个搜索结果。那么，如何让网店中的商品排名靠前呢？

二维码73

知识链接：搜索排名的影响因素

通过站内搜索引擎优化，不仅可以为店铺带来销量，吸引更多的目标人群关注卖家的店铺，成为店铺粉丝或者老客户，还可以提高店铺的排名和权重，一定程度上减少了店铺推广的广告费用。这里介绍几种常用的搜索引擎优化技巧。

一、商品标题优化

很多买家在网店购买商品时，都是通过搜索关键词来寻找商品的，因此商品标题与自然搜索流量密切相关，卖家必须做好标题优化，尽可能增加商品被搜索到的概率。

首先，商品标题优化的前提是符合买家的搜索习惯，同时为了提高被搜索到的概率，可以尽可能地组合使用核心关键词、属性词、品牌词及营销词等，选择和挖掘高搜索、低竞争的长尾词用在商品标题中。如图 6-1 所示，关键词“连衣裙”对应的搜索结果页面中，商品标题和关键词相关性很高，也有“通勤修身伞形织花中长针织”“荷叶边浮雕印花收腰显瘦”等长尾词配合使用。

其次，标题优化应该与属性优化、上下架时间优化、橱窗推荐相配合，且标题不能一成不变，应该根据流量情况进行反复测试。

最后，优化标题时，不宜频繁地修改标题，变化幅度也不能太大，以每周对部分词做一次替换为宜。

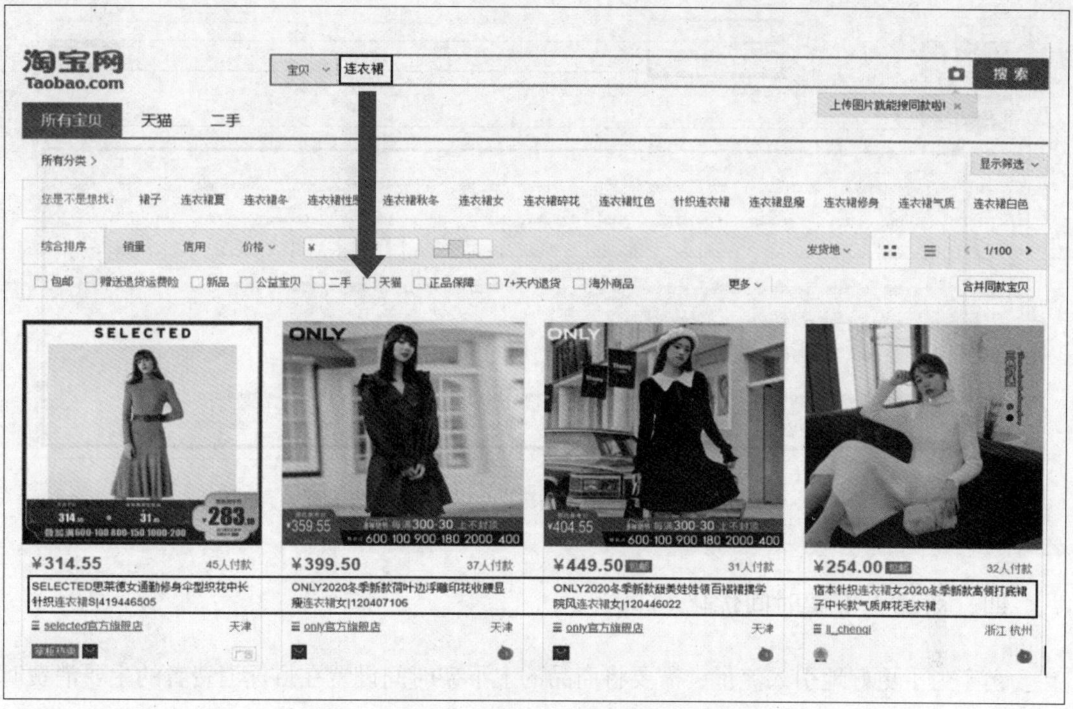

图 6-1　关键词“连衣裙”的自然搜索结果页

二、商品类目优化

现在的电商平台可以根据数据统计出人们在搜索某些关键词时侧重购买哪个类目下的商品。淘宝网、天猫商城等平台能够清楚地统计出该关键词对应的商品每天在哪个类目下成交量最多，从而将该类目作为优选类目。因此在优化类目时，可选择在这些优选类目下发布商品，同时要注意商品和类目的相关性，避免类目错放、乱放。如果类目错放，将不被展示，甚至会被降权。

三、商品属性优化

在设置商品属性时，需遵循尽量完善的原则，尽可能填写详细，做好细节。图 6-2 是对“运动鞋”关键词搜索后，搜索结果页面中的对应商品属性，分别从品牌、鞋码、功能、适用对象、上市年份季节等属性对运动鞋进行描述。商品属性的合理性和完整性都会对商品的排名产生影响，详细描述准确的商品，可以更好地定位目标消费人群，也更方便买家了解商品细节，赢得买家的信任。

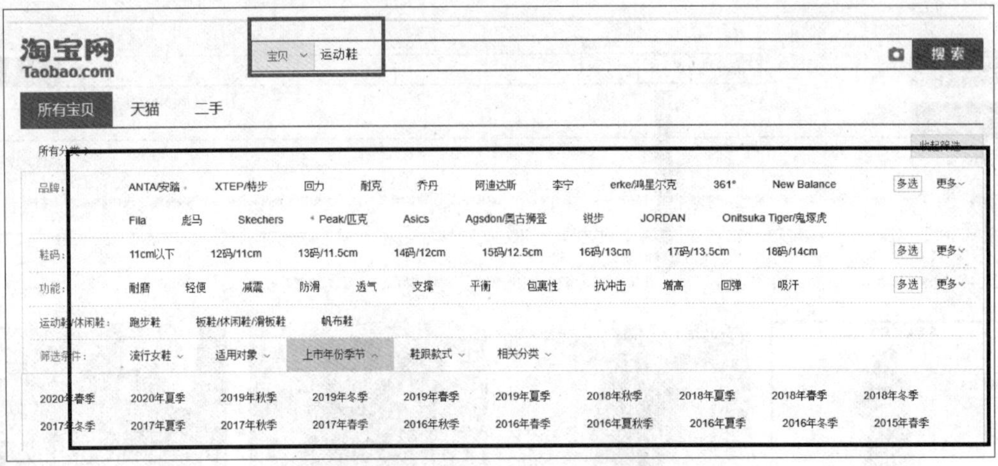

图 6-2　关键词“运动鞋”的自然搜索结果页

四、商品上下架时间优化

卖家为了更好地引入流量，需要将商品的上下架时间设置在目标消费者的主要消费时间段，同时避开流量极少的时间段。除此之外，还可通过一些小技巧来优化商品上下架时间，如弄清楚平台商品上下架周期、上架时间分布在流量高峰时段、结合橱窗推荐及与竞争对手错开上下架时间等，更好地留住有效流量。

五、商品主图优化

真实性和清晰度是对主图最基本的要求。特别是搜索页的第一张主图，只有完整地呈现商品主体效果，才能带来有效的点击率。在主图中要突出产品的卖点，使买家的需求和商品的卖点完美地结合起来。同时主图应引起买家的代入感，从而增加买家的购物欲望，提高点击率，如服装的街拍主图效果、运动用品的运动主图效果等。

六、商品详情页优化

商品详情页中的商品描述要准确、完整、全面，细节清晰，突出商品的卖点和优势；商品属性要详细和准确，增加被搜索引擎抓取的概率；详情页文案要提炼卖点，文本内容简洁，用最少的文字传达商品最想传递给消费者的信息；文本排版要美观，拼写和语法要正确，符合目标客户的阅读习惯；图片注意和主图尽量保持一致、真实、清晰，不带“牛皮癣”等。

第二步：借助站内直播引流推广

直播凭借其直观有效、说服力强、互动性强等特点迅速崛起，在电子商务市场具有不可忽视的影响力。现在各大电商平台中陆续支持直播形式的营销，如淘宝直播、京东直播、拼多多直播等。

二维码74

知识链接：淘宝直播

一、直播引流的优势

对于品牌和店铺来说，直播引流已经成了常态。各大品牌和店铺通过直播在直播平台上迅速积累了大量粉丝，通过直播带货的方式收获满满，而且消费者通过这种更加真实的动态直播，能够更清晰地了解相关商品，加上与直播的积极互动，让直播引流效果更加完美。

（1）引流成本低。直播设备简单，只需要一部智能手机即可完成。直播申请程序也很简单，只需要在直播平台上完成相关的注册和认证即可。优质的内容能够吸引更多的消费者前来参与，直播引流成本非常低，而且效果不错。店铺可以选择和一些粉丝较多的达人合作推广来帮助引流。

（2）增加曝光率。直播平台是一个非常广泛的信息传播平台，信息的传播范围和速度是其他推广方式所不能及的，能够带来更多的曝光机会，店铺和个人都能够通过直播来提升品牌的知名度，有了曝光的机会就能够吸引更多的消费者，从而带来更多的收益。

（3）粉丝黏性高。直播让粉丝和主播能够近距离接触，如果粉丝一旦认同了主播或者喜欢主播的直播内容，就会有一定的忠诚度。

（4）打造店铺 IP 和卖家个人 IP。引流只是聚集粉丝的一种方式，如果能打造店铺 IP 和卖家个人的 IP，引流的效果会成倍放大。

（5）变现能力强。直播带货已经成为时下的一种热门效应，各大品牌纷纷效仿，而且很多明星也参与进来。一场直播下来，能够为品牌方带来几百万元甚至上千万元的收益。直播带货很容易烘托气氛，更加刺激消费者的购买欲望，从而带来更多收益。

二、直播推广的技巧

下面以淘宝直播为例简要介绍直播推广的技巧。

（1）做好定位。什么样的直播吸引什么样的人，做淘宝直播一定要做好定位，树立个性标签，培养粉丝群体。想要吸引粉丝，就要做让粉丝喜欢的直播。只有做好自我定位，才能够得到粉丝的认同。定位何种直播风格、采用何种方式留住粉丝，都需要卖家和主播提前考虑清楚。图 6-3 所示的淘宝直播定位于潮流女装，吸引了很多女性粉丝。

（2）做好内容策划。做直播前一定要准备充分，做好内容策划。卖家需要计划某期直播要做多久、播什么内容，规划大体框架。同时，要在直播前一段时间发布直播预告，同时注意在发布预告前仔细阅读相关注意事项。图 6-4 是某直播间的直播预告。

图 6-3　定位于潮流女装的淘宝直播

图 6-4　某直播间的直播预告

（3）多渠道推广直播信息。发起直播内容时，一定要随时注意引导网友关注，在微信、QQ、微博推广店铺的二维码、链接。通过更多的渠道展现自己，带动更多的人关注。

（4）重视直播后的维护。做好直播后的互动可使用户存留最大化，实现再次或多次营销。只有售前服务与售后服务同时做好，才能让用户不断回购，用更好的用户体验去换取更多的利益。

二维码75

微课：营销利器：直播新玩法

课堂延伸

《网络直播营销行为规范》节选

网络直播营销作为一种社会化营销方式，对促进消费扩容提质、形成强大国内市场起到了积极作用。规范网络直播营销活动，促进其健康发展，需要在现行法律框架下，构建包括政府监管、主体自治、行业自律、社会监督在内的社会共治格局。

网络直播营销活动的诸多要素带有明显广告活动功能和特点，广告活动的各类主体也积极参与投入网络直播营销活动，是网络直播营销新业态发展的重要力量。中国广告协会密切关注广告活动的变化以及网络直播营销新业态的发展，经过充分调研，征求意见，并得到国家市场监管总局有关单位、中国消费者协会的大力支持，制定了《网络直播营销行为规范》。

第三章 主播

第十九条 主播是指在网络直播营销活动中与用户直接互动交流的人员。

第二十条 主播应当了解与网络直播营销相关的基本知识，掌握一定的专业技能，树立法律意识。

主播入驻网络直播营销平台，应提供真实有效的个人身份、联系方式等信息，信息若有变动，应及时更新并告知。

主播不得违反法律、法规和国家有关规定，将其注册账号转让或出借给他人使用。

第二十一条 主播入驻网络直播营销平台应当进行实名认证，前端呈现可以采用符合法律法规要求的昵称或者其他名称。

主播设定直播账户名称、使用的主播头像与直播间封面图应符合法律和国家有关规定，不得含有违法及不良有害信息。

第二十二条 主播的直播间及直播场所应当符合法律、法规和网络直播营销平台规则的要求，不得在下列场所进行直播：

（一）涉及国家及公共安全的场所；

（二）影响社会正常生产、生活秩序的场所；

（三）影响他人正常生活的场所。

直播间的设置、展示属于商业广告的，应当符合《中华人民共和国广告法》规定。

第二十三条 主播在直播营销中应坚持社会主义核心价值观，遵守社会公德，不得含有以下言行：

（一）带动用户低俗氛围，引导场内低俗互动；

（二）带有性暗示、性挑逗、低俗趣味的；

（三）攻击、诋毁、侮辱、谩骂、骚扰他人的；

（四）在直播活动中吸烟或者变相宣传烟草制品（含电子烟）的；

（五）内容荒诞惊悚，以及易导致他人模仿的危险动作；

（六）其他违反社会主义核心价值观和社会公德的行为。

第二十四条 主播发布的商品、服务内容与商品、服务链接应当保持一致，且实时有效。法律、法规规定需要明示的直接关系消费者生命安全的重要消费信息，应当对用户进行必要、清晰的消费提示。

第二十五条 主播在直播活动中，应当保证信息真实、合法，不得对商品和服务进行虚假宣传，欺骗、误导消费者。

第二十六条 主播在直播活动中做出的承诺，应当遵守法律法规，遵循平台规则，符合其与商家的约定，保障消费者合法权益。主播应当遵守法律、法规，遵循平台规则，配合网络直播营销平台做好参与互动用户的言论规范管理。

第二十七条 主播在网络直播营销活动中不得损害商家、网络直播营销平台合法利益，不得以任何形式导流用户私下交易，或者从事其他谋取非法利益的行为。

第二十八条 主播向商家、网络直播营销平台等提供的营销数据应当真实，不得采取任何形式进行流量等数据造假，不得采取虚假购买和事后退货等方式骗取商家的佣金。

第二十九条 主播以机构名义进行直播活动的，主播机构应当对与自己签约的个人主播的网络直播营销行为负责。

第三步：巧用平台论坛推广

互联网高速发展，论坛仍然是人们必不可少的交流社区。论坛凭着强大的人气，被所有商家所重视，成为最重要的推广平台之一。这里的论坛主要是指平台对应的论坛，如淘宝对应的千牛头条、京东对应的麦头条等（见图 6-5、图 6-6）。

图 6-5 千牛头条

图 6-6 麦头条

论坛推广主要是以发帖、回帖、帮助答疑的方式，通过发帖 ID 引流量到店铺。但是需要注意的是，有些论坛的规则很严格，涉及广告信息的可能会被禁言、清帖。而有些社区平台不支持用户主动发帖，如千牛头条，但是可以以回帖的方式通过发帖 ID 引流。

因此，在平台论坛推广时需要注意以下几点：

（1）卖家在发帖之前要了解社区规则，对什么能发、什么不能发做到心中有数。

（2）在发帖子时要找对版面，只有选择了正确的发表版面才能让潜在买家更准确地找到自己的帖子，选择那些潜在目标客户群可能会浏览的版面来发帖。

（3）在撰写帖子时，要写好帖子的标题。标题既要鲜活、能吸引网友点击，又不能脱离内容范围。帖子标题是吸引众多用户浏览内容的关键所在，拥有一个亮眼的标题，绝对能使帖子流量暴涨，达到事半功倍的效果。

（4）回帖和顶帖是必需的，可以选择在人流量多的时间段发帖和回帖，以保证良好的推广效果。

第四步：添加友情链接推广

友情链接是具有一定互补优势的网店之间的简单合作形式，即分别在自己的网店上放置对方网店的店标或名称，并设置对方网店的超级链接，达到互相推广的目。图 6-7 为某淘宝店铺的友情链接。

图 6-7　某淘宝店铺的友情链接

在添加友情链接时，可以与其他店铺交换链接，给店铺增加人气。但是值得注意的是，尽量不要和销售同一类商品的店铺交换链接，当别的店铺产品有优势时，可能会导致客户分流。在交换链接时，可以选择和相关的店铺交换链接。例如，你的店铺是销售化妆品的，可以和卖女装、饰品的店铺进行友情链接。同时尽量争取与比自己级别高的店铺交换链接，特别是一些交易量比较大、信誉度比较高的卖家交换友情链接。一般情况下，与比自己级别高的店铺交换链接是有难度的。但凡事都不是绝对的，尤其是一些新手卖家，要学会虚心请教。

淘宝平台中的“邻家好货”模块，其与友情链接具有相同功能。加入店铺联盟的卖家可以在自己的淘宝店铺商品详情页的最下端为其他卖家提供推广，也可以获得在同等级别其他卖家的淘宝店铺精准推广的机会（见图 6-8）。

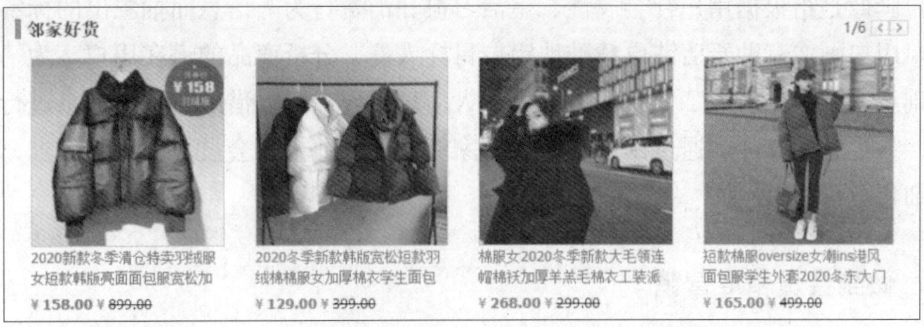

图 6-8　某店铺商品详情页面的“邻家好货”

第五步：灵活运用信用评价

评价管理包括卖家给消费者的评价和消费者给卖家的评价。卖家在给消费者评价时，可以适当地打一下小广告，能起到一定的宣传效果。同时消费者给卖家评价以后，卖家可以充分利用解释的地方做宣传广告（见图 6-9、图 6-10）。

图 6-9　某品牌店铺的“掌柜回复”

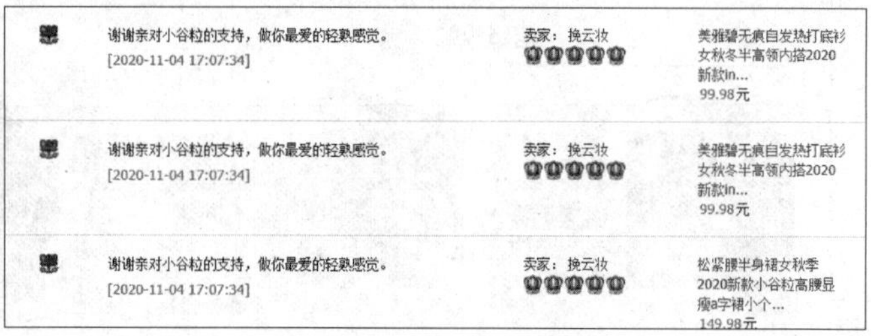

图 6-10　卖家对买家的评价

第六步：做好会员营销

会员营销是指通过会员关系管理，从买家中再次获得流量的方式。当店铺通过其他方式带来流量和人气后，需要进一步留住这些客户，让其产生持续的购买行为，还可以通过会员的广告效应，扩大会员营销的影响范围，产生新的会员流量。

一般而言，会员营销的流量是店铺内最稳定的流量，通常转化率都比较高，可以快速带来销量，对店铺非常有利，因此网店在推广过程中应该重视会员关系管理，尽量巩固和提升会员营销流量。在会员营销中，要注意以下几个方面。

一、做好会员用户画像

用户画像是指根据用户社会属性、生活习惯和消费行为等信息而抽象出的标签化的用户模型。用户画像有助于店铺更精准地定位目标人群，分析商品的潜在用户，为精准营销奠定基础。为了简化店铺工作和保护会员个人信息，现在可以借助付费工具来进行用户画像分析，如生意参谋等。通过用户画像，卖家能更准确地了解会员，明确其需求，优化店铺的精细化运营。

二、做到会员精准营销

店铺除了要做好产品服务和体验外，要对不同的会员进行分组，并有针对性地进行营销和服务。例如，对于消费频次高的高价值会员，要给予其尊享感、独特感，注重服务层面和个性关怀，但不要过于打扰客户；对于消费频次居中的活跃会员，可用礼品和优惠券引导客户提高消费单价，及时提醒周期性活动、积分情况等。

三、重视会员关怀

会员关怀是改善客户体验的有效方式。例如，根据订单状态、物流包裹的节点进行关怀提醒，及时告知快递状态信息；在货品签收后，引导客户签收好评。也可以通过设置会员专享券、专享折扣等优惠，刺激会员多次购买。设置会员积分制度、生日礼等来保持会员的活跃度和忠诚度。

举一反三

以自己创建的店铺为例，综合运用本任务中的免费推广方式对店铺进行推广。要求完成以下三个任务：

（1）给自己的店铺设计一次直播活动，并完成直播方案的撰写，包括但不限于直播主题、直播内容策划（时长、人员安排、产品清单、产品福利、直播间福利等）、直播信息推广、直播预计效果等。

（2）给自己的店铺增加一个友情链接。

（3）查看买家的评价，通过回复买家评价来进行店铺或商品的推广。

任务3　选择站内付费方式推广

任务描述

尽管网店免费推广能够使卖家以最低的成本来获取流量，但是获取的流量有限而且精准度不高，以至于店铺的转化率不高，影响网店的效益。这时可以利用平台提供的付费方式来获取更加精准的商业流量。由于平台系统不同，因此不同的平台有不同的付费推广方式。平台有哪些常用的付费推广方式、这些推广方式的优势是什么以及如何用这些方式进行推广，这些问题是卖家需要逐一了解并熟悉的。

任务实施

第一步：运用关键词搜索广告推广

一、关键词搜索广告介绍

关键词搜索广告是指根据商品或服务的内容、特点等，确定相关的关键词，撰写广告内容，并自主定价投放的广告。当用户搜索到广告主投放的关键词时，相应的广告就会显示出来（关键词有多个用户购买时，根据竞价排名原则显示），并在用户点击后按照广告主对该关键词的出价收费，不点击不收费。

关键词搜索广告可分为站内形态和站外形态。站内形态主要是指电子商务平台内部搜索广告的展现位置，如天猫、淘宝、京东、拼多多等；站外形态主要是指信息类和垂直类搜索广告的展现位置，如百度广告、搜狗智能营销平台、今日头条、美团等。本任务主要以关键词搜索广告的站内形态为重点进行讲解。

二、常见的关键词搜索广告推广工具

通常而言，电子商务平台会根据商品检索关键词提供广告展位。常见的关键词搜索广告推广工具包括淘宝直通车、京东快车、拼多多直通车等。

（一）淘宝直通车

淘宝直通车是专门为淘宝网店经营者量身定制的、按点击量付费的效果营销工具，包含搜索关键词推广和非搜索定向推广等不同的推广方式。网店经营者可以利用直通车进行单品和店铺推广。网店经营者设置与推广商品相关的关键词和出价，在用户搜索相应关键词时，商品推广获得展现，以实现精准营销，网店经营者按所获流量（点击量）付费。

（二）京东快车

京东快车是基于京东网店内推广，按照点击量付费的实时竞价类广告营销工具，通过对搜索关键词或推荐广告位置出价，将推广的商品、活动或店铺展示在京东网店内丰富的广告中。

（三）拼多多直通车

拼多多直通车是为拼多多卖家打造的一款按点击付费的营销工具。卖家可以通过设置直通车关键词出价和商品出价参与竞价排名，在拼多多平台的类目频道首页和搜索结果页获得靠前的位置，使商品被更多的买家看到。

三、典型关键词广告推广工具——淘宝直通车

（一）直通车介绍

淘宝直通车是一种展现免费、点击扣费、采用竞价形式排名的付费广告。卖家如果想推广一款商品，需要为商品设置相应的创意图、关键词出价及宝贝推广标题等。当买家在淘宝网搜索关键词或者按照类目分类进行浏览时，推广的商品就会出现在相应的展示位，买家点击后产生扣费，不点击不付费。

直通车作为一种付费推广工具，可以为卖家带来更多的流量，从而有助于提升成交量和转化率。其推广的过程如下：

（1）卖家为需要推广的商品设置相应的竞价词、出价和推广标题，直通车根据卖家的设置将其推进到目标客户的搜索页面；

（2）买家在淘宝网中输入类似商品名，或按照商品分类进行搜索时，就会在直通车的位置看到相关的商品展示效果；

（3）当买家在直通车推广位置单击展示的商品图片，进入商品出售页时，系统会根据推广时设定的关键词或类目扣费，即展示免费、点击付费。

（二）直通车展示位置

直通车推广包括关键词推广和定向推广等方式。不同推广方式的直通车广告展示位置也不相同。

1. 关键词推广展示位

关键词推广是直通车主要的推广方式，包括三种类型，分别为关键词搜索结果列表页、类目点击进入商品列表页、淘宝首页搜索框下的系统推荐热词，具体如图 6-11、图 6-12、图 6-13 所示。图 6-11 的搜索关键词为“连衣裙”，在搜索结果页面右侧的“掌柜特卖”、页面左侧第一个位置以及页面的下端的 5 个“掌柜热卖”为关键词推广的展示位；

图 6-11　关键词搜索结果列表页

图 6-12 为点击“针织连衣裙”类目出现的商品列表页，右侧的“掌柜热卖”和页面左侧第一个位置为展示位；图 6-13 为点击淘宝首页搜索框下的系统推荐热词“新款连衣裙”，对应出来的页面右侧的“掌柜热卖”和页面中间位置第一排的前三个带有“掌柜热卖”字样的位置为展示位。

图 6-12　类目点击进入商品列表页

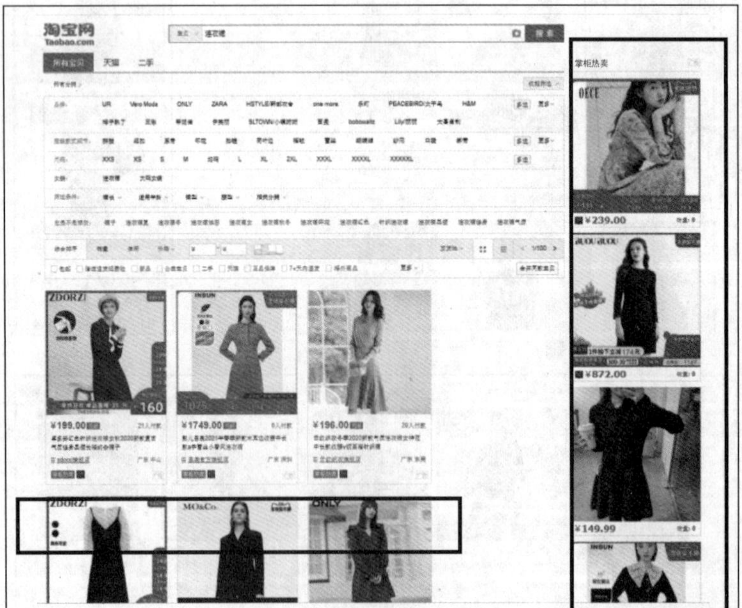

图 6-13　淘宝首页搜索框下的系统推荐热词

2. 定向推广展示位

定向推广依托淘宝网庞大的数据库，构建买家的兴趣模型。系统能从细分类目中抓取那些特征与买家兴趣点相匹配的推广商品，并将商品展示在目标客户浏览的网页上，锁定潜在买家，实现精准营销。常见的定向推广展示位有：

- “已买到的宝贝”页面最下端，“热卖单品”的5个广告位（见图6-14）；
- “购物车”页面最下端，“掌柜热卖”的5个广告位（见图6-15）；
- 移动端搜索结果页面的直通车展示位置为移动端自然搜索结果页中的第一个商品，同时每隔5个或10个商品加入一个直通车展位，带有“广告”和“HOT”字样的广告位（见图6-16）。

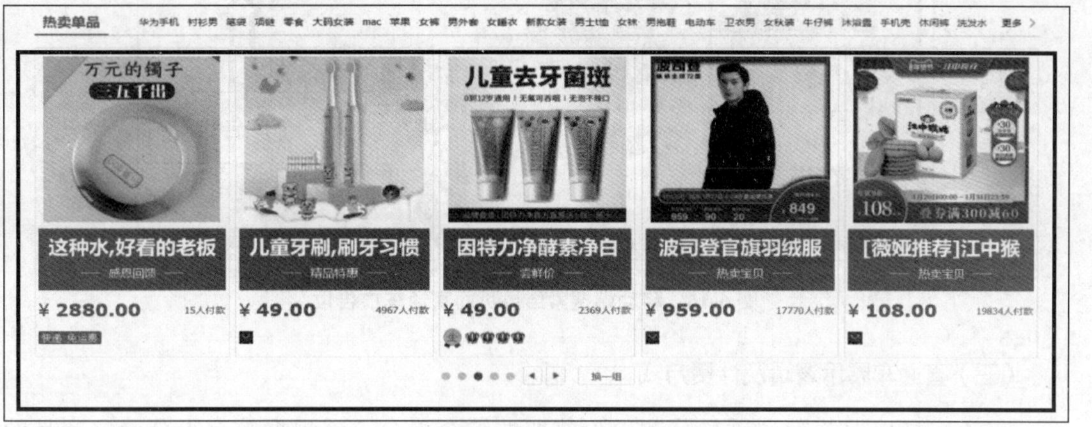

图6-14 “已买到的宝贝”页面直通车广告位

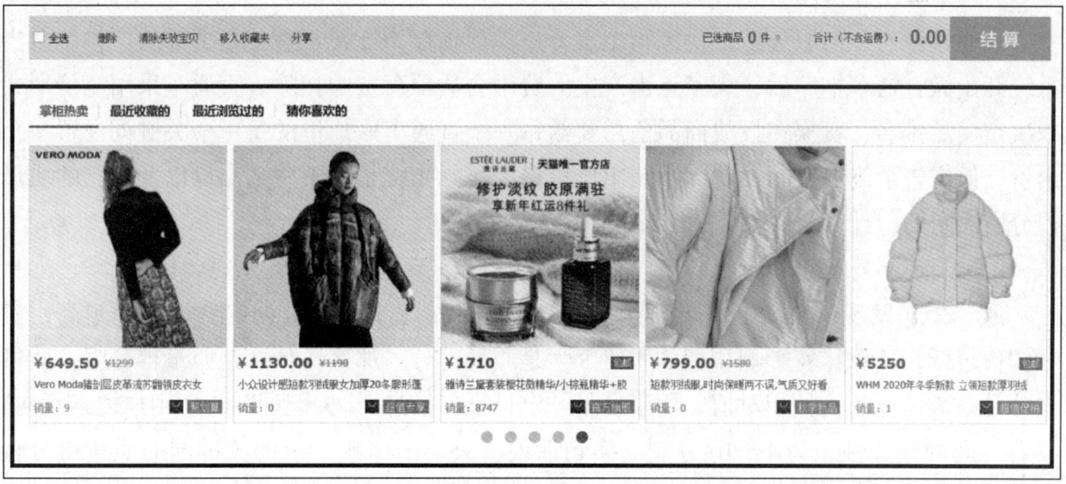

图6-15 “购物车”页面直通车广告位

图 6-16 移动端搜索结果页面直通车广告位

（三）直通车展示逻辑及计费方式

直通车是根据关键词质量分和出价获取的综合得分，并根据综合得分确定商品的排名。

综合得分 = 出价 × 质量分

直通车没有任何服务费，卖家第 1 次开户需要预存 500 元，这就是全部的广告费。当系统开始做直通车推广后，买家点击产生的费用会从预存费中扣除。直通车采用竞价形式来决定商品排名，卖家在投放商品前需要给每一个直通车账户里的每一个关键词设置一个出价，但广告最终的实际扣费却不是出价价格，实际扣费是由下一名出价以及自己的质量得分所决定的。计算公式如下：

实际扣费 = 下一名出价 × 下一名质量得分 / 卖家的质量得分 +0.01 元

通过公式发现，在“下一名质量得分”不变的情况下，关键词的质量得分越高，实际扣费越低，这意味着影响扣费的主要因素是质量得分。那么，什么是质量得分呢？质量得分是系统估算的一种相对值，用于衡量“宝贝推广信息”“关键词”与“用户搜索意向”三者之间的相关性，为 1～10 分制。换句话说，只要推广账户上的关键词的质量得分较高，就可以用相对较少的推广费用把宝贝信息展现在更适当的位置上。那么，关键词的质量得分受哪些因素影响呢？

影响质量得分的因素包括创意质量、相关性和买家体验。

- 创意质量，即推广创意图片的反馈效果，包括推广创意的点击反馈、图片质量等；

- 相关性，即关键词与商品类目、属性、标题的相符程度；
- 买家体验，即买家在店铺的购买体验和账户最近的关键词推广效果，包含直通车转化率、收藏 & 加购、关联营销、详情页加载速度、好评 & 差评率、旺旺反应速度等影响购买体验的因素。

在推广过程中，可以先看下质量得分的哪项偏低，再进行针对性调整。如果都有差距，建议首先可以通过创意图片的差异化来提升图片的点击率，从而提高关键词的质量得分。

（四）直通车推广的技巧

直通车是一种非常重要的推广工具，按点击收费、见效很快，但是收费很高，因此在开通直通车前，只有了解直通车的使用技巧，才能少花冤枉钱。

（1）添加高质量得分的关键词。关键词的质量得分是影响关键词排名与扣费的重要因素。质量得分越高，越能实现以较少的花费获得较好的排名。因此，卖家可以添加相关性高、人气较高、点击率和转化率都不错的关键词进行推广。

（2）合理控制推广数量。直通车的营销费用是比较高的，因此很多商家在推广时舍不得多投入而是只推广一两件商品，这样做的效果是很有限的。因为消费者很难通过一两件商品就对店铺产生兴趣，商家推广 2～3 种商品最为恰当。在推广积累到一定流量时，再换商品进行推广，或者先添加计划再推广，实现在合理的预算内最大化地完成推广目标。

（3）设计高点击率的创意主图。直通车推广的核心是精准营销，而创意的主要作用是吸引买家眼球、提高推广商品的点击率，因此创意设计的重点就是设计一张高点击率的直通车主图，以吸引精准目标客户点击广告。推广图片清晰度越高、突出性越好，质量得分就越高。创意主图应围绕商品特性展开，凸显商品卖点，也可参考同行优秀商品的直通车图设计风格。

（4）设置合理的投放时间。设置投放时间时，应当在淘宝系统成交高峰时期，加大直通车推广力度，提高出价，获得更多的流量以促成交易。可以在每天的流量高峰时段如上午 10 点、下午 3 点或 4 点、晚上 8 点或 9 点等时间段，提高出价，加大高峰时段的投放力度。

二维码76

微课：站内推广技巧

第二步：运用平台展位推广

一、平台展位推广介绍

平台展位推广是电商平台常用的一种付费广告，支持精准定向的图片展示类广告。卖家投放展位广告，以图片类的形式展现在平台首页或频道页，吸引买家点击，获取巨大的流量。

它不同于关键词搜索广告推广，表现在：

（1）广告形式不同。关键词搜索广告形式比较单一，并且广告图片尺寸较小，而平台展位广告图片的尺寸通常较大，可以更好地显示商品、店铺及品牌信息。

（2）投放设置不同。通常关键词搜索广告会设置多家店铺的广告集中展示，因为买家输入关键词后，搜索页面可能会出现多家店铺对于该关键词做的搜索广告，而展位广告通常是一个店铺的展位广告单独显示。

（3）竞价目的不一样。尽管两者都是通过竞价方式来营销，但是关键词搜索广告是通过竞价的方式来争抢商品的排名，而展位广告则是通过竞价方式实现广告优先投放的权利。

二、常见的平台展位工具

常见的平台展位工具有淘宝智钻展位、京选展位、拼多多聚焦展位等。

（1）淘宝智钻展位。智钻展位是淘宝网面向全网的图片类广告位竞价投放平台，是淘宝网为卖家提供的一种营销工具，分布在淘宝天猫网首页以及各大频道页面，按展现和点击收费，目的性强，能够为店铺带来精准的流量。

（2）京选展位。京选展位是京东平台提供的一款实时竞价展位资源的付费推广工具，支持图片展示类广告，包含品牌聚效、京选品牌、品牌展位，汇聚平台站内外展位和资源，在汇聚品牌曝光的基础上，通过定向和竞价机制，实现精准投放。

（3）拼多多聚焦展位。聚焦展位是拼多多平台提供的一款按照千次展现计费的竞价推广工具。聚焦展位显示位置通常在频道资源和首页上方，凭借优质资源位，以图片展示为基础，精准定向为核心，面向全网精准流量进行实时竞价。

三、典型的平台展位推广工具——淘宝智钻

（一）淘宝智钻简介

淘宝智钻是钻石展位的升级，能够比之前的钻展更加智能、精准地投放定向人群。智钻展位是为有更多信息发布需求的卖家量身定制的产品，精选了淘宝网的优质显示位置给卖家，用以展现所要推广的商品。图 6-17 是淘宝首页的智钻展位。

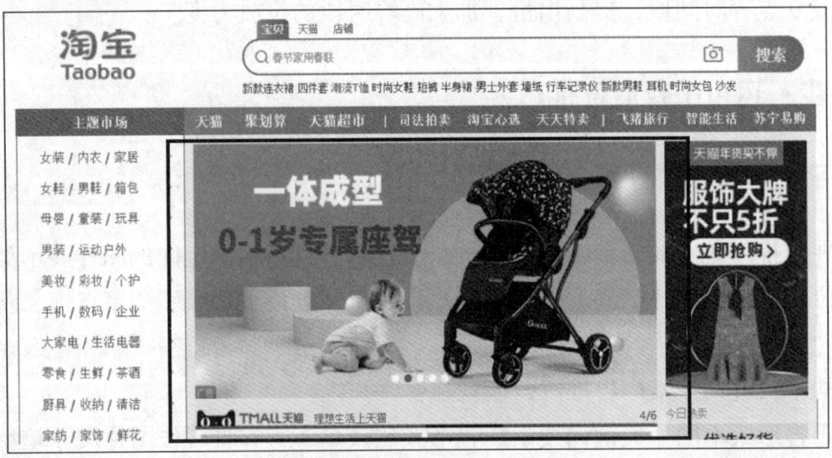

图 6-17 淘宝首页的智钻展位

（二）智钻站内展示位置

智钻展位会展现在淘宝及天猫首页、各个二级频道首页、淘宝无线 App 端，以及淘宝站外如新浪微博等各大网络平台。

（1）淘宝首页的中间大尺寸广告位属于智钻展位（见图 6-18）。

图 6-18　淘宝首页的智钻展位

（2）二级频道首页的大尺寸广告位属于智钻展位（见图 6-19）。

图 6-19　二级频道首页的智钻展位

（3）淘宝 App 端的智钻展位（见图 6-20）。

图 6-20　淘宝 App 端的智钻展位

（三）淘宝智钻的收费模式

目前淘宝智钻有两种收费方式：按点击付费 CPC（Cost Per Click）和按展现付费 CPM（Cost Per Mille）。

（1）按点击付费（CPC）。即展现免费、点击收费。在点击付费投放模式下，系统将点击出价折算成千次展现的价格。折算后的 CPC 出价与其他商家进行竞争，价格高的优先展示。这种模式的优势是系统能够提供较为精准的客户群体、操作简单、引流成本可控，适合店铺日常引流。

（2）按展现付费（CPM）。即按照每千次展现收费，点击不收费。按照竞价高低进行排名，价高者优先展现。系统会自动统计展现次数，并在后台报表中给予反馈，不满 1 000 次的展现系统自动折算收费。这种模式的优势是精准化圈定人群，资源位可灵活配置，适合活动期间爆发式引流。

（四）淘宝智钻推广技巧

智钻展位推广给卖家提供了一个很好的店铺和品牌推广的平台，但是使用不当会造成资源浪费，因此新手卖家要多学习再使用。以下是智钻展位推广时需要注意的技巧。

（1）准备好展位广告图片。对智钻展位推广来说，最重要的就是广告图片。什么样的图片能够吸引买家主动点击呢？

第一，图片要清晰，禁止使用任何拼接图片，避免商品图片模糊、不够美观。图片配色尽量接近原色，不能失真，注意色彩的搭配以突出重点。

第二，图片文案要突出店铺名称或产品品牌的名称，可以借助一些特殊字体来突出主题。

但是也要注意展位的广告图片中一律禁止使用“最后一天”“仅此一天”“限时1小时”等限制时长的文案。文案字数不允许太多（不超过30字），文字大小不能超过3种，文字颜色最好只有两种，且“外贸”“单”等敏感词和品牌模糊词语，以及“最低价”“最佳”“独家”等最高级别的描述都不能出现。此外，无法判定真伪的表达用词也禁止使用。

（2）选择合适的广告位。智钻展位中提供多种类型的广告位，如创意类型可以为图片、视频、文字链、直播、套图等，广告位的尺寸也有多种选择。因此，卖家在选择资源广告位时，不仅要和商品类型相匹配，如卖家售卖的是婴儿用品，则可以考虑选择母婴频道投放，而且要注意和店铺的广告预算联系起来，要保证店铺的预算高于该广告位的最低日限额。通常而言，首页和大图位置品牌性更强，适合高客单价产品，有大型活动时可打造品牌，而小流量和小图位置则适合长期引流。因此，卖家要综合广告位的类型、特征及预算选择合适的广告位。

（3）把握展位竞价价格和时间。开始时不要出价太高，应冷静分析，掌握精细化操作的要点，再慢慢调节，以便提高营销效率。同时时间的选择也很重要。在做预算时，可以选择流量比较多的时段，在这个时段出价可以相对较低，但是预算要足，以获得较多流量。

第三步：运用推客推广

一、推客推广介绍

推客是一类以推广商品链接为手段，以获取商品订单佣金为目的的群体，常见于社交圈，如朋友圈、小红书、知乎、微博等。推客模式则是商户支付一定的营销费用，以返利、佣金、积分或其他形式给予推客一定的利益激励，让推客帮助进行商品推广，提升商品销量。

推客推广方式在电商平台很常见，如淘宝的淘宝客、京东的京挑客、拼多多的多多客、苏宁易购的苏宁推客等。

二、典型的推客推广工具——淘宝客

（一）淘宝客介绍

淘宝客推广是一种按成交计费的推广模式。淘宝客是指通过推广赚取收益的一类人。淘宝客只要从淘宝客推广专区获取商品代码，这些代码推广的商品做成广告放在自己的店铺或网站上。如果有人通过这些广告进入店铺并成功购买，淘宝客就可以得到由卖家支付的佣金。简单来说，淘宝客就是帮助商家推广商品并获取佣金的人。图6-21为商家、消费者与淘宝客的关系。

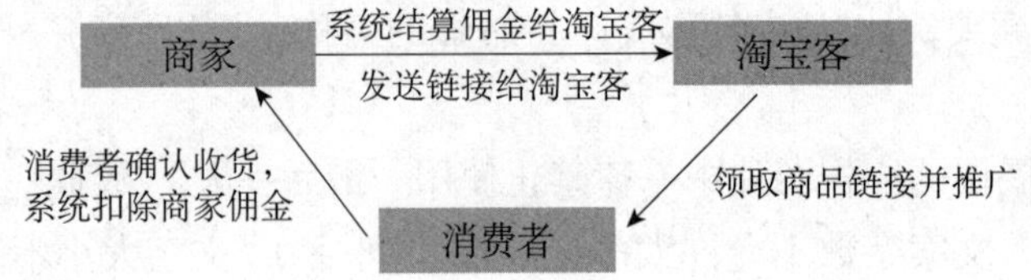

图 6-21　商家、消费者与淘宝客的关系

二维码77

知识链接：淘宝客的类型

（二）淘宝客推广计划

淘宝客推广计划分为 4 种，包括通用计划、如意投计划、定向计划和活动计划。

（1）通用计划。它是系统的默认计划，卖家开通淘宝客推广之后，会默认开通通用计划，即对全店商品推广设置的推广计划，通常不需要卖家维护。这个计划是面向所有的淘宝客的，不论淘宝客是否资深都可以参与到所设置的这个推广中。卖家在通用计划中进行推广设置时，佣金比例一般为 1%～5%，最高比例可达 50%。通用计划设置后是不可以对推广计划进行删除操作的，但可以修改计划中的佣金部分。

（2）如意投计划。如意投计划是淘宝平台专门为卖家设计的一种推广方式，是淘宝系统帮助卖家快速提升流量的精准推广营销服务。即淘宝自己做淘宝客，购买流量将卖家商品展现在爱淘宝、淘宝特卖以及一些淘宝站外平台的橱窗推荐中等，按照最后成交量获取佣金。它是系统根据卖家宝贝的综合质量以及佣金比例进行匹配，由系统精准投放在一定的渠道上，卖家不用寻找资源位，投放系统将进行智能化投放。新开店铺或者店铺要推广新品时，可以进行该计划设置投放。

二维码78

知识链接：淘宝客商家用户准入规范

（3）定向计划。定向计划是卖家为淘宝客推广计划中某一个细分群体设置的推广计划，可以吸引淘宝客参加，可以与其他淘宝优站合作，获取更多的流量。定向计划不可删除但可以修改，比例最高可以设置为 50%。卖家可以选择高质量的淘宝客参与，如可以设置 1 皇冠以上的淘宝客自动审核通过，而达不到该条件的淘宝客则需要手动审核，这样保证了淘宝客的质量。

（4）活动计划。活动计划，即淘宝客活动广场，是淘宝网为商家和淘宝客提供的推广平台，集合了站内外大量的淘宝客。淘宝客在该平台中推出相应活动，商家选择合适活动并报名，能够帮助中小卖家找到合适的淘宝客和活动。

（三）加入淘宝客推广

卖家加入淘宝客推广的具体步骤如下：

（1）登录【我的淘宝】页面，选择【营销中心】中的【我要推广】选项（见图 6-22）。

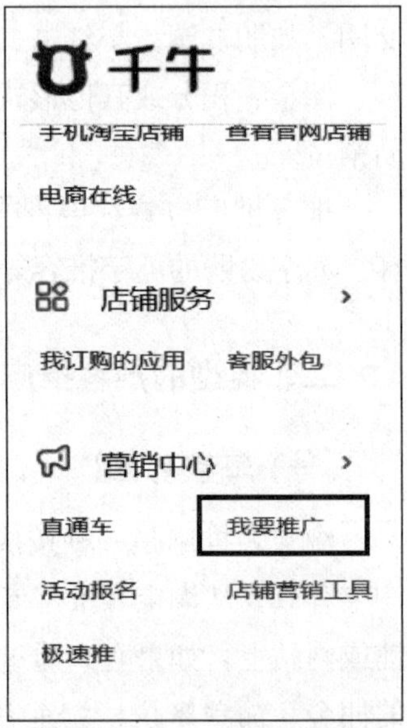

图 6-22　我要推广入口

（2）进入【我要推广】页面，然后选择【淘宝客】(见图 6-23)。

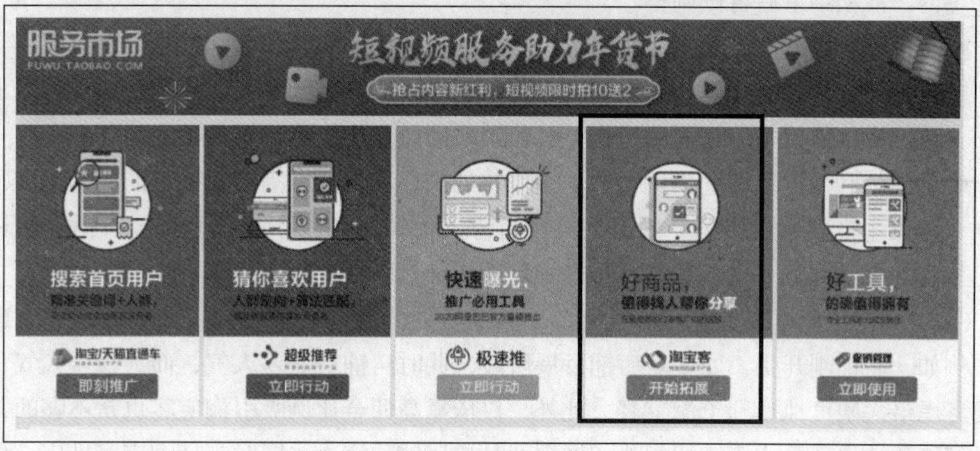

图 6-23　淘宝客入口

（3）进入淘宝客【账户总览】页面，可以看到当前的推广状况（见图 6-24）。

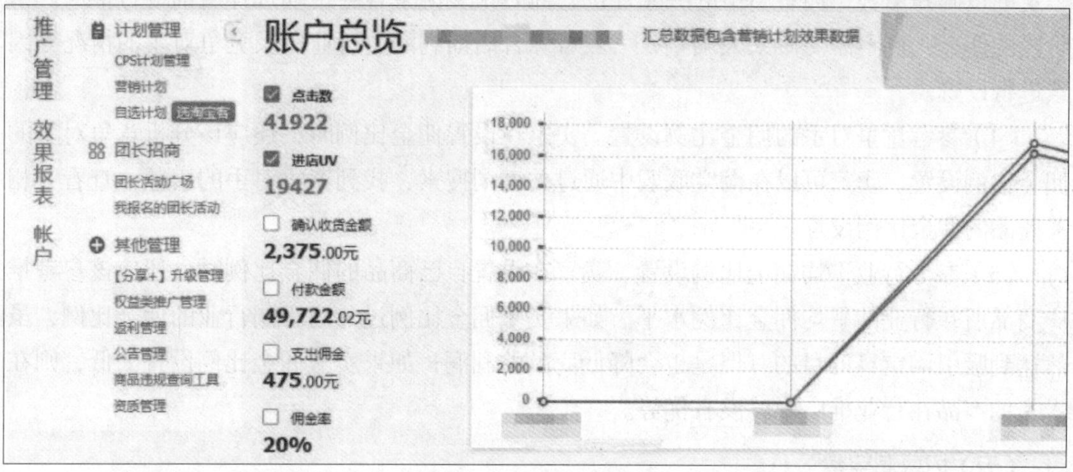

图 6-24　账户总览页面

（四）淘宝客推广佣金设置

高佣金模式吸引了很多人参与到淘宝客推广中来，但是一些卖家因为佣金设置不具吸引力，无法达到预期的推广效果。因此对于卖家来说，如何设置合理的佣金来吸引淘宝客，需要一定的技巧和方法。

（1）根据商品毛利率设置佣金。确定了商品毛利率以后，就可以根据店铺及商品的不同推广阶段，有计划地为商品设置合理的佣金比例。毛利率高的商品，佣金比例可以设置得相对高一些；毛利率低的商品，佣金比例可以设置得低一些。

（2）根据活动情况设置佣金比例。

- 活动款商品佣金比例设置。如果商品参加淘宝网活动，如聚划算、天天特价等，由于活动期间的商品利润比较低，此时淘宝客的佣金比例建议设置在利润可承受范围内，活动结束后再做调整。

- 热销款或爆款商品佣金比例设置。热销品或爆款一般都是店铺的主要引流商品，性价比、口碑、转化率、买家评价等数据都表现较好，此时佣金设置一般在利润承受范围内，保持中等偏上的比例，且热销品的佣金比例不建议大幅变动。
- 常推款和主推款佣金比例设置。主推款的佣金比例通常高于常推款的佣金比例，且建议主推款佣金比例尽量高于类目佣金。而常推款的佣金比例根据实际情况设置，在保证利润的基础上最好保持有稳定的成交量。

（3）根据店铺的不同阶段设置佣金。店铺所处的发展阶段不同，佣金设置方法也不同。例如，店铺刚开张，处于新店铺发展阶段，此时店铺最需要人气，而为积累人气，商家要考虑最大限度地让利于淘宝客。此外，仅依靠高佣金比例吸引淘宝客也是不够的，商家最好能传达出商品或店铺的优势，展现商品或店铺的潜力，同时支持淘宝客推广，积极准备淘宝客所需的推广素材，表现与其共同推广、共同努力的决心。

如果店铺现正处于稳定发展期，店铺流量、店铺转化、成交额都比较稳定，店铺也有一定的口碑和信誉，拥有不错的买家评价，此时很多淘宝客会主动选择店铺进行推广。该阶段的佣金比例不需要做太大调整，一般可综合店铺利润、行业以及竞争对手的情况等因素进行设置。

（4）参考竞争对手的佣金比例设置。卖家在设置佣金比例时，还应该分析竞争对手的佣金比例设置。卖家可以在淘宝联盟中通过关键词搜索，找到竞争对手的店铺，查看其相关商品的佣金比例设置。

（5）参考行业平均佣金比例设置。卖家在设置自己商品的佣金比例时，还应该参考推广商品所在行业的平均佣金比例水平。如果卖家佣金比例过分高于同行业的佣金比例，虽然达到吸引淘宝客的目的，但是也会降低商品的利润；如果卖家佣金比例设置太低，则在卖家的产品在行业推广中就没有优势。

（五）招募淘宝客

卖家要进行淘宝客推广，手上就要有淘宝客资源，随着网店竞争的加剧，如何招募淘宝客成了卖家的难题。对于新手卖家来说，可以采用以下方式招募淘宝客。

（1）报名参与淘宝客活动。报名参与平台中的相关活动，设置淘宝客推广计划，利用平台的大流量，吸引更多的淘宝客来进行推广。

（2）设置具有合理且具诱惑力的佣金方案。佣金比例设置是否合理很大程度上决定了淘宝客推广的成败。对于淘宝客而言，如何让流量更有效、更有价值地变现，获得更好的投入产出比是关键。新手卖家要明白，淘宝客推广带来的流量需要花费很大的代价获得，因此，需要综合权衡两者的利益来设置佣金比例。例如，某店铺设置的佣金比例为5%，即某款单品佣金高达20%，当流量从某单品进入后，也会带动其他产品的销量。只有单品的销量提高，才会有更多的淘宝客来推广。

（3）选择爆款产品。爆款产品是指转化率高、价格合理的商品，在佣金比例合适的情况下，淘宝客更愿意推广爆款商品。

（4）准备品牌背书。店铺有品牌背书，更容易让买家产生购买欲望，打消对商品的顾虑，而且淘宝客也愿意推广这类商品。

（5）加强与淘宝客的沟通，加入并建立淘宝客群。卖家可与淘宝客采用旺旺群、QQ群等方式交流，及时提供推广所需要的素材，如软文、广告图、活动等，将店铺的促销活动第一时间告诉淘宝客，加强与淘宝客的沟通交流，让淘宝客感受到卖家的合作诚意，淘宝客才会更愿意帮卖家推广。

举一反三

以自己创建的淘宝店铺为例，综合运用本任务中的付费推广方式对店铺进行推广。从以下三个任务中任选一个完成：

（1）开通淘宝直通车，设置直通车的标准推广计划。并选择店铺里有代表性的一款产品做直通车推广。可参考淘宝大学中关于直通车的操作教程视频。

（2）选中店铺一款产品，为其设计一张用于智钻展位的创意图。

（3）在淘宝联盟提供的淘宝客推广宝贝“连衣裙”类目中选择一款你认为值得推广的连衣裙产品，根据表6-1列出的项目，采用文字或截图的方式描述。

表6-1　推广商品描述

描述项目	描述内容
产品名称	
单价	
佣金比例	
佣金	
30天推广量	
30天支出佣金	
该卖家信用与店铺的动态评分	
该商品评价分	
推广商品选择截图	
商品的URL链接	
选择推广此宝贝的理由	

任务4 参与站内促销活动

任务描述

网店在推广中除利用免费推广方式和付费推广方式外，还可以参加活动从而获得活动流量，进而推广店铺和商品。要借助活动进行店铺引流和推广，就需要了解平台常见的营销活动有哪些，以及参加这些活动的条件和规则。

任务实施

第一步：认识促销活动

促销是卖家向买家传递有关网店及商品的各种信息，说服或吸引买家购买其商品，以达到扩大商品销售和满足顾客需求的目的。促销实质上是一种沟通活动，即卖家发出刺激消费的各种信息，把信息传递给一个或更多的买家，以影响其购买态度和行为的过程。

一、促销时机

促销虽然具有良好的效果，但也不能随时使用。如果全部产品都参加促销活动，那促销也就毫无意义，因此一定要掌握最佳的促销时机。一般而言，网店通常会在以下场景进行促销。

（1）新品上架。一个好的店铺会源源不断地上新产品，因此新品促销可作为店铺的长期促销活动。新品促销能够提升产品的点击率，加快新品销售速度，卖家可利用老客户的关注度来提升店铺新品的点击和关注。

（2）节假日。节假日不仅指中国传统的节日，如春节、劳动节、中秋节、国庆节等，而且指电商自产的节日，如“双 11”“双 12”等。网店在进行节假日促销时，可以根据店铺自身商品和节日的特点，灵活地制定促销策略。

（3）周年庆。在店铺开张的周年庆进行促销，不仅可以有效提升销量，还可向顾客展示店铺的发展历程，增加顾客对店铺的信任度，从而提升顾客对店铺的黏度。

（4）换季清仓。对于即将换季或者季节性较强的产品来说，在换季时进行促销，不仅客户乐于接受，也可为店铺带来更多的人气。

（5）季节性商品的促销时机。季节性商品存在淡季和旺季之分。网店在旺季开始前期，需要对市场进行一定的告知性促销以预热市场，目的是使商品能够顺畅地进入市场，得到市场的前期检验，为商品促销旺季的到来奠定基础，甚至达到提前启动旺季的效果。

二、促销力度

促销力度涉及两个方面：一是价格的力度，二是宣传的力度。价格的力度主要表现为客户购买此件商品的货币成本。商家可能在促销活动中，以多种方式让客户感到优惠，如打折、买赠、积分换购等。宣传的力度主要体现网店通过多种手段和途径，如平台广告、公众号、微博等，告知客户相关活动，以达到宣传造势的目的。

在促销活动中，促销力度并不是越大越好。首先，因为促销时商品的价格肯定比正常销售时要低，而且宣传推广也需要一定的费用，如果一味地加大促销力度，可能会使店铺失去利润，也可能会引起和竞争对手的价格战。其次，品牌效应对于网店促销有一定的影响。例如，对于非品牌类的店铺而言，即使每天都有促销活动，甚至折扣都很低，但可能效果并不如意。而对于品牌类产品来说，促销时做到买 1 送 1 或者满减活动时，大家都会迫切地要购买。

三、促销时间

促销活动的时间并非越长越好，因为时间一长，客户觉得还有思考和“货比三家”的机会，其购买的欲望就没那么迫切。所以，卖家可以把促销时间限定在 5～10 天，前半段时间折扣相对低些，后半段时间折扣高点，最后再恢复原价。

四、促销频率

卖家在做店铺促销活动时，要控制好促销活动的频率，不要太过频繁、太过密集。促销活动太密集，会让客户对店铺产生不好的印象，不利于客户体验，导致客户没有购买的欲望。

因此网店在策划促销活动时，除了要注重促销时机，选择合适的促销方式外，还要注意促销的力度、频率及时间。

第二步：参加平台官方营销活动

为了吸引买家的注意，提高网店的销量，卖家可以报名参加一些平台官方的营销活动，这样可以为卖家带来更多的流量，增加店铺销量。

一、平台官方营销活动

平台官方营销活动通常包括官方常规活动和官方大促活动。平台不同，活动设置也不同。如淘宝的官方常规活动包括聚划算、天天特卖、淘抢购等；京东的官方常规活动包括每日特价、京东秒杀、品牌闪购等；拼多多的官方常规活动包括限时秒杀、9 块 9 特卖、百亿补贴等。官方大促活动除了“双 11”、“双 12”、“6・18”年中大促、年货节等常见的促销活动外，各大平台也设置了不同的大促活动，如京东女人节、蝴蝶节等。

二、淘宝平台的官方营销活动

以淘宝平台为例，简要介绍几种常见的平台活动。淘宝平台活动有很多，包括聚划算、淘抢购、天天特卖、淘金币、行业营销活动、免费试用等。

二维码79

知识链接：淘宝活动规则

在了解了淘宝活动的规则之后，就可以报名了，以下是几个淘宝网官方营销活动的入口。

（1）进入千牛卖家工作台，选择左侧【营销中心】下面的【我要推广】选项，就可以看到有很多活动，如聚划算、淘金币、淘抢购等（见图 6-25）。

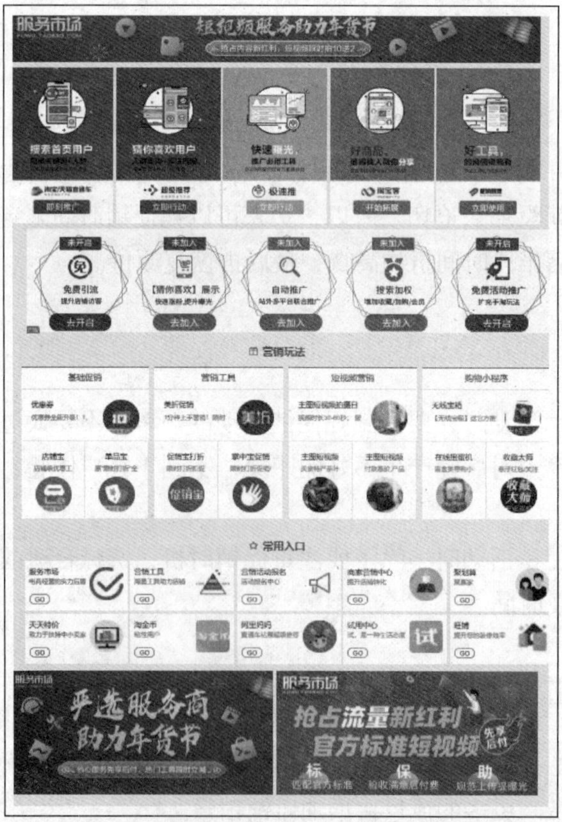

图 6-25　营销中心页面的【我要推广】

（2）进入淘宝商家营销活动中心，点击下面的【活动报告】，即可看到正在进行的活动，可以根据店铺的实际情况，选择合适的活动来报名（见图 6-26）。

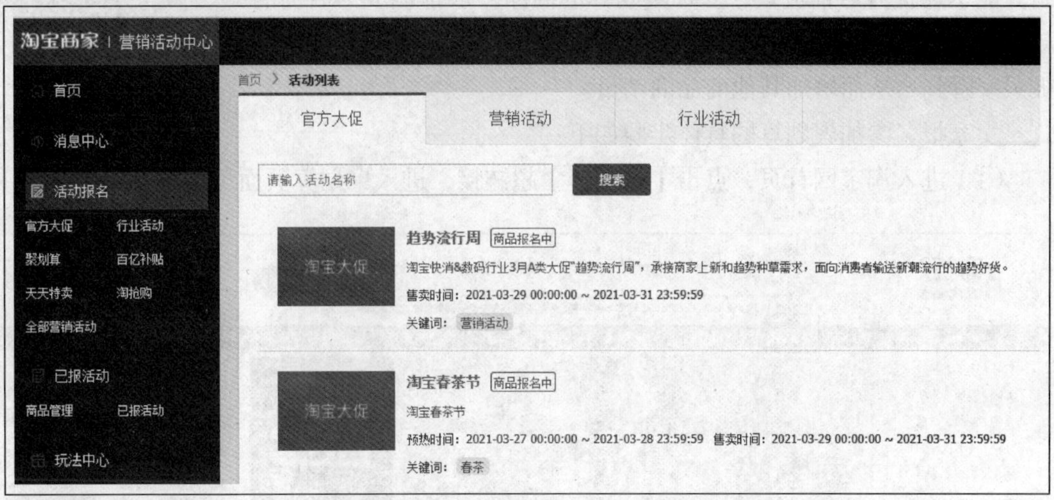

图 6-26　营销活动中心页面的活动报名

（一）聚划算

聚划算作为提高淘宝销量基础的主要活动渠道之一，是很多淘宝、天猫的卖家推广店铺、打造人气商品的首选平台，而买家在这个平台中可用优惠价买到喜欢的商品，聚划算实现了卖家和买家的双赢。图 6-27 为移动端聚划算首页。

图 6-27　移动端聚划算首页

聚划算拥有强大的粉丝团，再加上十几个官方大流量入口，保证了其巨大的买家流量，从而能够给商品带来巨大的销量。卖家参加聚划算能迅速提升店铺流量，参加聚划算的商品一般都能成为店铺的爆款商品。此外，参加聚划算还能使店铺快速曝光，使店铺的更多商品被买家看到，从而增加其他商品的销量。

二维码80

知识链接：聚划算的常见活动类型

卖家报名参加聚划算的具体步骤如下：

（1）进入淘宝网首页，点击【聚划算】超链接，进入聚划算页面（见图 6-28）。

图 6-28　淘宝网首页聚划算入口

（2）点击右上方的【商家中心】（见图 6-29）。

图 6-29　聚划算首页商家中心

（3）进入千牛卖家中心，点击【我要推广】，进入【服务市场】，点击常用入口的

【聚划算】，进入聚划算活动报名页面（见图 6-30）。选择某一活动，点击【去报名】，签署相关协议，即可完成报名（见图 6-31）。

图 6-30 服务市场页面聚划算入口

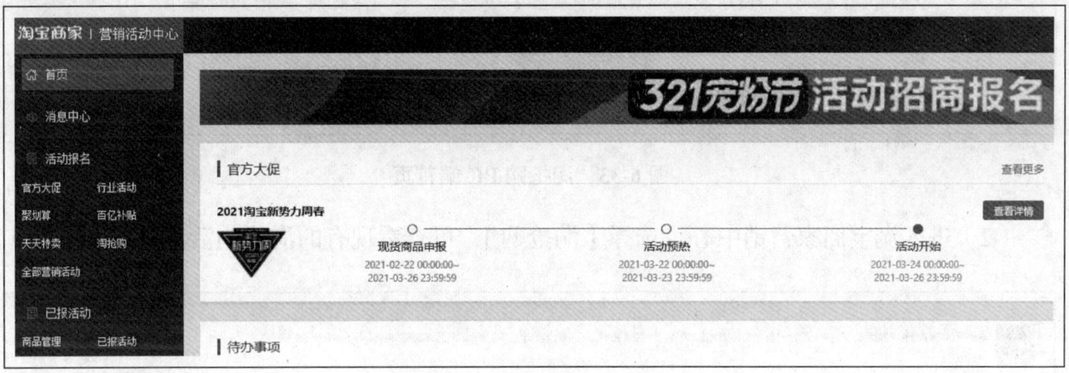

图 6-31 聚划算活动报名

（二）淘抢购

淘抢购是淘宝网无线端极具特色的限时限量闪购平台。对于买家来说，限时限量、精挑细选的优质好货，降低了决策成本；对于卖家来说，是理想的流量渠道，可以快速、规模化地获取新用户、锻炼无线实战运营能力。淘抢购推出之后，一直深受淘宝店主们的欢迎，不管是流量还是销量，都存在很大的优势。淘抢购每天分场次展示，所有商品限时限量售卖。图 6-32 为淘抢购首页。

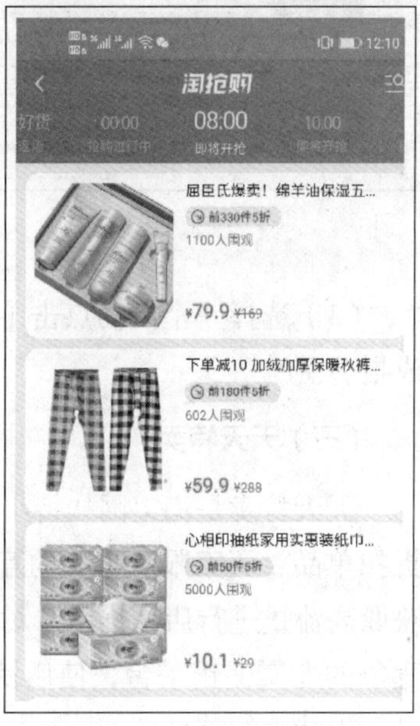

图 6-32 淘抢购首页

淘宝平台对淘抢购的入口进行了调整，可以在聚划算中查看。

报名淘抢购的具体操作步骤如下：

（1）在淘抢购首页顶部，单击【商家支持】下的【商家报名】（见图 6-33）。

图 6-33 淘抢购 PC 端首页

（2）进入淘宝商家营销中心，选择【淘抢购】，可查看现有的淘抢购活动（见图 6-34）。

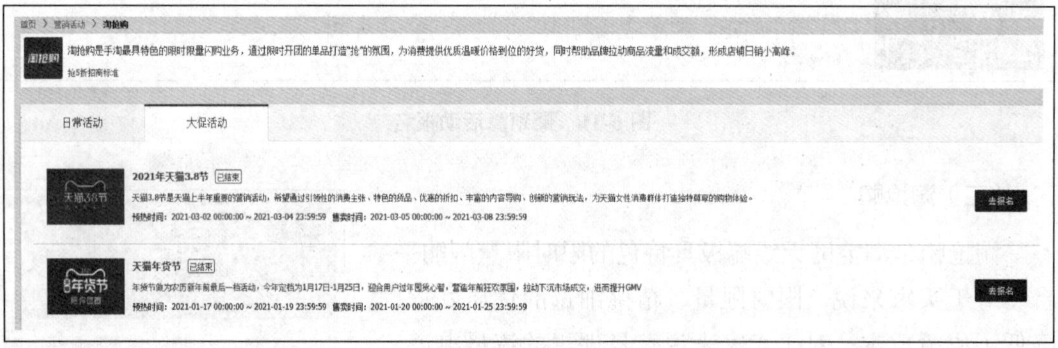

图 6-34 淘抢购活动页面

（3）选择一个活动点击【去报名】，可进入活动介绍的页面，按照对应的流程即可完成报名。

（三）天天特卖

天天特卖是淘宝网扶持小卖家成长的营销平台，通过淘宝网提供平台、优质卖家提供折扣单品、买家限时抢购的互动模式，实现三方受惠，小卖家可以凭借此获得展示机会，获取高流量进行店铺推广。对于起步阶段的卖家来说，天天特卖是一个可以避免与大卖家竞争的专属促销平台，使店铺里性价比高的产品有更多的机会展现在买家面前。图 6-35 是天天特卖的首页。

图 6-35　天天特卖首页

天天特卖的活动报名步骤：在淘宝商家营销活动中心，选择一个活动，点击【去报名】，然后根据提示选择报名日期和活动，填写相关信息即可（见图 6-36）。

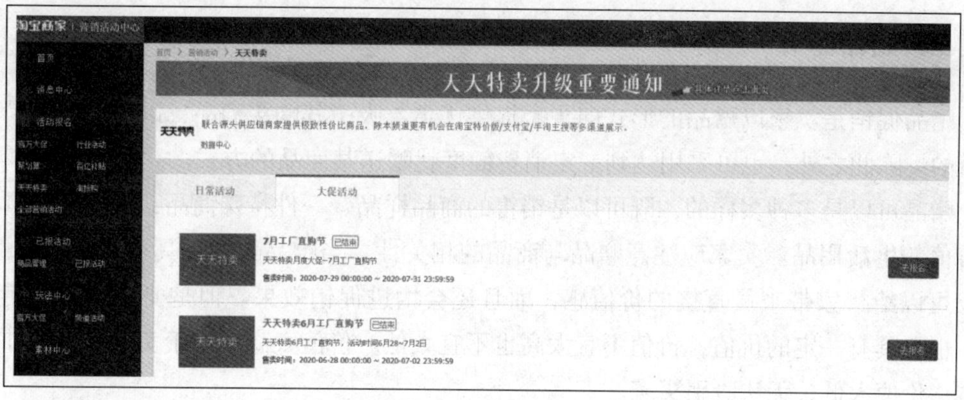

图 6-36　天天特卖活动报名

第三步：认识促销活动的常见方式

随着开网店的卖家越来越多，想要吸引买家消费就变得越来越困难，因此卖家需要掌握一些促销策略，通过促销活动来促进商品的流通，增加店铺的收入。网店促销活动一般都是以为客户提供优惠的形式来刺激其购买。常见的促销方式包括包邮促销、折价促销、赠品促销、优惠券促销、抢购促销、积分促销等。

二维码81

知识链接：天天特卖报名技巧

一、包邮促销

包邮是一种刺激用户一次性购买大量商品的促销形式，通常的做法是：当买家在店铺里购买总价格超过 ×× 元的商品时，即可享受包邮服务。但是要设置好满多少元才会包邮、确定好一些偏远的地区是否包邮等，店家在保证快递公司安全、可靠的情况下，可以选择性价比高的快递来降低运费支出。

二、折价促销

折价，又称打折、折扣，目前，比较常用的打折活动主要有会员打折、限时限量打折、清仓打折。会员打折，即拥有店铺会员资格享受相应的折扣，有些店铺会根据会员的等级设置不等的折扣，如普通会员享受 9.8 折、高级会员享受 9.7 折、VIP 会员享受 9.6 折等。限时限量打折是指在节假日、店庆、购物活动等时间段，定时或定量为部分产品推出的特价优惠。清仓打折主要是季节性产品在换季清仓时推出的折扣优惠活动。

打折是对买家冲击最大、最有效的促销方法。在策划折价促销活动时，一般需要在商品价格上体现出价格的前后对比、活动时间以及商品数量等，让买家可以清楚地看到优惠。这样不仅可以刺激买家购买商品，抢占市场份额，也有助于卖家减少库存，加快资金回笼。

三、赠品促销

赠品促销是卖家以赠品的形式向买家提供优惠，吸引其购买商品，以此达到促销商品的目的。除此之外，也可采用达到一定消费额度就赠送某商品的方式。

赠品可以是多种多样的，既可以是销售的商品样品、一件特殊商品，也可以是具有实用价值的生活用品。卖家应注意赠品与商品的相关性。当赠品与商品具有紧密相关性时，不仅可以给买家带来最直接的价值感，而且还会增进促销效果。但是要注意，即使是赠品，也要具有一定的价值，价值不宜太高也不宜太低。价值太高，对于卖家来说增加了其成本；价值太低，无法吸引买家。

四、优惠券促销

赠送优惠券是一种可以激励买家再次购物的促销形式。优惠券的种类很多，如抵价券、折扣券、现金券等。优惠券中一般需标注消费额度，即消费到指定额度可使用该优惠券，同时在优惠券上应该介绍优惠券的使用条件、使用时间、使用规则等。

五、抢购促销

抢购是一种可以刺激用户购物行为的有效方式。现在很多网店都会不定期推出商品秒杀活动，提供固定数量的商品，在指定时间开启通道供用户抢购，如“1 元秒杀”“10 元秒杀”“前 3 分钟半价”等。

六、积分促销

电商平台会为卖家提供会员管理的功能模块，通过该功能卖家可为新老买家设置会员等级和会员优惠等。卖家将买家的消费额转化为消费积分，当积分累积到一定数量时，即可换购或抵价商品，刺激买家进行重复消费。在设计会员积分制时，需要注明积分规则，如时间范围、兑换规则、兑换方式等。

第四步：策划站内促销活动

店铺每一次有效促销活动的开展，都离不开活动前期的精心准备和策划。

一、活动前期准备

店铺开展促销活动，需要做好促销活动方案。只有前期做足准备，才可能取得理想的效果。活动前期的准备工作主要包括了解活动规则、明确活动目的、选择活动商品、确定活动方式以及活动预热造势。

（一）了解活动规则

平台官方营销活动或第三方平台的营销活动都会设定一定的活动规则，因此店铺在参加时，需要先了解清楚活动的规则、报名条件、活动详情等内容，从而衡量自己的店铺是否适合参加该项活动。如果是自己店铺要进行促销活动，也要制定明确的活动规则，能够让客户准确地了解优惠信息，刺激客户快速购买。

（二）明确活动目的

做活动之前一定要把活动目的展示在客户的面前，通过准确的视觉策划突出活动的重点，让客户清楚地了解可能通过这个活动获得的利益或效用，以此达到促进消费的目的。店铺参与活动的目的有很多。例如，有些店铺的季节性商品做促销，是为了清理库存、回收资金；有些店铺新品上市，欲通过促销活动打开市场；有些店铺是店庆或者节日促销，用来回馈老客户，维系良好的顾客关系；有些店铺做活动是为了优化客户体验，培养消费习惯；有些店铺是为了实现关联销售，增加店铺销量。

（三）选择活动商品

活动商品选择的重要性几乎决定了一个大促活动的成败。店铺选择商品时，必须以市场数据和活动目的为导向，对商品进行筛选，然后结合自身的商品供应链来做出判断。

（1）关注行业内的宏观数据。从行业的宏观数据了解本行业内热销产品是什么、有什么特性、它的主流价格段是哪个区间、近30天内的平均销量等。通过宏观数据的分析，能为选品制定一个大概的方向。

（2）关注单品的微观数据。在确定了大概方向后，就从自己店铺中选择单品。在选择单品时，应注意单品的收藏量、搜索量、关注量等指标，以确保单品是具有独特卖点、销量较大、转化率较高的商品，符合热销的属性。

在关注上述数据的同时，还需要注意自身供应系统的评估。例如，官方平台的一些活动能够为店铺带来巨大的流量和销量，要确保每份流量都能得到转化，就必须保证供应系统密切配合，确保备货充足，保证按时发货、准时送达。如果备货不充足，导致缺货而影响发货速度，会引起买家的不满，影响店铺的评价和信誉。

（四）确定活动方式

店铺促销的方式有很多，卖家可以根据店铺的实际情况适当选择，可以遵循以下原则来确定活动方式。

（1）轻松有趣。活动的目的就是让客户能积极参与，在轻松愉快的气氛中促进其购买。因此要通过一些有趣的互动设计，让客户参与进来。

（2）规则易懂。有些卖家使用多种方式叠加促销，这可能会让客户难以理解，反而影响促销效果。规则设置应尽量简单，表达叙述也要简洁，让客户一看就懂。

（3）突出客户的利益。活动对于客户来说，就是希望能够获取相应的利益和优惠，因此活动要将客户可以获得的物质或精神激励放在突出位置，如在标题中或者主图中体现出来。

（4）灵活多样化。客户每天面对很多促销活动会产生疲劳感，因此卖家可以灵活设置活动方式，玩出促销“新花样”。如老客户邀请新客户体验可获得折上折优惠，这样可以刺激老客户去拉新客户参与，使得更多的新客户参与进来；如新客户获得体验券和下单后享受8折，这样可以促使新客户积极体验，在体验后形成购买。

（五）活动预热造势

一般而言，活动爆发期只有1～2天，为了这短期的爆发要有前期预热和后期收尾，预热的好坏关系到是否迎来爆发点以及爆发点的高低。常见的预热形式有：

（1）平台内预热。卖家按照活动主题设置店铺横幅、导航栏、二级子页面、商品详情页、主图等，吸引客户注意促销活动。为了增加悬念，在店铺中设置有奖竞猜等环节，逐步揭秘活动内容以激起客户的兴趣。也可利用平台的商品推荐位进行活动信息的推广，同时可利用推客平台、论坛等进行营销软文的投放，实现内容营销。

（2）平台外预热。利用微博、微信、小红书等渠道向平台外部传递活动推广信息，并告知提前收藏加购能在活动当天获得××优惠，从而引导客户收藏加购。

二、活动实施

活动上线后，卖家应每天监测数据指标以及客户反馈，评估活动开展情况，并定期向活动相关人员通报活动进展以及数据。例如，进行流量跟进，看活动流量是否达到预期的效果，如果没有，流量结构是否与预期有所出入，与推广人员沟通找出流量出入的问题；进行销售跟进，看活动产品销量是否达到预期效果，分析产品销量变化的原因，是客服转化不足、流量不足还是价格原因；进行库存跟进，若出现需求旺盛而库存不足，是否能调配资源，若出现库存积压，后续是否有解决办法？

同时卖家还要监测推广、奖励资源等情况，根据各项数据、客户反馈、奖励资源等及时做好线上活动监测以及优化。例如，新产品在淘宝试用，需上线后及时关注试用用户反馈，包括产品是否可正常使用、使用过程中有什么问题、使用后有什么功效；新品浏览量较高，但下单量较少，是否应该提高转化率等。针对这些问题制定紧急措施，从而保证活动顺利进行和取得更好的效果。

三、活动跟踪与复盘

活动跟踪活动主要是对异常订单的护理、监控订单发货等。例如，对购买未付款信息进行催付，对地址、电话等信息错误的问题订单跟进和修改，加快发货速度，检查发货流程，跟进物流信息等。

活动复盘主要是根据活动数据及活动进行中的事项对该活动进行复盘总结。

（1）产品偏好信息总结。分析在活动中销量好的产品是否有共性、客户对店铺产品的兴趣点在哪里，从而为后续店铺产品开发，或者一段时间内店铺主要产品的推广提供方向。

（2）客户偏好信息总结。分析大部分客户在实施购买行为时，向客服咨询产品的哪方面信息、客服在沟通时能否了解客户看中的卖点是什么。

（3）流量结构信息总结。分析活动期间主要的流量有哪些，哪方面的流量更加精准、转化率更高，为后续店铺营销推广做铺垫。

二维码82

微课：量身打造专属店内推广模式

举一反三

国庆节马上就要到了，为自己的店铺策划一场国庆节促销活动，并撰写促销活动策划方案。

项目七 站外推广

项目简介

本项目分为两个部分讲解网店的站外推广。其中第一部分是让读者认识站外推广这一模式以及熟悉当下网店进行站外推广的主要方法；第二部分对主流站外推广工具进行逐一实操讲解，带领读者掌握微信运营中的微信朋友圈、微信群、微信公众号平台的运营方法；掌握微博运营中软文营销的技巧以及学会运用微博平台进行网店推广的方法；掌握利用长视频爱奇艺号和短视频抖音号进行网店推广的方法；掌握音频平台喜马拉雅和问答平台知乎进行网店推广的技巧。

项目目标

【知识目标】

- 了解站外推广和站内推广的主要区别
- 熟悉站外推广的主要方法
- 掌握微信、微博、视频、音频、问答平台的主要运营策略要点和方法

【技能目标】

- 能够运用微信平台进行站外推广
- 能够运用微博平台进行站外推广
- 能够运用长视频和短视频平台进行站外推广
- 能够运用喜马拉雅音频平台进行站外推广
- 能够运用知乎平台进行站外推广

【素质目标】

- 培养学生具备新媒体工作者的职业素养、热爱运营岗位的意识
- 培养学生遵守平台规则，不发布虚假推广信息，做遵纪守法的好公民

任务1　认识站外推广模式

任务描述

你或许不了解站外推广，但是你可能接听说过或者以其他形式接触过它，因为站外推广的表现形式多样，如网上经常听到的百度霸屏、万词霸屏甚至高权重网站排名引流，其实这些所谓的推广方式，都是属于站外推广。站外推广是利用除电商交易平台以外的互联网网站，通过各种营销活动或营销手段将企业品牌、产品或服务展现给网络，最终把用户引导至店铺实现引流的效果。站外推广与站内推广一样，也是电商中必不可少的引流工具，但它们之间有什么区别，具体有哪些推广方式，是本任务中首先要了解的。

任务实施

第一步：了解站外推广

站内推广和站外推广中的“站”都指的是进行电商交易的站点。在上一个项目中，我们学习了以淘宝为代表的站内推广方式。但是，电商的用户遍布全网，我们往往还需要从交易网站之外吸引客户，这就要用到站外推广。

二维码83

微课：站外推广模式

站外推广，简称外推，因为其表现、应用形式多样，从而衍生出多个名称。例如，人们在访问新浪、搜狐、凤凰新闻网等这些网站时，它们并不属于阿里巴巴集团，但是它们也会为阿里巴巴集团做广告，这里的广告很多都是直通车投放过来的，这些就属于站外推广。

第二步：理解站外推广和站内推广的区别

一、推广平台不同

站内推广主要在交易平台内部进行，依托交易平台的内部规则和推广工具实现网站内

部的完善、本身的产品介绍、产品解决方案、图片文字的说明等。

站外推广则是卖家借助其他新媒体平台如微博、微信、论坛、视频、音频App等，发布文章、视频或者音频等进行排位推广，让更多的人能看到推广信息，或者在百度、360、谷歌等搜索引擎做推广。

二、展现方式不同

站内推广是指在淘宝网、天猫网、京东、拼多多等交易网站内进行的推广，站外推广是在这些平台外的展现。项目六中介绍的站内推广方式主要包括直通车、平台广告位展现、推客推广等方式。而站外推广的方式依据实际推广的站点的内容有更加丰富的展现方式。

三、营销方式不同

站内推广一般通过网站架构、栏目、标题、描述、图片大小、关键词、长尾词、站内链接、锚文本等方式。站外推广方式有很多种，如论坛、社交平台、社区、视频、音频等。以上这些是近年来较为流行的网络营销方式，主要目的是提高特定关键字的曝光率以增加网站的能见度，进而增加销售的机会。

第三步：熟悉站外推广的渠道

你知道在淘宝站外还有哪些引流的方法吗？淘宝卖家可以在各种站外的渠道推广自己的店铺，电商平台站外引流的渠道主要有以下几种。

一、导购分享网站

导购分享网站是通过分享一些人的穿搭技巧或者通过软文的方式来吸引受众，从而促进淘宝卖家商品的销售。这类导购分享网站可以通过淘宝卖家支付的佣金而获利，是站外引流常见的一种途径，如小红书、美丽说、蘑菇街等。

二、返利网站

返利网站是一种客户购买、网站给予一定佣金的模式。此类App不断涌现，如花生日记。花生日记实际上就是将帮商家推广的钱分出来一部分给直接购买商品的客户。

三、社交网站

由于社交网站的受众面非常广泛，因此成为商家站外推广不可缺少的途径。例如，QQ、微信、微博等App，以及贴吧、视频、音频等平台，都是商家进行站外引流的不错选择。商家可以在社交网站推送软文或者投放广告来推广产品。

四、团购网站

通过团购买家能够以较低的价格获得商品，对买家而言节省了资金，所以这种站外推广渠道受到了众多卖家的追捧。例如，美团、饿了么等站外引流渠道能够给店铺带来更多的流量。

五、公益营销

公益营销对于淘宝卖家来说，也是一种站外引流的渠道，只是这种渠道是可遇不可求的，如果有合作机会卖家一定要抓住。因为公益营销能够给店铺带来的不仅仅是流量，还能够提升店铺中产品的品牌知名度与品牌口碑。

六、广告平台

站外推广也可以通过一些付费的渠道进行，如付费广告平台。例如，微信就推出了朋友圈广告，卖家可以通过支付佣金的方式，让广告平台带来更多的店铺流量。

七、自媒体

自媒体是近些年来兴起的一种发展势头非常迅猛的渠道，一个好的自媒体有众多的粉丝。如果淘宝卖家能够在这些自媒体上宣传的话，那就能够给店铺带来非常多的流量。淘宝卖家可以和自媒体合作，得到在自媒体上进行商品广告投放的机会。

八、视频推广

卖家可以将店铺中商品的卖点、品牌故事或者一些商品的展示拍成视频投放到各种视频平台上，通过这种方法让更多的人接触到店铺中的商品，从而带来更多的流量。

九、搜索引擎推广

搜索引擎推广是通过搜索引擎优化，研究关键词的流行程度和相关性在搜索引擎的结果页面取得较高的排名的营销手段。当客户在搜索引擎中查找相关产品或者服务时，通过专业的搜索引擎优化的页面通常可以取得较高的排名。

举一反三

登录阿里妈妈网站，查找可用的站外推广方式，记录其所使用的站外推广平台和展现形式。

任务2 微信平台运营

任务描述

微信是超过十亿人使用的手机应用软件，支持发送语音短信、视频、图片和文字，可以群聊，适合大部分智能手机，因此成为安装最多的手机应用之一。它也成为站外推广的重要阵地。本任务就要来学习利用微信的主要功能开展站外推广。

任务实施

第一步：微信朋友圈推广

一、了解用户使用习惯，选择最好的推送时机

商家在微信朋友圈中发布状态就等于一个推送行为，不是说什么时候有内容就什么时候发布，发布的时间至关重要。如图 7-1 所示，社交网络在一天中的高峰关注时间是下午 6:00—晚上 11:00，所以最好的选择就是在这个时间段内发布，当然稍微早一点或者稍微晚一点也可以。例如，下午 5:30 发布的，那么下午 6:00 以后查看朋友圈的人慢慢增加，这部分人一般都会往前查看到下午 5:30 发布的这条消息。如果晚上 11:00 发布，除了“夜猫子”会马上看到，多数人会在第二天早上醒来睁眼的那段时间看朋友圈时看到。当然，如果白天一定要发，也可以发布在中午 11:30—12:30 之间的小高峰关注时段。

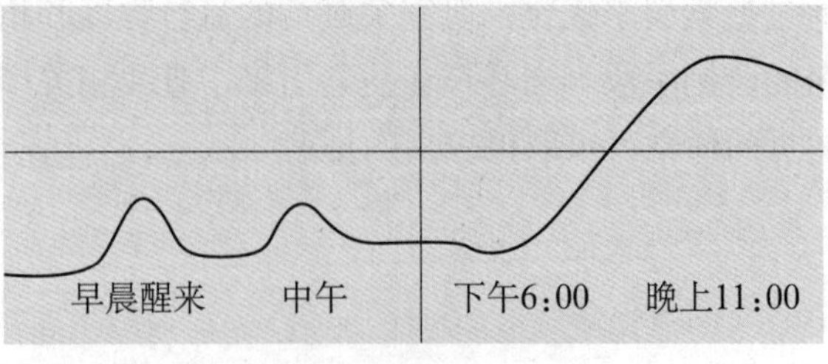

图 7-1 用户登录微信的时间段

很多新媒体运营者的经验表明，在微信中推送文章的最好时机：一是在清晨，赶在用户们醒来的时间段，典型的有“互联网早读课”“罗辑思维”等；二是下午 6:00 以后，把

握用户集中使用手机的时间，这个时间段比较宽裕且用户量集中，所以大多数微信文章都会选择在这个时候推送。

不仅仅是微信文章，各类 App 文章的推送也是一个道理。如果是非新闻类内容，没有特殊的指向性要求，也应选择晚上推送，转化率会比较高。

二、选择用户喜欢的内容，以展现率最高的方式展现给用户

微信朋友圈中用户群体多样而分散，没有很垂直的内容需求，但“有趣”“有料”“有用”的内容可以吸引到更多的用户。同样的内容，不同的展现形式，最后的转化率也可能会大相径庭。以最高转化率的展现方式为最高优先级，从高到低的排列依次如下：

- 自拍
- 1 句话＋1 张图片
- 1 句话＋若干张图片
- 1 张图片或 1 句话
- 大段话＋1 张图片
- 大段话＋若干张图片
- 1 句话
- 大段话
- 一句话＋转发
- 转发
- 广告

如图 7-2 和图 7-3 所示，虽然内容一样，发布的形式不一样，但一句话加一张图的展现方式比一句话加多张图的展现方式更容易获得用户的注意。

图 7-2　朋友圈的广告展现形式：1 句话 +1 张图片

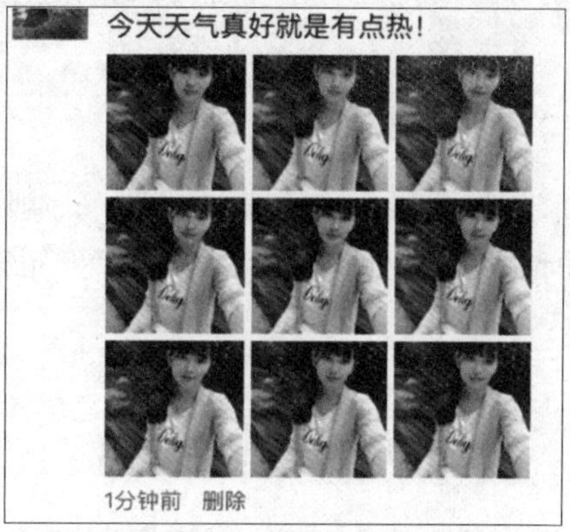

图 7-3　朋友圈的广告展现形式：1 句话 + 若干张图片

运营人员在进行朋友圈推广时，应该在相对状况下选择展现率最高的形式以获得更直接的曝光。如果发一张广告海报图，需要考虑的首要因素应该是这张海报图是否在用户点

开看大图前已经呈现主要内容，假设做不到，那么就需要思考是否缩略图会引起用户的点击。如果用户能够点击，这个时候就产生了一层转化。

具体吸睛优先级排序要看实际内容，前文排序也只是从形式而言，从阅读者的喜好程度来说，细节排序可以再商榷。但是以下几点可以确定：

- 图片的吸引度肯定比一段文字要高；
- 一张图片的展现程度远比若干张图片要高很多，因为一张图被略缩和裁剪显示的程度最低；
- 一张图片的展现程度肯定比一个转发链接的展现要高，所以现在做朋友圈推广时，经常是生成一张图片发到朋友圈，而不是一个 URL 链接。

由于微信朋友圈先天具有私密社交属性，使得朋友圈用户更关注人的动态。很多微商在发布九宫格图片时会以 7 张商品图 +1 张二维码 +1 张自拍或人物照片的形式组合，这张自拍或者人物照片就是打开其他图片的索引和入口。如果没有这张自拍或者人物照片，另外几张商品图的打开率就会大幅下降。

三、开展用户运营，维护朋友圈客户关系

（一）及时回复他人的评论

商家发布朋友圈后，对用户的行为要做出及时的反馈，发布了朋友圈状态后，需要持续维护。如果发布完成就结束，很有可能会导致以后没人回复的窘境。要带着真诚的心认真回复他人的评论。必要时，也可以采用全部回复的方式对用户反馈。

（二）适当给他人点赞或者评论，保持轻度用户的关系维护

商家利用朋友圈推广时，应做朋友圈的参与者，积极给其他好友必要的点赞和内容评论。但是务必要把握一个“度”，因为过度互动会导致他人觉得你的点赞和评论是不值一提的。

（三）适时开展活动运营

商家如果要做一次重大的活动，一般都应有充分的预热活动，以保证在最后主要活动上线时能够获得足够的关注。同样，如果要在朋友圈发布重要信息，也可以有意识地做预热。

第二步：微信群运营

随着私域流量的火爆，很多人都想挤进这个赛道，扩展自己的私人流量圈。其实所谓私域流量，本质上就是缩小对平台的依赖，用尽可能多的方式触达客群、目标用户，从而达到转化。通常说的私域流量，最简单、使用最广泛的媒介就是微信。而微信里的触达方式有私人会话、群聊、朋友圈三种。但微信各入口的私域流量有所不同，表

二维码84

知识链接：私域流量

7-1 对微信各入口私域流量优缺点进行了比较。

表7-1　微信各入口私域流量优缺点比较

微信入口	触达方式	优点	缺点
私人会话	一对一	打开率高	群发内容单一，打扰强，把控不好容易遭到抵触（拉黑、删除）
群聊	一对多	承载多人内容，互动感强	屏蔽风险（可通过 @ 尝试拉回） 重要内容易被忽略（刷屏内容找不到重点） 群氛围不佳，变为死群
朋友圈	一对所有	重点突出，浏览击中率高	屏蔽风险（频率把控），考验内容优劣

例如，目前很多网店店主在包裹中会附赠一张卡片，吸引客户添加店主微信，截图进行好评返现，这就是一个从平台流量试图转化到私域流量的例子。一个网店卖家想要让自己的商品被推荐到平台首页，出现在推荐版块里，或者在搜索结果中出现在第一屏，相对来说难度较大，需要卖家钻研规则，进行优化并积攒好评，才能从平台获得部分的流量。但是通过这张小卡片，用几块钱的成本换来一个微信客户，性价比非常高。

微信好友虽然也借助微信这个平台，但与淘宝不同的是，其本质上是一个私人社交场所，而不是一个由平台控制的“角斗场”，个人的把控度、灵活度要大得多。

微信群是私域流量最集中的地方。微信群经营流程分为吸引流量入群、管理群成员、活跃群成员、转化用户。

一、吸引流量入群

卖家应清楚目标用户在哪里。如果是亲朋好友，那就发朋友圈宣传二维码；如果是读者粉丝，那就用公众号宣传；如果是进店顾客，那就打印个人二维码放到结账台。简单来说，目标用户在哪里，就在哪里设置微信群二维码。

卖家吸引用户加入微信社群时，最主要是要找到吸引点。为什么对方愿意加微信？为什么加微信后愿意进群？这需要微信群有吸引点。

二、管理群成员

通常而言，卖家吸引用户加入微信群后，会要求群成员修改备注，并需完成一定任务。例如，多长时间必须发一次言，必须提交转发截图、分享截图等信息，否则清退。这里涉及的内容有提醒和审核。卖家可以借助群管理工具管理群成员，缩减工作量，避免人工造成遗漏。群管理工具有很多，如 wetool、进群宝等。

三、活跃群成员

微信群需要保持一定的活跃度，使群成员认知到“这是一个有用的群”，才能在必要时刻形成转化。如果没有活跃度，而是一潭死水，等到真的打磨出了特别好的产品发到群中，也是自说自话，没有人响应，用户也不会产生购买冲动。

活跃群成员的办法可以是固定地信息发布。例如，行业群的小助手会每天发早报；购物群的小助手会发最新的补货信息、直播预告等；有些群会发目标人群喜欢看的娱乐信息。

要注意的是，卖家不能单方面地输出，而要有互动、反馈、刺激。可以在微信群中设置一些简单易达到的任务，加上一个有诱惑力的奖励。例如，希望用户定期分享或者定期征集一些小故事，可以使用“金数据”（一个在线的表单收集工具），可以帮助群主快速地收集信息并汇总整理。卖家可以使用抽奖等奖励机制，可以利用奖品进行多方互动。例如，在电商社群中，一等奖设置为最新款的商品，二、三等奖设置为优惠券，用户赢得了“中奖”的欣喜，卖家获得了更高的下单可能。微信小程序“抽奖助手”可以直接发起抽奖、分享、抽取，从而帮助卖家公平、公正地完成奖励。

在微信群发活动信息时，用一个话题及有诱惑力的奖品搭配，用户配合起来就不会反感，逐渐形成“这个群有福利、有内容，值得留下”的认知。

四、转化用户

运营微信群的最终目的是刺激用户购买。只要前期铺垫做好，利用好社群营销的规则，关键时刻的用户配合度就会高得多。

第三步：微信公众平台运营

一、了解公众号阅读量的来源组成

商家利用微信公众号进行站外推广之前，需要充分了解公众号的阅读算法。公众号的阅读量来源可以用下列公式概括：

文章总阅读量＝已关注用户阅读量＋未关注用户阅读量

已关注用户阅读量＝粉丝总量 × 会话标题打开率

未关注用户阅读量＝覆盖朋友圈用户总量 × 朋友圈标题打开率

覆盖朋友圈用户总量＝文章总分享量 × 用户朋友圈平均好友量

文章总阅读量＝粉丝总量 × 会话标题打开率＋文章总分享量 × 用户朋友圈平均好友量 × 朋友圈标题打开率

这并不是一个完全精准的数学公式，但能很大程度上反映一篇文章总阅读量的重要组成。文章总阅读量还包含以下细项：

- 公众号会话阅读；
- 好友转发（包括转发到好友、转发到群）；
- 朋友圈（包括转发到朋友圈、发链接到朋友圈）；
- 历史消息（包括关注后查看、未关注查看）；
- 看一看（文章被推荐到微信“看一看”）；
- 搜一搜（在微信搜一搜直接搜索文章阅读）；
- 其他：微信菜单、公众号页面模板、公众号自动回复、公众号文章内链点击、微信收藏阅读、图文阅读原文点击、微信点击（包括图文页下广告点击、原创文章被转载后点击）等。

二、公众号内容选题

（一）公众号类型定位

开展公众号运营之前首先要明确公众号存在最核心的目的是什么。公众号类型定位，即明确帮助“哪些用户”在“什么场景”解决“什么问题”。明确这些问题，然后确定是要做商家优惠公众号、商品介绍公众号、干货观点类公众号、新闻资讯类公众号，还是情感类公众号，这直接决定了公众号的内容方向。

（二）垂直细化方向

垂直细化方向直接决定了公众号内容的范围。公众号的内容应与推广业务的目标用户匹配，不要太宽泛。例如，干货观点类公众号应介绍所属领域下的细分知识；情感类公众号应考虑不同人群情感诉求点，如职场人有职场人的烦恼、95 后有 95 后的烦恼、年轻爸妈也有他们的烦恼。

（三）自身人格化定位

商家设立的公众号需要确定自身的人格化定位。自身人格化定位解决公众号的风格、价值观、调性问题。这不仅有助于公众号区别于其他账号，也有助于用户通过个性鲜明、情感饱满、印象具象的人物模型来感知账号。这一点直接决定了公众号内容的写作风格、表达方式、语言特色、内容调性等。

三、提升用户关注率

商家要想在公众号中获得推广效果，首先要保证用户关注。如何让新用户在看完文章后愿意关注呢？

（一）让阅读真正开始

用户点击标题进入了文章，并不意味着就会认真阅读文章。没有好的文章开头激起用户的阅读欲望，让其将注意力放到文章上来，用户很可能中途流失。文章开头可以采用以下方法吸引阅读者。

（1）浓缩精华。可以对文章核心点进行简要概括，让读者提前有预期。例如，可以在开头就给出文章内容框架，让读者阅读理解更轻松；也可以概括全文要讲的内容。

（2）描述痛点。可以抛出广大阅读者扎心的痛点，激发兴趣，然后一步步给出建议或者解决方法。

（3）制造悬念。可以一开始制造悬念、塑造反差、形成冲突等，激发阅读者的好奇心。

（4）金句名言。可以用金句或名言直接给整个文章定调。

（5）讲个故事。可以开头讲个小故事，这仍然是吸引读者阅读最有效方式之一。

（6）开门见山。开门见山地表达观点在碎片化阅读时代非常适用。

（7）引入事件。通过描述一个新闻、自己见闻或最新出现的现象等，将文章过渡到正文内容。

（二）头部引导关注

在公众号图文中，放置关注引导会有效增加关注人数。只有少数新读者会特别想关注公众号，而大多数读者都是处在一种可关注可不关注的状态，这时候有一个明显的提示就会起到心理暗示的作用。既可以非常简单粗暴地来引导关注，也可以用一句很有特色、有调性的话来引导。

（三）公众号介绍或推荐语足够清晰

在公众号中为阅读者提供一段推荐语或公众号介绍，也是提高公众号关注率的一个关键项。用户关注一个公众号不止是为了看一篇文章，而是希望之后能持续在这里看某一类文章。运营者应通过推荐语和介绍告诉用户将会看到的内容，而不要让用户猜测该公众号会提供哪些内容。如果不能获得明确的预期，那么用户就很难选择关注该公众号。所以，需要清晰的公众号推荐语告诉用户这个公众号是干什么的、在解决什么问题、风格调性是什么样的、主要针对什么人群、优势点是什么等。

（四）给二维码加一句关注引导

大多数公众号结尾处都会放置一个二维码，而用户“最终的决策”与“开始行动”之间就差一个“引导”，给二维码附带一句引导关注的话比简单放一个二维码的效果要好的多，行为指引更明显。

（五）准备一些小礼物

这个方法用得非常多，就是让用户看完文章后可以在后台获取提前设置好的东西。如果给予的东西确实是用户非常需要的，不仅不会受到用户的抵触，还会大大增加用户对于公众号的好感。例如，可以像“罗辑思维”公众号每天语音并推荐一篇文章。运营者可以为用户准备资料包、工具包、优惠包，还可以为用户准备一些小礼物，如书籍、红包口令、特权服务、会员等，这样可以进一步提高用户看完文章关注的概率。

（六）为新用户提供更加多元化的内容

此方法也是比较常见的，可以在图文底部以图片、标题、标签云的形式推荐更多优质文章。这能够让新用户阅读到更多有帮助的内容，也让他们很快对公众号产生内容质量以及内容方向的判断。最直接的作用就是，它会无形中让用户觉得这个公众号的内容足够丰富。

（七）为公众号增加差异化属性

许多公众号的内容相差不大，但让用户选择关注其一，最直接的方法就是为公众号增加一些不同，最好是超出预期的不同，使用户体验起来更加满意。例如，商家运营公众号时，可以更好地设计图文的排版，让用户阅读体验更优，也可以把每篇文章都做成思维导图，或者提供给用户文中提到的资源。为用户做得越多，相应的他们会对此公众号的支持就越多。

（八）认真结尾，提高关注可能

如果一个用户从头看到了图文结尾处，那最后关注的可能性就已经大大提高了。利用好结尾可以大大提高关注量。关于结尾，有以下实用的方法。

（1）总结全文：对全文进行简要概括，帮助用户厘清思路；

（2）强调观点：再次强调观点，升华主题，让用户牢牢理解你的观点；

（3）“鸡汤”共鸣：直接抛出能打动用户、引发共鸣的语句；

（4）金句名言：创造金句或引用名言，刺激用户分享；

（5）话题互动：有针对性地抛出一个话题，引发讨论；

（6）下期预告：做下期预告，持续留住用户。

四、降低用户取消关注率

用户关注公众号一定是有原因的，可能是因为某一篇文章、某一个栏目、某一种功能、某一项服务、某一次互动、某一场活动等。相应的，一段时间后，对方也可能会取消关注，这也是有原因的。如果取消关注的人数较多，可以从以下三个角度分析原因，然后提出假设并进行验证，从而解决问题。

（一）内容是否吸引用户

1.公众号定位是否清晰

如果公众号没有一个清晰的定位，不知道自己要做什么，不知道推送哪个定位下的内容，就无法获得用户持续的关注。可以随机找几个用户，翻看公众号的历史文章，问问他们的感觉如何，可能就会有答案。

2. 内容是否在同类公众号里面都是比较优质的

与同类公众号进行对比，分析是否有同类公众号没有的功能、服务、用户体验。最直接的方法就是经过竞品的分析和对比，结合自己的账号进行优化。并为公众号增加一些功能上的、服务上的、内容上的不同，让用户体验更加满意。

3. 公众号内容是否在进步

公众号的内容是否紧跟行业的变化趋势做了相应的升级，或者在原先定位上做了更多的延展？如果没有，那就比较危险。用户进步了，而自身公众号却还在原地踏步，所以用户当然会流失。想要留住用户，就得跟用户一同进步，而且还要进步更多。

4. 公众号内容是否具有连续性

新用户第一次看到公众号文章时，觉得不错可能就会关注，但是只是暂时的，用户还要根据后续的内容确定是否持续关注。当用户第二次、第三次看里面的文章，发现垂直度很高，而且是一系列的相关内容，这个时候用户黏性会大大提高，而且是经常等着推送。就算出现了几次内容发挥不好的情况，也能接受，这才算是真正地留住用户。

（二）用户体验是否良好

做公众号如同做产品，如果用户体验糟糕，很难留住用户。而对于体验感的打磨是永无止境的、事无巨细，涉及方方面面。公众号体验感的打造并没有打磨产品那么难，有很多细节一旦发现就可以马上着手优化。

1. 公众号视觉体验是否糟糕

如果公众号的配图、排版、编辑等非常粗糙，这种情况下，用户难以忍受就会取消关注，公众号最不应该在这方面产生失误。

2. 广告推文是否过多

公众号需要合理安排广告推文的推送密度，越是经常推广告，越是要做更优质的内容来回馈粉丝。运营者要认真审查接到的广告，对用户负责，并尝试采用用户更喜欢、更能接受的形式推送广告内容。

3. 是否长期做“标题党”

“标题党”为吸引用户眼球，常常会用严重夸大的标题或与内容不符的标题引发用户的点击，长期这样做，会产生不好的效果。“标题党”的每一次行为都是对粉丝信任度的一次消耗，时间长了，也就没人继续跟随。

4. 推送频率是否过高或者太低

每一个公众号都会有自己的推送时间和推送频率，但是不能为了推送而推送，如果质量不过关，宁可不推。如果并没有那么大的内容产出，或者精力有限，可以通过降低推送频率来保证推送质量，并不是每天推送就会留住用户；相反，没有质量的内容其实就是促使客户离开。

5. 是否经常不回后台消息

用户给公众号发消息或留言得不到回复，那么用户就会慢慢流失。特别是留言这个版块，运营者一定要加以利用，及时回复用户留言，及时解答问题，形成良性互动。

6. 推文核心亮点是否突出

在碎片化阅读时代，用户注意力总是不够集中，很多情况下是快速扫描式阅读或者跳跃式阅读。这个时候，文章中的很多关键部分很可能被直接忽视掉，会影响用户的阅读体验，包括对公众号的判断。一个最简单的方法就是把图文中的核心部分重点标注出来，可以用加粗、加颜色、加下划线等方式突出核心内容。

课堂延伸

公众号自检清单

每一个新媒体人都应该有一份自己总结出的日常自检清单，作为行为准则和指导标准，不断推动自己成长进步。

需要把一次次失败中发现的问题归纳出来、把学到的知识拆解成一个个关键点、把经常会忽视的标准整理出来，总结出一条条需要关注的重点，形成自检清单，学会自检。

经常对照自检清单，能规避很多不该犯的错误，明确那些自己该重视的事，可以将以前学到的知识真正利用起来，将运营的各个环节做得更好，那么离成功自然就会越来越近。每看一次自检清单，都会带来新的启发和思考，而每对照清单优化一轮之后，心里也会更有底气。

新媒体人日常工作中需要注意到的问题清单，供你参考，一共60条。以下摘选了部分内容，具体可以查看《一份新媒体人日常自检清单》一文。

（1）我的目标用户是谁？至少每周问自己一次，最好每天都有思考。

（2）我的目标用户有哪些长期需求？有哪些是马上就需要解决的需求？

（3）我的公众号定位是否清晰？是帮助“哪些用户”在“什么场景”解决“什么问题”？

（4）我的公众号能给目标用户带来哪些价值？提供干货、解决资讯焦虑还是提供情感慰藉？

（5）为什么用户会选择其他解决方案，去看其他同类公众号？他们会有哪些不满意的地方？我还可以怎么改进？

（6）如果我想成为目标用户的首选，有没有什么用户一定需要来找我才能更好地满足的？

（7）如果用户在后台联系我，他们会叫我什么？小编？

（8）我的公众号对于新读者是否有建立公众号认知？比如第一时间让用户了解公众号定位、突出公众号介绍、提醒关键词回复等。

资料来源：搜狐网.

（三）是否与用户建立了更多联系

如果运营者未能与用户建立更多的关系，仅仅是通过推文“你写他看”来连接用户，这种关系是很脆弱的。而且在这种弱关系下，用户取消关注也比较容易。

1. 是否经常会做用户小互动

公众号一般在结尾处有各种内容征集、互动游戏参与、发起话题做 UGC 等。这都是运营者在长期运营过程中摸索出来的用户互动形式，既与自己的定位或业务相匹配，也是用户喜欢的，能够更好地加深公众号与用户的关系。

二维码85

知识链接：UGC

公众号的互动形式其实有很多，可以在图文结尾处加一句走心的话或者小思考，每天回答一个用户问题，征集读者故事发布，发起各种有趣的投票，甚至可以专门筹备粉丝节日等。

2. 是否专门建立社群来维护粉丝

由于功能的局限性，从维护用户关系角度而言，公众号无法与社群相比，由专门的客服人员运营社群后，公众号的取消关注率会降低很多。商家利用公众号把自己和用户真正连接起来，这个链接产生的价值不仅仅局限于用户维护，还有品牌传播、活动传播、产品调研、直接销售等。

3. 是否让用户参与投入公众号

人们在决定是否做一件事情的时候，不仅会看这件事对自己有没有好处，而且会看过去已经在这件事情上有过多少投入，如时间、金钱、情感、精力等。一个人在某件事上付出、投入得越多，就越不容易放弃。如果公众号除了让用户投入时间看文章，还会经常征集用户观点，让用户参与公众号或社群的运营，让用户帮助公众号审稿、一起策划活动、一起想选题、一起做公众号推广、一起参与公众号栏目的策划等，那么用户对公众号的忠诚度就会大大提升。

五、及时捕捉热点

能够及时捕捉热点是网络媒体的优势。当热点事件来临时，运营者首先应决定是否捕捉这个热点。不是所有的热点都要捕捉，也不是所有的热点都适合跟进，对热点首先要有以下判断标准。

（一）热度

热度即热点的火热程度或被关注程度，运营者应关注热点对目标人群的覆盖度。

（二）传播度

热点光有热度是不够的，还需要有一定的传播性，如新鲜、有趣、有用、有情感、有态度。例如，党的二十大报告关系民生和社会，传播度自然会很高。

（三）话题性

这里说的是热点本身的话题性，如有争议、有漏洞、有群体指向、情绪激烈、开放话题、与多数人相关、有延展性等。

（四）相关度

这个相关包括两个方面：一是与公众号定位的相关度，二是与目标用户的相关度。简单地说，如果一个事件特别火，但不能和商家的产品定位产生关联，意义并不大。同样，运营者关注的热点在目标用户眼里未必是热点，或者压根就不感兴趣，这样的热点就不值得利用。

（五）风险度

追热点也需要考虑风险，一些运营者偶尔会失去理性，导致热点最后反而给品牌造成伤害，损坏企业价值观，进而影响店铺流量。

课堂延伸

公众号能不能转载其他号的文章?

除了少数有特色的个人自媒体，对于绝大部分公众号来说，转载可以说是刚需。很多公众号的编辑每天都会花大量的时间来授权转载文章，有时候甚至比选题的时间花得还多。公众号的存在就是给用户带来价值，而用户又让公众号产生价值，这就是运营的目的所在。所以，不管是原创还是转载，最终要的是能够持续提供满足用户价值、超出用户预期的好内容。

另外，大多数转载都是为了减轻原创的压力。如果有强大的原创能力，发布原创文章当然更佳。但实现情况是，大多数公众号转载不是因为没有原创能力，而是发文需求量太大，编辑没那么多精力。所以，在原创输出有限的情况下，转载未尝不可。通过原创加转载的方式持续给用户创造价值，可以使公众号编辑有更多精力提升原创能力。

不过值得注意的是，转载时一定要尊重原创者的知识产权，获得必要的授权，并按要求标注来源。

举一反三

1. 打开微信朋友圈，查看微信朋友圈的主要广告分类，比较个人微信广告、企业微信广告以及腾讯推送广告之间的差别。

2. 注册微信公众号或开设微信社群，针对前期建立的店铺进行合理的内容定位，试着在微信公众号或社群中发表一篇推文，并进行推广。

任务3 微博平台运营

任务描述

随着政策不断调控，互联网各大平台算法规则更新迭代，管理更加严格，进行引流不再像以前那样轻松容易。所以，整体互联网的推广成本都在慢慢地增加，包括各平台广告对微电商也有严格的管控。虽然流量枯竭，流量获取的难度增大，但是掌握微博的流量渠道并且用心运营，仍然可以获取到精准客源，所以通过微博来引流仍然是站外推广的重要渠道之一。本任务就将介绍微博平台运营常用的一些推广方法。

任务实施

第一步：品牌推广运营

一、设置关键词和基本信息

如果在微博中推广某个品牌的产品，为了拥有较大的自然流量，可以首先按照以下格式进行名称的关键词设置。

- 品牌名 + 职位 + 名字
- 功能 + 职位 + 名字
- 行业 + 职位 + 名字

如何判断某个关键词在微博中的流量情况呢？可以利用微博指数进行关键词搜索查询。类似于百度指数，微博指数可作为企业运营的参考，设置有流量的关键词是引流最重要的一个步骤。

关键词设置好了以后，企业还要完善微博基本信息设置。信息设置尽量与商家的产品相关，各种标签一定要跟产品和行业有相关性。

二、提升微博排名

商家利用微博进行站外推广时，需要了解微博文章发布的排名机制。微博排名机制遵循以下规则：

第一，名称要与关键词匹配。关键词包括产品关键词、行业关键词、品牌关键词、功效关键词等。

第二，标签要与行业、功能相关的关键词匹配。

第三，用户高权重、高质量。

第二步：开展软文营销

一、借势时下热门话题

在微博热门话题中可以找到热门微博、热门话题、综合热搜等方面的内容，因此企业可以借助时下的热门话题来吸引人们的关注，将软文和热门话题相结合，可以有效提高用户的关注度，进而在一定程度上实现引流到店铺的目的。

借势的另一个方式就是借助有大量粉丝的知名博主之手，帮助企业进行营销，从而实现更好的营销效果。借助知名博主营销有两大优势：知名博主粉丝数量众多，可以让更多潜在用户接触到品牌，达到更好的广告效果；知名博主在某些专业领域方面更加精通，具有引导消费者的能力。

二、善于挖掘历史

这里说的历史不单单指历史故事，还指企业所在地的历史文化、企业的发展史等，甚至还包括企业经营项目的历史渊源等。例如，茶叶企业可以通过结合当地的文化历史进行文化包装，科技类产品结合创业历史、科技历史进行品牌营销。只要内容有深度，就可以吸引一批稳定的用户关注。

三、主动制造新闻

面对微博这个流量庞大的实时性平台，企业要学会自己主动制造新闻。虽然发布新闻的方式不多，但是新闻的内容可以有很多。如企业年中及年底的经销商座谈会、商家的融资、社会公益实践、企业参加知名活动等。这样就能保证企业的新闻永远不断，让消费者随时都能看到企业的消息。

当然，制造新闻还要讲究一定的原则。例如，新闻要有一定的依据，是真实的，不能编造；要用新闻撰写的标准来撰写文案。

四、学会与对手比较

企业要擅长向竞争对手学习。对于同一个产品或者同一项服务，企业要仔细研究对手的软文特点，然后取长补短，找出自己的优势所在，将自己具备的优势而对手不具备的优势在软文中体现出来。

但是在与对手比较的过程中，要注意不能刻意诋毁对手，要站在客观的角度上进行创作，不能为了达到自己的营销目的而刻意诋毁对手的弱势，因为这样很容易在消费者心目中树立不好的企业形象。

五、140字打造精华

在微博进行软文营销，最好是在140字以内完成。虽然可以发长微博，但是用户不会花太多时间去研读，精简的软文更加容易被读懂。发140字软文微博要注意以下几点：

（1）前40字以内吸引眼球。微博软文只有在前40字以内就吸引用户的眼球，才会有更好的效果。

（2）巧用疑问句来结尾。用疑问句来结尾，相当于抛出一个话题来供用户讨论，能够引起更多人的互动。

（3）罗列有用信息。在多项有用信息发布时，可以清晰地将有用的信息进行1、2、3分点罗列，不要用一段文字表述全部信息。

六、巧用“@”功能

在微博软文营销中，“@”这个功能非常重要，有时候要在博文里@名人微博、知名博主的微博、媒体微博或企业微博等。如果这些媒体或名人回复内容，那么很有可能获取更多的粉丝关注，从而扩大了软文的营销效果。还有的可以通过知名博主的微博来@企业自身，也就是直接借助知名博主来给自己打广告。

第三步：注意微博软文营销细节

在运用微博进行软文营销的时候，还有一些需要注意的细节。

一、注意发布的时间

微博用户碎片化阅读特征非常明显，因此，企业在运用微博进行软文营销时，要注意微博软文发送的时间段，以获得更多的关注。

一般而言，在上班时间上午8—9点、下班后时间18—22点推送软文的关注度更高。主要原因在于上午8—9点：这个时候人们在上班路上或者刚上班，会忙里偷闲刷一刷微博；18—22点：这个时间段用户的互动较多，频率高。

二、跳出转发的误区

很多企业认为，某条微博的评论数或者转发数非常大，这条微博效果就不错。其实不然，仅用评论数和转发数来评判软文营销的效果并不那么精准，因为有些转发其实是无价值的。

因此企业在微博进行软文营销时，需要从以下两个方面对营销效果进行判定。

（一）水军

有些企业将微博软文营销外包给中介广告公司来做，有时候这些中介广告公司为了让营销效果表面上看起来特别好，就雇用了大量水军进行转发和评论。但是这些水军并不是真正的用户，因此企业要加以识别和区分。

（二）质量

企业应注重微博软文的质量。微博软文的质量是指在软文营销过程中，企业要考虑评论中有价值的评论有多少、转发里是否存在高质量账号、高质量账号有多少。如果这几个数据都很低，那么整个软文效果则不能算很好。

三、注意精准用户群

企业在进行微博软文营销时，应该寻找潜在的用户群，有针对性地进行营销，那么如何在微博上精准找到用户群呢？主要有以下三种方法：

（一）借助话题

微博上经常会出现各种各样的话题，企业可以结合自身定位，通过这些话题搜索参与到话题中，这样就能进入目标用户群中。如果发现某些用户经常参与与自己企业产品相关的话题，那么这类用户就是最精准的用户。

（二）借助微群

微群是一个供相同兴趣爱好的人一起交流互动的平台，企业可以在微群中建立与自身产品服务相关的话题，然后进入微群的用户就是目标用户。

（三）借助标签

企业可以通过分析微博用户的标签，然后按照年龄、性别等方式对其归类。如果企业的目标客户正好和某一人群重合，则这类微博用户就会是企业的目标用户或潜在用户。

四、注重培养用户群

企业找到目标用户之后，就要想办法将他们变成自己的忠实用户。企业可通过以下方法将目标用户变成忠实用户。

（一）互动关注

企业不能一直等着用户来关注，有时候需要主动出击，主动关注目标用户。微博用户在获得新粉丝后，一般都会回访关注人的微博，这样就成为一次营销互动。

（二）评论和转发

企业可以在一些微博用户下写下有价值、有深度的评论，这样能引起微博用户的注意。除了评论外还可以转发，这样会让用户觉得受宠若惊，从而增加对企业的关注。评论和转发可以建立起一座与用户互粉的桥梁，届时用户成为企业粉丝也就不是什么难事了。这种方法需要持之以恒，并且要真诚用心，才能取得好的效果。

（三）不要只发布软文

有些企业在运营微博时，由于人手忙不过来，经常就是每天敷衍地发布信息，就当作微博营销任务完成，这样的后果很可能就是没有效果。商家利用微博软文进行推广时，关键就在于微博软文发布后，不断与用户进行互动，来保持用户的活跃度和关注度。因此，微博软文营销不局限于只发布软文上，而是由很多小环节一环扣一环而成的，并不是每天发布软文信息就能获得用户持续的关注。

举一反三

1. 在微博中尝试发布一则与自己店铺促销活动相关的软文，与全班同学一起发起一个 # 相同的话题 #，进行统一推广。

2. 在微博中试着找出与自己店铺产品相关的企业微博，选择出 2～3 条微博博文，仿照企业微博的博文内容编辑一则与自己产品相关的博文。

任务4　视频类平台运营

任务描述

视频营销是将各种视频短片以不同的形式放到互联网上，达到一定宣传目的的营销手段。视频可以是产品视频、品牌视频、企业宣传片、微电影等形式。与传统的其他媒体广告及户外广告相比，视频在这方面具有得天独厚的优势，是实施现代营销媒体战略的重要部分。在本任务中，我们了解主要的视频推广平台以及相应的推广技巧。

任务实施

第一步：了解视频推广平台

现在网络上有各种各样的短视频平台，这些短视频平台都有什么要求、有什么特点，这是我们第一步要了解的。

一、抖音

抖音是短视频平台的“老大哥”，每日活跃用户量超过 3 亿，用户偏向年轻化，一二线城市用户较多，消费能力强。如果想做电商带货，或者打造个人 IP 推广营销，抖音是一个必选的平台，用户量大、产出爆款比较容易。抖音对视频格式的要求为竖版。目前抖音开放了 15 分钟长度的视频，但对于新人，发布 30 秒内的视频会有助于提高播放量和涨粉。

二、快手

快手的用户相对比较下沉，四五线城市青年较多，用户群没有经过 PC 互联网时代，直接进入了移动互联网时代，对网络充满好奇，比较容易信任他人。快手流行“老铁文化”，即“你成为我的粉丝，就是我的老铁”。快手对视频格式的要求为竖版，发布快手视频建议长度在 1 分钟内，10 多秒的视频最佳。

三、头条小视频

头条小视频是镶嵌在今日头条 App 的一个小视频，效果类似微头条。头条小视频的流量也非常大，其中常常可以见到几十万、几百万播放量的视频。抖音绑定头条号以后，抖音上发布视频，可以直接同步到头条小视频中。头条小视频对视频格式的要求也为竖版。

四、西瓜视频

西瓜视频是头条视频的前身，由专业用户或团队生成的内容，视频的长度一般在 3 分钟左右，更具有可看性。西瓜视频要求上传横版的视频，视频长度在 1～5 分钟。用户在西瓜视频发布作品，系统是按播放量给予广告分成的。

五、好看视频

好看视频和西瓜视频类似，但它属于百家号旗下的短视频产品，主要对标西瓜视频。因为有百度 App 和好看视频 App 这两个流量渠道，用户量也很可观。好看视频也需要发布横版的视频，视频长度在 1～5 分钟。同样的，好看视频也是按播放量给予广告分成的。

六、火山小视频

火山小视频也是今日头条旗下的一款短视频产品，主要用户群和快手有点类似，有今日头条 App 内部的流量输送，发展的速度也非常快，值得运营。火山小视频对视频格式的要求为竖版，视频时长低于 1 分钟。

七、全民小视频

全民小视频也是百度旗下的视频平台，对标火山小视频和快手，以 10 多秒的视频内容为主。

八、爱奇艺视频

爱奇艺视频是比较传统的视频平台，与优酷视频、腾讯视频类似。如今，爱奇艺平台也加入了短视频的阵营，推出了多元化的横版和竖版视频，鼓励用户发布内容。作为老牌的视频平台，爱奇艺的流量也是非常大的，作为短视频内容创作者，这个平台也值得运营。

第二步：运营短视频平台

短视频平台层出不穷，这里我们以爱奇艺和抖音两个具有代表性的视频推广平台为例进行讲解。

一、爱奇艺短视频运营

（一）善用百度风云榜寻找热门素材

因为爱奇艺是百度旗下的视频平台，所以在百度风云榜上搜索到的素材更容易被平台推荐，运营者要善于运用百度风云榜寻找素材，如图 7-4 所示。

好的素材是打造优质视频的第一步。除了自己拍摄外，运营者还可以进入百度风云榜、微博热搜及知乎中寻找话题和视频素材。百度风云榜每天拥有互联网最新热点关键词排名数据，娱乐、社会、生活、科技等诸多领域的热词都会涉及。商家想在爱奇艺推广与店铺或商品相关的视频时，可以充分利用这个网站。

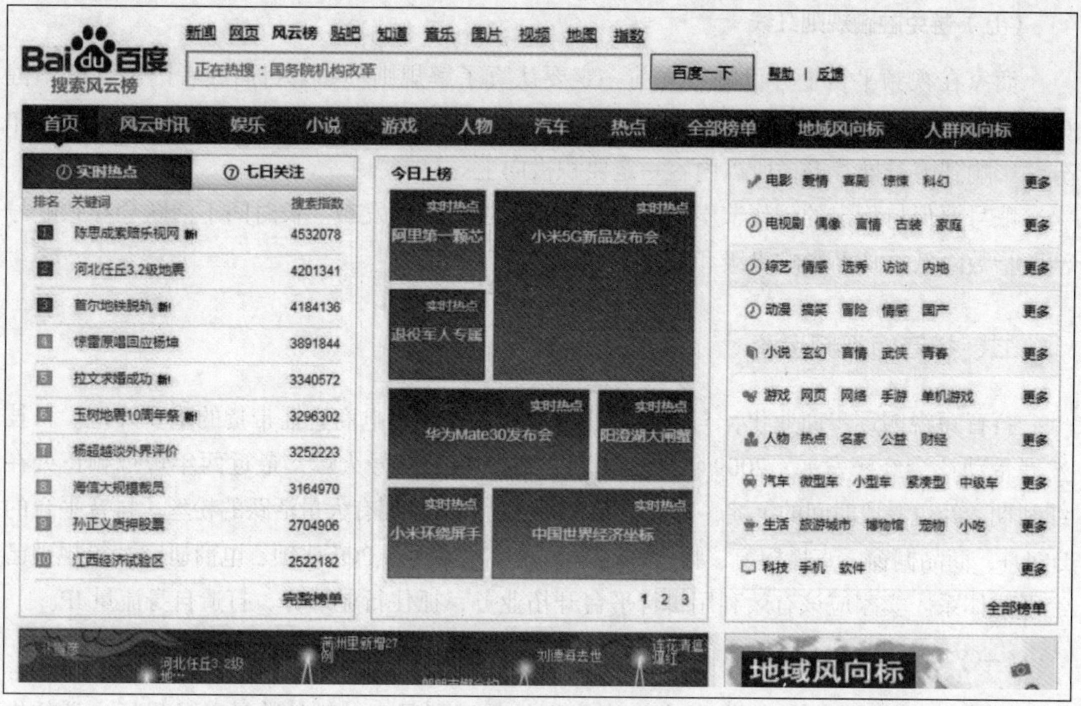

图 7-4 百度风云榜

（二）积极参加平台官方活动

每个平台为了活跃气氛、提高用户积极性，都会不断地举行各种活动。运营者只要参加活动就会有各种流量扶持，所以要积极参加各种官方活动。爱奇艺中的两个模块值得运营者重点关注。

（1）创作活动。每天做任务可以获得平台的奖励分，账号指数分也会增加，账号升级速度也会加快。

（2）创作热点。通过这一模块，发布者会知晓平台热点，这样视频选题会更加精准。需要注意的是，上传内容一定要首发并且视频是加工处理过的，这样才能更容易获得更多的播放量。

（三）最佳发布时间

一般而言，爱奇艺号的最佳发布时间在晚上 10 点后，平台审核会比较快，到 0 点后每发布一个，平台会快速审核通过。所以尽量不要在白天发布视频，白天一般都是人工审核，审核慢还容易被驳回。

（四）签约爱奇艺自媒体作者

前期当卖家入驻到爱奇艺号后，需要在后台查看等级权益功能，完成平台规定的任务，以尽快提升爱奇艺号的指数，从而获得更多的播放量。

（五）避免触碰规则红线

商家在视频平台上开设账号之前一定要认真了解规则。如果封面或者内容含有不健康内容会被扣分或者驳回。被扣过分的账号会被平台连续监控，不改善的话容易连续被扣分，影响到流量推荐等，所以内容一定要积极向上。

账号要保持稳定的创作节奏，至少每周都要进行视频发布。长时间不活跃会导致账号活跃指数降低，从而影响等级和权重。

二、抖音短视频运营

抖音短视频逐步商业化，与电商行业密切相关，成为电商直播带货的重要阵地。科技发展带动社会经济发展，2009 年微博红利、2013 年公众号火爆，最近两年短视频正处在红利期，经过一段时间的沉淀，建立了庞大的流量入口，拥有大量活跃的粉丝。抖音平台的 DOU+、商品橱窗、直播橱窗、抖音购物车、蓝 V 企业号、POI 认领、电商研究社等规则已经形成体系。卖家应该有效利用抖音平台开拓业务，抓住行业形势，打造自身流量 IP。

（一）内容大于营销

抖音视频讲究创意。系统推荐和自身标签的匹配程度、粉丝数量以及目标人群的推送，都会决定一个视频的浏览量。抖音平台对于粉丝数量低的新人系统会有一定的扶持。现在类似直通车的付费推广工具也是引进流量的手段。

一个视频能不能火，主要的影响因素包括视频完播率、点击率、点赞数、评论数、转发以及视频质量和抖音官方的推荐算法。所以，视频质量越优，受众范围越广，火起来的概率就越大。

所以，运营者发布视频的定位要明确、内容要多样化，有人物情景时应配上文字，有助于提升用户浏览体验。抖音视频结合内容推广商品并不会被用户反感，像情感类的“子豪栗子”“单方视角”等博主都在视频中频繁地推荐商品，因为有内容情节，很好地掌握了用户心理，能够被用户接受。

（二）布局安排，精准实现用户变现

抖音发布的年度报告显示，截至 2021 年初，抖音日均视频搜索量已突破 4 亿，月活用户量超过 5.5 亿，其中女性用户和年轻人的占比是最高的，其中男女比约为 4：6，30 岁以下的用户占比达到 93%。从购买率和转化角度，抖音的流量质量非常高。在抖音中进行推广主要有以下几种方式。

1. 广告植入

活跃粉丝达到一定程度，这时候就要考虑结合自身店铺的情况，为店铺的爆款商品或者新品投放广告。但要注意的是，植入的广告内容不要太生硬，情景一定要有观赏性，不要一直重复、频繁地出现广告，以免影响本身抖音账号的权重，造成粉丝流失。当然，推广的商品质量肯定要过关，而且应注重商品性价比。

2. 线下店铺推广

线下实体店铺通过互联网做营销可以取得较好的成效。可在视频中多角度地展现商品的细节，附加店铺位置，最好推广展现当地用户。招商加盟类视频在抖音屡见不鲜。

3. 直播带货

粉丝达到一定数量可以在抖音开直播，如图 7-5 所示。与淘宝直播等站内直播不同，抖音直播不能直接售卖产品，那样效果反而不好。在直播间可以摆上推广的商品，位置明显，但是介绍的篇幅不能太长，不然容易导致粉丝视觉疲劳，造成流失。只要粉丝数量够多，这些粉丝就代表着庞大的流量，这是转化的前提条件，想要盈利就必须长期维护粉丝，因为这就是属于卖家的宝贵财富。

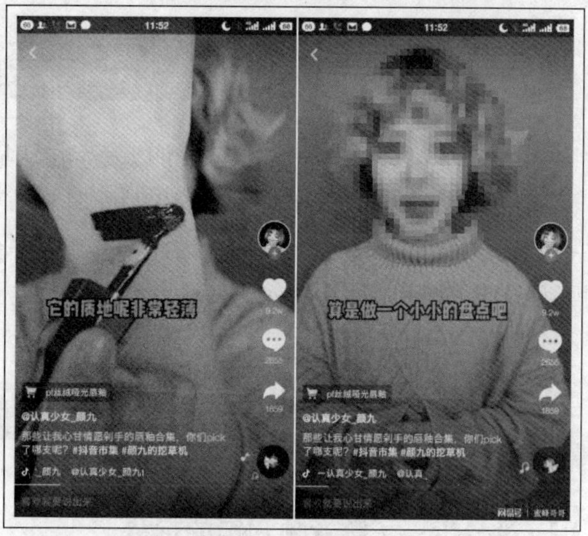

图 7-5　抖音直播带货

4. 淘宝店铺

抖音中开放了淘宝链接，淘宝商家可以借助抖音进行引流。例如，有个童装淘宝店主在抖音有超过 25 万人的粉丝群，在抖音视频中发布的链接都是自己淘宝店铺的商品，一个爆款能带来几十万的展现，推广新品也很快，大大节省了推广费用。

抖音视频应以内容为主导，营销于无形中，刺激消费者的购买欲望。只要内容烘衬得好，抓住用户尝试的心理，转化并不是很难的事，而且流量入口庞大，抓住机遇推动淘宝店铺发展是很有可能的。

抖音时代已经到来，更多的流量才能决定店铺发展的高度，而抖音是店铺流量突破瓶颈的重要工具。如果要让店铺商品成为大家争先恐后“种草”的网红商品，商家应多角度利用内容营销做好引流，店铺才能稳步发展。商家在开拓抖音流量的同时，站内直通车推广也要同步跟上，这样抖音带来的站外流量的意义才会更大。

举一反三

1. 尝试注册和开通自己的抖音号，结合自己的店铺进行抖音号定位，并尝试发布一则店铺产品推广的视频。

2. 打开爱奇艺视频，一方面查找爱奇艺视频的各个广告版块，另一方面寻找做自媒体的爱奇艺号，找寻店铺商家的主要促销活动或广告信息。

任务5　音频类平台运营

任务描述

在移动互联网环境下，“听”可以发生在从早到晚所有双眼被占用的场景中。换句话说，在跑步、做饭、开车、睡前等碎片化时间，当用户的双眼被占用的时候，音频会成为一个最方便的获取信息的载体。因此，音频类平台也成为站外推广新兴的渠道。本任务以喜马拉雅 FM 音频平台为例，使读者掌握音频类平台推广技巧。

任务实施

第一步：了解音频营销的优势

从喜马拉雅 FM 公开的一份简介中可以看到众多机构、品牌已经加入音频营销中，如图 7-6 所示。

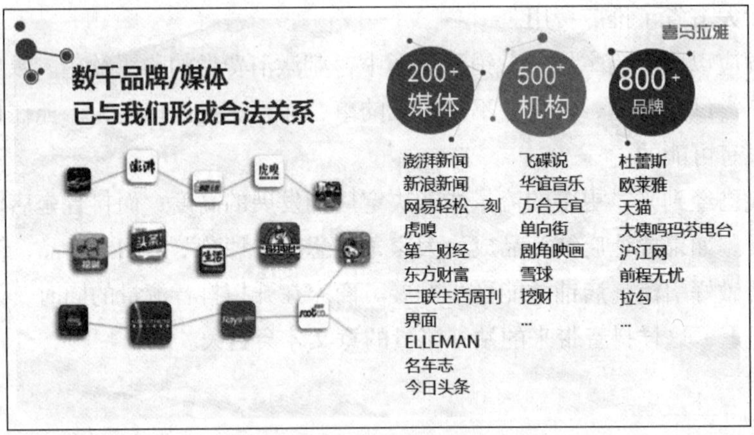

图 7-6　入驻喜马拉雅的品牌

卖家做音频营销主要基于以下原因：

（1）闭屏是音频媒体的特点，恰恰是这个特点让音频营销的价值更高。当用户被更多开屏（视觉）媒体吸引，每天各种讯息刷屏，在看到广告时会有意地忽略；反过来在音频里，内容直达每个听众的耳朵。例如，从前走街串巷的小贩儿靠吆喝，不论你在干什么，一个声音就把你吸引了，那是因为相比眼前充斥的各类信息，你的耳朵并没有那么“忙”，因此占领耳朵是很有效的营销方法。音频会成为企业在移动互联网时代进行整合营销的重要部分。相比过度开发的开屏（视觉）广告，音频的闭屏特点更有效地让品牌信息触达用户，这是音频营销的关键点。

（2）音频另外一个特点就是伴随式。相比视频、文字等其他媒体，音频具有独特的伴随属性，不需要占用双眼，因此能在各类生活场景中发挥最大效用。

此外，随着手机、汽车、智能家居等各类硬件产品植入喜马拉雅 FM 等的音频内容，闭屏、伴随式让音频营销逐渐成为商家进行站外推广的一种独具特色的方式。

第二步：熟悉音频营销的代表性方式

以音频平台喜马拉雅 FM 为例，这个平台有以下几种具有代表性的营销方式。

一、内容植入式

内容植入是各种媒体都在尝试的营销方式，但在音频中略有不同。我们想象一下自己在大学时听着收音机入睡，在开车时听着收音机，在旅行时听着喜马拉雅 FM 这样的音频应用，主播带入性地植入品牌的效果比平面媒体、网络广告要好很多，原因是在于主播的意见领袖特征、声音的亲和度、粉丝的忠诚度，这三个要素让音频植入更有特色。

2015 年底喜马拉雅 FM“2015 你最喜爱的主播评选”活动刚落下帷幕，同时年底本身也是主播举办感恩活动的密集时刻，必胜客十分聪明地以此为切入点，利用平台上主播有意感谢粉丝支持的机会，发起“感谢你为我拉票，我要请你吃必胜客”活动，赞助喜马拉雅 FM 平台前 50 名主播的大餐宴请（见图 7-7）。

这个软性玩法让人眼前一亮，即品牌方联合喜马拉雅 FM 发起答谢粉丝活动，同时调动起主播和粉丝双方的积极性。最终喜马拉雅 FM 平台上排名前 50 位的主播中有 42 位主播参与，并在节目中口播植入，引发主播大咖和粉丝们自愿的转发分享，短时间快速引爆，产生数千万次品牌直达的传播效果。

图 7-7　必胜客入驻喜马拉雅发布的活动

由于参与答谢活动的42位主播人气超高，节目如《糗事播报》大多自带百万级流量，并在长期创作过程中建立了信任度，因此当他们在当期节目中露出“请吃必胜客”以及必胜客新菜品信息时，反而大受粉丝欢迎，轻松完成答谢任务，如图7-8所示。对于本次尝到甜头的广告主——必胜客来说，它只花了极少的费用，就撬动了整个平台上42个主播的数十档人气节目，同时引爆数千万人次的集中传播。无论是必胜客品牌宣传还是新菜品曝光，都在此次答谢活动中收到了以一当百的效果。

图7-8　喜马拉雅音频中必胜客与音频主播互动活动

蕉下小黑伞的植入营销也是一个成功案例。根据小黑伞特点，主播专门创作了一档关于外出旅游、防晒的主题节目，节目风格依旧，植入很顺畅。主播介绍了小黑伞的特性、优惠活动等信息，介绍了淘宝购买搜索方式（见图7-9）。整期节目都是围绕着外出游玩展开，由没涂防晒霜引导到去买防晒伞。

图7-9　喜马拉雅音频中推介的小黑伞商品

与特定主播合作定制节目、植入节目的方式，对于营销转化需要设定粉丝特权，在小黑伞的植入中，粉丝们找到客服说明自己是喜马拉雅某主播的粉丝还有额外赠品，这给客户提供了专属优越感。这期节目播放量超百万次，秒杀开始1分钟内就卖出2 000把小黑伞，一天之内卖出近两万把，大量粉丝联系客户表示自己是该主播粉丝来支持活动的。

二、品牌入驻式

品牌直接进入音频平台，建立自己的音频自媒体，这也是一种很不错的营销方式。企业可以借此拓宽营销通路，尤其像喜马拉雅 FM 这样的平台，其用户具有极高的黏性，品牌不仅仅是进入微博开一个官微，进入微信做一个公众号，在音频平台也可以开通账号，做一个有特色的电台。企业建立自己的音频电台，要符合自身特色。一般有以下几种类型：

- 知识攻略型
- 达人互动型
- 幽默搞笑型
- 活动传播型
- 美文疗伤型

以上几种都是常见的音频内容形态，企业做电台自媒体应找准定位。例如，郭德纲在喜马拉雅 FM 开通的“德云社”、综艺节目“今晚 80 后脱口秀”等。

三、主播互动式

主播互动式是粉丝参与感最强的一种音频营销形式。这种形式中，主播与粉丝们一起参与到线上线下的各种活动中，如旅行、美食、游戏观影、展览等，通过主播与粉丝间的零距离互动，有效地进行品牌价值输出。

国内游戏厂商悦世界冠名喜马拉雅 FM 数档知名娱乐节目，首先在节目中植入悦世界旗下游戏“神域之光”的相关内容，随后几位节目主播亲身参与游戏，并公布自己的角色名及所在区号，以此吸引粉丝关注并参与进来一起游戏。

这成为游戏类客户尝试音频营销的一次成功范例。就《非常不着调》栏目来说，活动单期节目播放量高达 205 709 次，点赞 4 410 次，评论 750 条，吸引了大批粉丝参与到游戏中，转化率极高，如图 7-10 所示。后续由主播发起成立游戏工会，粉丝们纷纷加入其中，最终竟形成了该游戏在当时人数最多的游戏工会，活动效果由此可见一斑。

图 7-10　游戏厂商悦世界冠名喜马拉雅 FM 知名娱乐节目——《非常不着调》

从内容植入式、品牌入驻式、主播互动式这三个核心的音频营销方式上，可以延伸非常多的创意内容。

此外，像喜马拉雅 FM 这样的移动互联网公司在音频上已经不是简单的内容生成平台。一方面，这些公司通过大数据分析、人群画像等，根据用户的个人偏好、收听习惯进行相对精准的内容推送；另一方面，内容分发不只发生在智能手机上，而是在包括汽车、卧室、厨房、卫生间等场景中的各种智能硬件中，触达用户在 24 小时中的各种应用场景。

基于用户数据进行精准推送以及智能终端的整合，使得音频场景化更加丰满。音频切中人的听觉，从闭屏、伴随式的特点上会让很多企业产生开电台的冲动，用好现在的音频红利，很多明星、大 V 等都纷纷开了电台，还有很多草根达人也成为音频大咖，通过这些火爆的音频节目进行植入，可以快速地获取粉丝、提升销售转化率。

举一反三

尝试在喜马拉雅 FM 上注册一个账号，并且结合自己店铺对该账号进行定位，并尝试发布一则与店铺产品相关的推广音频。

任务6　知识问答平台运营

任务描述

知识问答平台是推广效果不错且比较常见的站外网络推广方法之一。知识问答平台如知乎、百度知道、腾讯问问、新浪爱问、天涯问答、雅虎知识堂等，不仅可以帮助卖家获得不错的流量，还能起到口碑宣传、增加有效外链的效果，某些关键词还能在搜索引擎中获得好的排名。本任务中以知乎平台为例，介绍知识问答平台的运营。

任务实施

第一步：拆解知乎独特的生态环境

知乎坐拥超 2 亿注册用户，平均月活用户数已经突破 1 亿，量级上虽然比微博少，但它凝聚的却是全国网民中较为优质的知识群体，超过 87% 的用户拥有本科以上学历，如

图 7-11 所示。

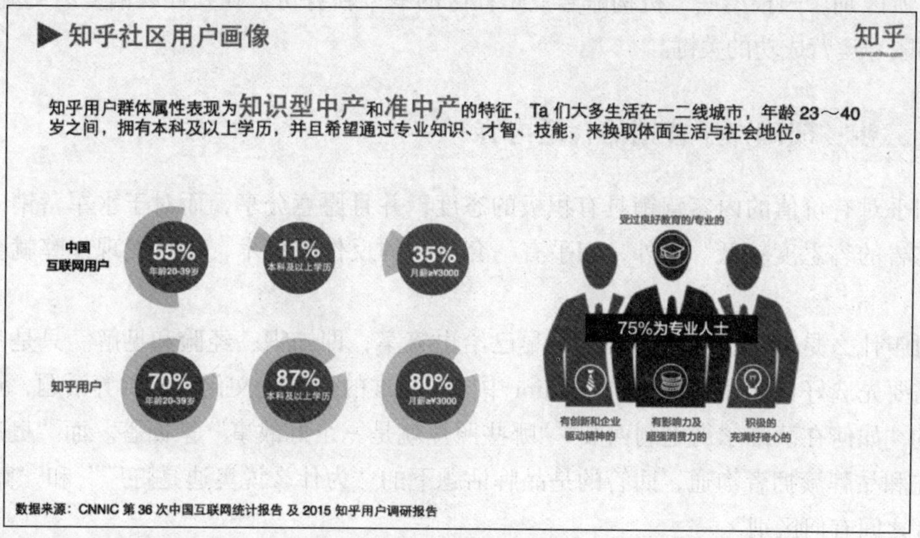

图 7-11　知乎社区用户画像

知乎有许多方式保持用户黏性。精华问题的整理、“话题优质回答者”徽章、答案靠前和折叠的算法以及邀请回答等机制，让优质内容及其回答者获得更多关注。这能满足知友求知、晒内涵即成为大 V 用户、认识同频同好之人的需求，带动用户持续产出和分享好内容，形成高价值人际关系网络。在社区习惯上，他们长文阅读能力高、互动质量高（爱回答、点赞、分享和挑刺）。而在社区文化上，他们爱干货，喜欢直言，对“套路”味太浓的软文嗤之以鼻，如图 7-12 所示。

图 7-12　知乎各业态并存的社区氛围

知乎开放机构账号，让机构名正言顺在知乎开立账号。但机构账号的权益和规范与个人号有所区别。归根结底，机构账号只是社区的一个新身份，找到社区偏爱的交流方式，是机构账号运营成功的关键。

第二步：明确知乎营销的合适内容

知乎对有价值的内容营销具有积极的态度，并且愿意分享，而对于水军营销、软文植入广告的容忍度较低。另外，知乎有一套严格的反作弊技术，一旦发现作弊就会立即处理。

对于什么是有价值的内容，知乎早已给出答案，即知识、经验和见解。只是在这之前，需要先选好目标社群。例如，“Mini 中国”瞄准的是英伦文化、旅游等话题，选择话题下的“如何在萨维尔街定制西装”“哪些照片就是一个好故事”来回答。而“奥迪”则想要先和品牌簇拥者沟通，回答的是品牌话题下的“为什么说奥迪是灯厂”和“奥迪 R、S、RS 之间有何区别”。

以上都是有一定影响力的品牌，如果自身名气还不够的品牌，可以先考虑知乎用户密度最高的地方——热门话题和经典提问，如图 7-13 所示。

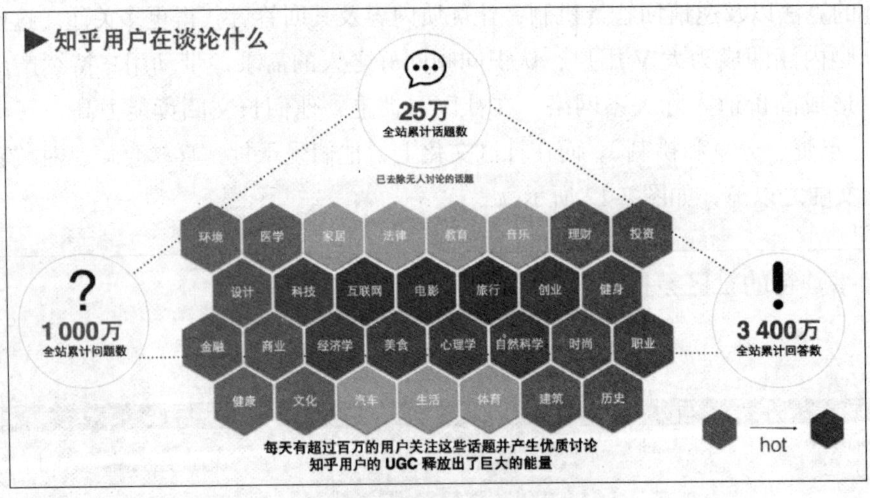

图 7-13　知乎平台上各业态分类

“中国科普博览”在科普天文这类离生活很远的冷话题时，巧妙地选择了大热门的科幻片来科普，用《星际穿越》《三体》甚至《哆啦 A 梦》来回答“瞬间转移”。更多品牌会选择那些自带流量的经典提问，如“鲜为人知”“小众 ××”“……是什么体验”等。

一、知识

相比将公众号图文内容迁移至知乎，一些品牌懂得巧妙地调整内容，把纯资讯调整成包含框架和做法的干货。“西门子中国”在回答风力发电机时，发现单纯介绍远远不够。评论中不乏专业人士探讨，如何抗风浪、控制叶片角度和输送电能。

二、经验

目前点赞最多的机构号回答，很大比重都带有幕后故事——告诉我在别处看不到的，你亲身经历的。“奥迪”直面用户，解释“灯厂”这个自嘲的外号，还顺带科普车灯的钻研历程，受到用户喜爱。外界看来扑朔迷离，貌似只有品牌最知道的幕后故事，总能满足用户的好奇心。

三、见解

越接近用户，用户也越期待看见企业更加真实的风格。“腾讯科技”曾回答微信刷量的问题，揭秘刷量的幕后运作。

除了从知识、经验、见解三方面解读，知乎官方给出了三个品牌营销建议：有话直说，藏着掖着反而没效果；做真正有价值的沟通，不要担心讲有深度的内容会没有听众；当事人、亲历者直接、真诚地沟通更容易赢得用户的认可和好感。图 7-14 展示了经营知乎的正确和错误做法。

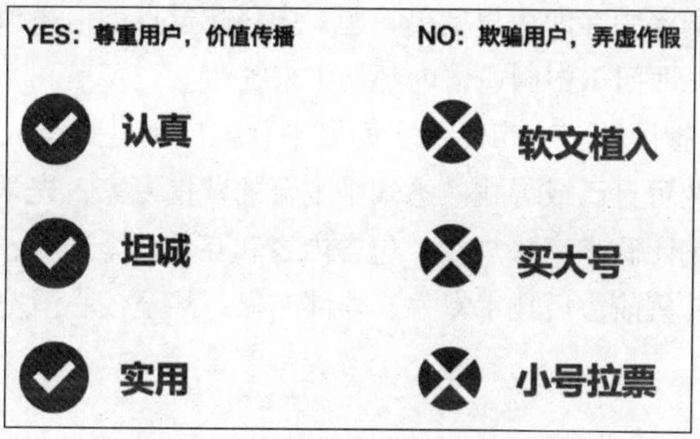

图 7-14　经营知乎的正解和错误做法

第三步：提前准备，入驻知乎机构账号

首先，应该思考品牌是否适合进驻知乎。作为企业，打算入驻知乎前，应该先明确这样几个问题：目标用户在知乎上吗？他们需要你的知识、经验和见解吗？

知乎营销更适合“有内涵”的行业，如知识密集型和技术驱动型行业。前提是这些“内涵”对高知高收入人士有切身价值。适合知乎的行业包括信息产业和技术驱动型、专业服务、B2B 企业、消费升级后的衣食住行（见图 7-15）。

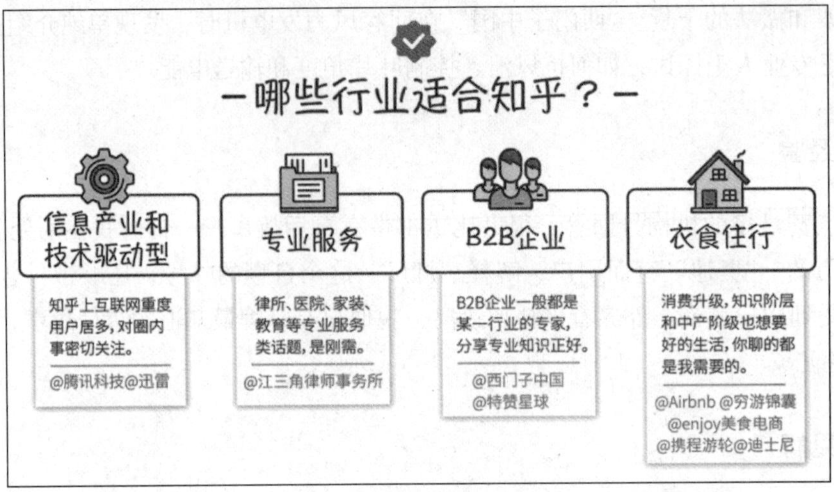

图 7-15　哪些行业适合知乎

其次，如何及时、持续产出内容。如果说微信、微博上的沟通像是“演讲”，说给观众知道就行了，知乎需要的则是“讨论”，就专业问题深入交流。一方面，能满足深度提问和挑刺的内容本身，恐怕超出了电商运营人员的能力，尤其是对于知识密集型企业而言。另一方面，及时、成规模地回应探讨会是潜在挑战。若许多人提问而电商运营人员需要层层了解才能回答，用户的讨论热情早已消散，所以有一些账号采取了独特的做法，“穷游锦囊”邀请社群内资深游客即用户撰稿答题；中科院定点微信邀请天文台副院长等事件当事人作为专家答题；西门子中国邀请内部员工来答题。

最后，要建立虚拟团队——市场部。问答平台推广不是一个人的工作，而是需要一个团队共同协作。企业可自己或寻找熟悉知乎平台的营销专家，先学习了解；由品牌市场部社交媒体或内容营销团队来牵头规划，包含内容和互动两个部分；建立虚拟团队，包含市场人员、产品经理、售前售后技术专家、外部专家，甚至核心消费者、社群人员等。

举一反三

在知乎上找寻与自己店铺产品相关的广告信息，根据找寻到的软文信息试着撰写一篇与店铺产品相关的软文。

项目八 绩效分析评价

项目简介

本项目旨在进一步提升读者数据化思维能力和进行电商数据化运营的能力。当电子商务业务运行一段时间之后，企业需要对经营结果和成效进行分析诊断和评价，以便更好地调整经营策略。本项目将从电子商务运营过程中运用数据进行绩效诊断的方法，需要关注的数据指标为切入点，通过任务 1 认知电子商务中的数据分析及其作用；通过任务 2 学会企业经营中主要的财务报表和财务指标分析；在任务 3 中进一步围绕主要电商运营过程中的流量、转化、会员等代表性数据，解读其意义并进行分析；在任务 4 中针对具体岗位列举绩效评价方法。

项目目标

【知识目标】

- 了解电商数据化运营的概念、作用、特点及要素
- 熟悉电商运营过程中所需要关注的数据指标的分类体系
- 理解各类指标的含义
- 了解各岗位职责的评价要求

【技能目标】

- 能够利用电商平台和工具获取需要的电商数据
- 能够解读数据结果所反映出的意义和规律
- 能够选取合适的指标对运营效果进行评价

【素质目标】

- 了解《中华人民共和国电子商务法》中关于数据的要求
- 具备法律意识，能够尊重个人隐私，在数据采集过程中做到不侵权、不违法
- 具备较好的数据保密意识，在数据统计与处理过程中具有严谨的工作态度

任务1　电商数据分析认知

任务描述

随着大数据时代的到来，数据作为重要因素已渗透到各行各业。电子商务相对于传统商务而言，最大的特点就是一切都可以通过数据来监控和改进。通过数据可以看到用户从哪里来、如何组织产品可以实现很好的转化率、投放的广告效果如何等。基于数据分析的每一次改变，就是一次提升盈利能力的机会。经过一段时间的电商运营之后，从用户浏览到购买，再到互动、评价，都会产生大量的数据，这些数据无疑是企业进一步经营发展的宝贵财富。那么这些数据有什么意义？我们能用数据来做些什么？需要关注哪些数据？如何利用数据来指导电商取得更好的绩效？这是我们首先要了解的。

任务实施

第一步：了解电商数据分析的概念

数据分析（Data Analytics, DA），是指根据分析目的，运用适当的分析方法和工具，对收集来的数据进行分析，从中提取有价值的信息，形成有效结论的过程。若是针对电商行业的数据分析，则被称为电商数据分析。随着大数据时代的到来，数据分析已经成为电商经营中非常重要的一环，也是精细化运营的基础。

二维码86

知识链接：某企业电商数据分析师的岗位职责和任职资格

第二步：认识电商数据分析的作用

电商数据分析是进行数据化管理的基础。在互联网技术融入生活的今天，大量消费者依托信息数据实现消费。电商中每天产生大量数据，主要分布在网店、社交平台、手机软件、电话服务中心，以及物流送货、在线支付等环节，数据不仅支持交易，其中蕴含的规

律将帮助企业发现商业机会和市场趋势，进而弥补决策能力，极大地降低决策风险。

二维码87

知识链接：数据化管理

电商数据分析的目的就是从大量看似无序的数据中发现内在的规律，进而形成有价值的信息。电商数据分析最终的目的，就是将这些看似烦琐的数据汇总起来，帮助管理者进行有效的决策和判断，从而实现成功运营并实现利润最大化的目标。

将数据分析结果加以应用，是数据化管理的核心。数据化管理具有重要的意义。

一、进行量化管理

无论是传统零售还是电子商务，大部分管理工作都是可以量化的。绩效 KPI（关键绩效考核指标）就是对日常业务的量化管理。

二、提升销售业绩和生产效率

数据分析本身不能带来最大化的业绩或效率。只有将正确的分析结果应用于业务层面才能产生效益，只有持续不断地产生效益才能称为数据化管理。

三、节约企业各项成本和费用

每个业务中心都可以建立独立的数据化管理体系，建立自己部门的追踪及预警机制，从而达到节约成本和费用的目的。

四、进行组织管理和部门协调

同样一个指标，不同的部门提供的数据可能不一致，既浪费资源，又不利于标准化管理。尽量按照一定的原则来管理日常数据信息，会大大提高组织及部门间的效率。

- 提供正确且有效的数据给对方；
- 不仅提供数据，还尽可能提供数据结论；
- 对结论进行必要的补充说明，并将论证逻辑告知对方；
- 建立业务管理模板共享机制。

五、提高企业管理者决策的速度和正确性

很多人习惯给管理层扣一顶“拍脑袋”的帽子，其实“拍脑袋”并不是一件容易的事情，它是基于经验、深思熟虑之后下的结论。如果管理层在决策的过程中能够参考必要的数据，将会大大提高决策的速度和正确性。

第三步：理解电商数据分析的特点

一、电商与传统零售数据的区别

（一）传统零售是利用二八法则生存，电商是靠长尾理论积累销售

二维码88

知识链接：二八法则与长尾理论

由于受时间和空间的限制，传统零售只能去经营二八法则中那些能带来 80% 销量的 20% 的商品。而电商则没有这个限制，理论上来说每个品类的长尾产品可以无限增加，它们累计起来的销售额也是非常可观的。

（二）传统零售是小数据，电商是大数据

网络平台在 24 小时中不停地产生流量、会员、消费行为等数据，而传统零售的数据主要集中在商品的进销存中。

（三）传统零售是“物流”，电商是“信息流”

传统零售的过程主要是商品的流动。而电商中，顾客通过搜索、比价、评论、分享产生信息，达到购买的目的。

（四）传统零售注重体验感，电商注重服务和效率

传统零售中，购物有时候也是社交的一部分，现在的购物中心基本上是吃喝玩乐一体化的设计。电商注重服务和效率，虽然也有吃喝玩乐的产品，但却不能方便地及时享受。

（五）传统零售是做加法，电商是做乘法

传统零售通过一家店一家店的开发来扩大自己的影响力，电商则通过资金的投入迅速抢占市场。

（六）成本结构不同

传统零售的主要成本是房租与人工成本，电商的主要成本是物流和营销成本。

（七）数据获取及侧重不同

电商在数据的获取方面比传统零售更方便得多，但是数据质量却参差不齐。传统零售的数据分析侧重对商品的分析，电商侧重对人与流量的分析。

二、电商数据分析的六个重要因素

（一）电商数据分析需要商业敏感

电商公司的数据分析师就像军师，必须具备从枯燥的数据中解开市场密码的能力。例如，具有商业意识的数据分析师发现，网站上的婴儿车的销量增加了，那么他基本可以预测奶粉的销量也会增加。网站上的产品发挥的作用并不一样，有的产品是为了赚钱，有的

产品是为了促销，有的产品是为了吸引流量，不同的产品在网站上的摆放位置是不一样的。一个商业敏感的数据分析师要懂得用什么样的数据实现公司的目标。一家刚踏入市场的 B2B 公司和已经占领大部分市场的 B2B 公司的目标是不一样的，前者是看流量赚人气，后者并不看重流量，而是看重交易转化率及回头率。

（二）电商网站转化率是关键，ROI 是最终的目标

电商 B2B 网站平台的宗旨就是为企业服务，降低买家与卖家的交易成本，提高订单利润。因此，电商网站转化率是关键，这其中就提到一个重要的指标——投资回报率（ROI）。ROI 全称为 Return on Investment，是指通过投资而返回的价值，它涵盖了企业的获利目标。

二维码89

知识链接：投资回报率（ROI）

（三）电商数据分析衡量指标的设定

电商数据分析衡量指标是让卖家更好地从数据量化的层面来了解运营的状况，如 PV、UV、转化率都是运营监督的指标。网站分析采用的指标可能是各种各样的，根据网站目标和网站客户的不同，可以用许多不同的指标来衡量。常用的网站分析指标有内容指标和商业指标。内容指标是衡量访问者活动的指标，商业指标是衡量访问者活动转化为商业利润的指标。电商数据可分为两类：前端行为数据和后端商业数据。前端行为数据是指访问量、浏览量、点击率及站内搜索等反映用户行为的数据，而后端商业数据更侧重交易量、投资回报率及全生命周期管理等。

（四）分析某些指标异常变化的原因

网站的某些指标的异常变化是外界市场变化的客观反映，网站的数据分析人员一定要注意这些异常变化。例如，PV 减少就要分析是用户搜索来源减少还是直接访问减少造成的。如果是搜索来源减少造成的，就要观察用户的关键字、搜索引擎等。对于一些数据的异常增加或减少，一定要分析其产生的原因与市场时机，这对平台以后的发展及政策导向非常有借鉴意义。

（五）利用数据分析用户的行为习惯

网站数据分析应该两个层次。第一，网站数据分析，即围绕产品运转做封闭路径的分析，得出产品的点击是否顺畅、功能展现是否完美；第二，研究客户的访问焦点，挖掘客户潜在需求。如果是以交易为导向的电子商务网站，就需要研究如何高效地促成交易，利用数据来分析用户的心理和习惯，最真实的是让用户告知他们的需要。这些可以利用投票调查及问卷调查等来实现，当然利用数据整合分析也是必然的，然后提出针对性方案来改善用户体验。

（六）分析用户的购买行为

当用户在电子商务网站上产生购买行为之后，就从潜在客户变成了对网站有价值的客户。电子商务网站一般都会将用户的交易信息，包括购买时间、购买商品、购买数量、支

付金额等信息保存在自己的数据库里面，所以对于这些用户，卖家可以基于网站的运营数据对他们的交易行为进行分析，以估计每位用户的价值，以及针对每位用户进行扩展营销的可能性。客户的购买行为分析，如传统的RFM模型分析、会员聚类分析、会员的生命周期分析、活跃度分析等都是非常重要的。

课堂延伸

《电子商务法》明确禁止“大数据杀熟”

2019年1月1日，《中华人民共和国电子商务法》(以下简称《电子商务法》)正式实施。

《电子商务法》明确禁止电商平台“大数据杀熟”、删差评刷好评等。如果有捆绑搭售必须明示，并要求平台需及时退还押金。针对“大数据杀熟”，《电子商务法》亦做出明确规定。商家不能仅根据消费者的消费习惯来推介商品，也应向其提供更多元的选项，尊重并保护消费者的权益。如若商家出现“大数据杀熟”的情况，最高可对其处以50万元～200万元的罚款。

以前，消费者判断一个商品是否存在差评，可以通过在商品评价处查看此商品是否存在“差评”的标签。如果存在差评标签但显示为“差评0”，即证明此商品存在差评并存在删差评的行为。只有商品在其评价处无“差评”标签，才表示此商品无差评。有人甚至还通过计算商品的销售量与评价数来判定有无差评以及差评的数量。然而，面对新出台的《电子商务法》，广大消费者将不再需要用此种手段来与商家斗智斗勇。也有电商表示，此法的推广，将会使电商重新转向“以商品竞争”的良好趋势。

第四步：找到电商绩效分析的关键指标

企业性质不同，所处阶段不同，行业不同，电商绩效分析的关键指标自然不同。不过大体可以这样来划分。

一、阶段不同，需求不同

对于一个新电商企业来说，积累数据，找准营运方向比卖多少货、赚多少钱更重要。这个阶段可以重点关注流量指标，包括访客数、访客来源、注册用户数、浏览量、浏览深度、产品浏览量排行、产品跳失率、顾客评价指数、转化率等。

对于已经营运一段时间的电商企业，通过数据分析增加店铺销量是首要任务。此阶段的重点指标是流量和销售指标，包括访客数、浏览量、转化率、新增会员数、会员流失率、客单价、动销率、库存天数、ROI、销售额等。

对于已经很有规模的电商企业，利用数据提升整体营运水平很关键。该类型企业关注的重点指标是访客数、浏览量、转化率、会员复购率、会员流失率、会员留存率、客单价、利润率、ROI、新客成本、库存天数、订单满足率、销售额等。会员复购率和会员留存率务必结合分析，会员复购率再高，如果会员留存率大幅下降也是很危险的。

二、时间不同，侧重不同

数据指标分为追踪指标、分析指标和营运指标。营运指标就是绩效考核指标。一个团队的销售额首先是追踪出来的，其次是分析出来的，最后才是绩效考核出来的。销售追踪自然是按天、按时段说话，分析一般是以周和月为单位，绩效考核常常是以月为主、以年为辅。

每日追踪指标：包括访客数、浏览量、浏览深度、跳失率、转化率、客单价、连带率、重点产品的库存天数、订单执行率。这里面虽然没有销售额指标，其实是有的，只是被过程化了（销售额 = 访客数 × 购买转化率 × 客单价 × 连带率）。

周分析指标：大部分指标都可以每周进行分析，不过可以侧重在重点商品的分析和重点流量的分析上。包括但不限于日均 UV、日均 PV、访问深度、复购率、TOP 商品贡献率、TOP 库存天数等。

月绩效考核指标：绩效考核指标在精而不在多，需要根据业务分工来差异化。店铺营运人员 KPI 指标包括访客数、转化率、访问深度、件单价、连带率 5 个指标；负责推广的人员 KPI 指标包括新增访客数、新增购买用户数、新客成本、跳失率、ROI；负责活动策划人员 KPI 指标包括推广活动的点击率、转化率、活动商品销售比重、ROI；数据分析人员 KPI 指标包括报表准确率、报表及时率、需求满足率、报告数量、被投诉率等。

三、职位不同，视角不同

执行人员侧重过程指标，管理层侧重结果指标。例如，营运执行人员会比较关心流量的来源指标、流量的质量指标，管理层关注的只是流量这个指标，执行人员还必须关注转化率、客单价等过程指标，管理层只需关注销售额这个结果指标。对于数据分析人员来说，一定要学会根据受众提供不同的数据。

举一反三

访问艾瑞网、亿邦动力网等网站，搜索并查看电商行业相关的数据报告，找出其中涉及的数据，了解其分析方法。

任务2　财务报表解读分析

任务描述

不知不觉，小白到公司上班已经三年了，这三年中他成长了很多，目前已经是电商部的经理。电商部全年都在开展各个档期的活动，可小白觉得有些活动做下来没有什么利润了。尽管电商部一再通过销售结构的调整以增加利润，但是和大幅度增长的销售额比起来，利润的增长总是不尽如人意。好在公司对他的考核在利润指标上要求也不是太高。小白陷入了沉思：公司到底赚不赚钱？这样下去到底能走多久？他觉得已经不能单纯从商品买进卖出的角度来分析了，他需要从一个更高的层面，如财务的层面了解电商企业正常情况下是怎么赚钱的了。所以，他决定向财务部经理取经，了解一些财务知识，这样才能更好地开展业务。

任务实施

第一步：认识财务报表

财务报表提供的经济信息是企业内部加强和改善经营管理的重要依据。企业经营管理人员通过财务报表可以随时掌握企业的财务状况和经营成果，并通过与计划比较，检查企业预算远期规划或财务计划的执行情况，及时发现问题，评价业绩，进而采取有效措施，加强和改善企业经营管理。同时，利用财务信息可以预测企业的发展前景，进行经济决策，确定企业的近期经营计划和远期规划。

财务报表主要包括资产负债表、利润表、现金流量表、所有者权益变动表等。

一、资产负债表

（一）资产负债表的作用

资产负债表是反映企业某一特定日期财务状况的报表，它反映企业在某一特定日期所拥有或控制的经济资源、所承担的现时义务和所有者对净资产的要求权。它是根据资产、负债和所有者权益（或股东权益，下同）之间的相互关系，按照一定的分类标准和一定的顺序，把企业一定日期的资产、负债和所有者权益各项目予以适当排列，并对日常工作中形成的大量数据进行高度浓缩整理后编制而成的。例如，由于公历每年 12 月 31 日的财务状况反映的是某一时点的情况，因此，它是一张静态会计报表。

资产负债表可以提供某一日期资产的总额及其结构，表明企业拥有或控制的资源及其分布情况；可以提供某一日期的负债总额及其结构，表明企业未来需要用多少资产或劳务清偿债务以及清偿时间；可以反映所有者所拥有的权益，据以判断资本保值、增值的情况以及对负债的保障程度。资产负债表还可以提供进行财务分析的基本资料，如将流动资产与流动负债进行比较，计算出流动比率；将速动资产与流动负债进行比较，计算出速动比率等。这些资料可以表明企业的变现能力、偿债能力和资金周转能力，从而有助于财务报表使用者做出经济决策。

（二）资产负债表的结构

资产负债表一般由表首、正表两部分组成。其中，表首概括地说明报表名称、编制单位、编制日期、报表编号、货币名称及计量单位等。正表是资产负债表的主体。资产负债表是根据“资产 = 负债 + 所有者权益”会计等式的原理设计的，是左右平衡的形式，即根据资产、负债、所有者权益之间的勾稽关系，按照一定的分类标准和顺序，把企业一定日期的资产、负债和所有者权益各项目予以适当排列。资产按期流动性大小排列，流动性大的资产如“货币资金”“交易性金融资产”等排在前面，而流动性小的如“长期股权投资”“固定资产”等排在后面。负债按偿还期长短和先后顺序进行列示，具体分为流动负债和非流动负债等，“短期借款”“应付票据”“应付账款”等需要在一年以内或者长于一年的一个正常营业周期内偿还的流动负债排在前面；“长期借款”等在一年以上才需偿还的非流动负债排在中间；在企业清算之前不需要偿还的所有者权益项目排在后面，所有者权益则按其永久性递减的顺序进行列示，具体按实收资本、资本公积、盈余公积、未分配利润等项目分项列示。这种排列方式反映了企业资产、负债、所有者权益的总体规模和结构，直观地反映了企业财务状况的优劣、负债水平和偿债能力的强弱。

资产负债表示例如表 8-1 所示。

表8-1　资产负债表示例

报表编号：　　　　　　　　　　　　　　　　　　计量单位：
编制单位：　　　　　　　　　　　　　　　　　　年　月　日

资产	期初余额	期末余额	负债和所有者权益（或股东权益）	期初余额	期末余额
流动资产：			流动负债：		
货币资金			短期借款		
短期投资			应付票据		
应收票据			应付账款		
应收账款			预收账款		

续表

资产	期初余额	期末余额	负债和所有者权益（或股东权益）	期初余额	期末余额
预付账款			应付职工薪酬		
应收股利			应交税费		
应收利息			应付利息		
其他应收款			应付利润		
存货			其他应付款		
其中：原材料			其他流动负债		
在产品			流动负债合计		
库存商品			非流动负债：		
周转材料			长期借款		
其他流动资产			长期应付款		
流动资产合计			递延收益		
非流动资产：			其他非流动负债		
长期债券投资			非流动负债合计		
长期股权投资			负债合计		
固定资产原价			所有者权益（或股东权益）：		
减：累计折旧			实收资本（或股本）		
固定资产账面价值			资本公积		
在建工程			盈余公积		
工程物资			未分配利润		
固定资产清理			所有者权益（或股东权益）合计		
生产性生物资产					
无形资产					
开发支出					
长期待摊费用					
其他非流动资产					
非流动资产合计					
资产总计			负债和所有者权益（或股东权益）总计		

二、利润表

（一）利润表的作用

利润表是反映企业在一定会计期间经营成果的报表。例如，反映 1 月 1 日至 12 月 31

日经营成果的利润表，由于它反映的是某一期间的情况，因此又称为动态报表。有时，利润表也称为损益表、收益表。

利润表主要提供有关企业经营成果方面的信息。利润表可以反映企业一定会计期间的收入实现情况；可以反映一定会计期间的费用耗费情况；可以反映企业生产经营活动的成果，即净利润的实现情况，据以判断资本保值、增值情况。将利润表中的信息与资产负债表中的信息相结合，还可以提供进行财务分析的基本资料，如将销货成本与存货平均余额进行比较，计算出存货周转率；将净利润与资产总额进行比较，计算出资产收益率等。利润表可以反映企业资金周转情况以及企业的盈利能力和水平，便于会计报表使用者判断企业未来的发展趋势，做出经济决策。

（二）利润表的结构

利润表一般有表首、正表两部分。其中，表首说明报表名称、编制单位、编制日期、报表编号、货币名称、计量单位等；正表是利润表的主体，反映形成经营成果的各个项目和计算过程。所以，曾经将这张表称为损益计算书。

利润表是根据“利润＝收入－费用”的会计等式设计的。这里所讲的收入、费用均指广义的收入、费用概念，即列入利润表中的收入和费用。利润表正表的格式一般有两种：单步式利润表和多步式利润表。单步式利润表是将当期所有的收入列在一起，然后将所有的费用列在一起，两者相减得出当期净损益。多步式利润表是通过对当期的收入、费用、支出项目按性质加以归类，按利润形成的主要环节列示一些中间性利润指标，如营业利润、利润总额及净利润，分步计算当期净损益。利润表的这种阶梯式的结构，直观地反映了企业的三大动态要素状况及企业的获利能力。

利润表示例如表 8-2 所示。

表8-2　利润表示例

报表编号：

编制单位：　　　　　　　　　　　　　年度：　　　　　　　　　　　计量单位：

项目	本期金额	上期金额
一、营业收入		
减：营业成本		
税金及附加		
销售费用		
管理费用		
财务费用		
资产减值损失		
加：公允价值变动收益（损失以“-”号填列）		
投资收益（损失以“-”号填列）		
其中：对联营企业和合营企业的投资收益		

续表

项目	本期金额	上期金额
二、营业利润（亏损以“-”号填列）		
加：营业外收入		
减：营业外支出		
其中：非流动资产处置损失		
三、利润总额（亏损总额以“-”号填列）		
减：所得税费用		
四、净利润（净亏损以“-”号填列）		
五、每股收益		
（一）基本每股收益		
（二）稀释每股收益		

三、现金流量表

（一）现金流量表的作用

现金流量表是反映企业在一定会计期间现金和现金等价物流人和流出的财务报表。它是一张动态报表，它与资产负债表、利润表和所有者权益变动表共同构成了企业对外编制的主要报表。

为便于理解现金流量表，有必要结合资产负债表和利润表来谈。资产负债表是反映企业在某一特定日期财务状况的报表，但没有说明企业的资产、负债和所有者权益为什么发生了变化，从期初的总量和结构到期末的总量和结构，即财务状况为什么发生了变化。利润表是反映企业在一定会计期间经营成果的报表，但没有提供经营活动引起的现金流入和现金流出的信息，没有反映投资和筹资本身的情况，即对外投资的规模和投向，以及筹集资金的规模和具体来源。因此，资产负债表和利润表只能提供某一方面的信息，现金流量表有助于回答上述问题，弥补资产负债表和利润表的不足。

二维码90

知识链接：现金流量表、现金、现金等价物

现金流量表以收付实现制为基础，详细说明了两个资产负债表编表日期间现金流入和流出的构成情况，揭示资产、负债和所有者权益变化的原因，提供企业在一个会计期间内进行经营活动、投资活动、筹资活动等所产生的现金的流入和流出，因而，该报表是反映企业现金流量变化的动态报表。

二维码91

知识链接：现金流量的分类

现金流量表主要提供有关企业现金流量方面的信息。编制现金流量表的主要目的是为会计报表使用者提供企业一定会计期间内现金和现金等价物流入和流出的信息，以便于财务报表使者了解和评价企业获取现金和现金等价物的能力，并据以预测企业未来的现金流量。所以，现金流量表在评价企业经营业绩、衡量企业财务资源和财务风险以及预测企业未来前景方面，有着十分重要的作用。

（二）现金流量表的结构

我国企业现金流量表采用报告式结构，分类反映经营活动产生的现金流量、投资活动产生的现金流量、筹资活动产生的现金流量，最后汇总反映企业某一期间现金，及现金等价物的净增加额。

现金流量表示例如表 8-3 所示。

表8-3　现金流量表示例

报表编号：　　　　　　　　　　　　　　　　　　　　　　计量单位：
编制单位：　　　　　　　　　　　编制日期：　　　　　　所属期间：

项目	本期金额	上期金额
一、经营活动产生的现金流量		
销售商品、提供劳务收到的现金		
收到的税费返还		
收到其他与经营活动有关的现金		
经营活动现金流入小计		
购买商品、接受劳务支付的现金		
支付给职工以及为职工支付的现金		
支付的各项税费		
支付其他与经营活动有关的现金		
经营活动现金流出小计		
经营活动产生的现金流量净额		
二、投资活动产生的现金流量		
收回投资收到的现金		
取得投资收益收到的现金		
处置固定资产、无形资产和其他长期资产收回的现金净额		
处置子公司及其他营业单位收到的现金净额		
收到其他与投资活动有关的现金		
投资活动现金流入小计		
构建固定资产、无形资产和其他长期资产支付的现金		
投资支付的现金		
取得子公司及其他营业单位支付的现金净额		
支付其他与投资活动有关的现金		
投资活动现金流出小计		
投资活动产生的现金流量净额		
三、筹资活动产生的现金流量		
吸收投资收到的现金		

续表

项目	本期金额	上期金额
取得借款收到的现金		
收到其他与筹资活动有关的现金		
筹资活动现金流入小计		
偿还债务支付的现金		
分配股利、利润或偿付利息支付的现金		
支付其他与筹资活动有关的现金		
筹资活动现金流出小计		
筹资活动产生的现金流量净额		
四、汇率变动对现金及现金等价物的影响		
五、现金及现金等价物净增加额		
加：期初现金及现金等价物余额		
六、期末现金及现金等价物余额		

四、所有者权益变动表

（一）所有者权益变动表的作用

所有者权益变动表是指反映构成所有者权益各组成部分当期增减变动情况的会计报表。所有者权益变动表应当全面反映一定时期所有者权益变动的情况，不仅包括所有者权益总量的增减变动，还包括所有者权益增减变动的重要结构性信息，特别是要反映直接计入所有者权益的利得和损失，让报表使用者准确理解所有者权益增减变动的根源。

所有者权益变动表在一定程度上体现了企业综合收益。综合收益是指企业在某一期间与所有者之外的其他方面进行交易或发生其他事项所引起的净资产变动。综合收益的构成包括两部分：净利润和直接计入所有者权益的利得和损失。其中，前者是企业已实现并已确认的收益，后者是企业未实现但根据会计准则已确认的收益。用公式表示如下：

综合收益＝收入－费用＋直接计入当期损益的利得和损失

在所有者权益变动表中，净利润和直接计入所有者权益的利得和损失均单列项目反映，体现了企业综合收益的构成。

所有者权益变动表为公允价值的广泛运用创造了条件，所有者权益变动表可以从综合收益角度为企业的股东和投资者提供更加全面的财务信息。所有者权益变动表既能反映企业以历史成本计价的已确认实现的收入、费用、利得和损失，又能反映以多种计量属性计价的已确认但未实现的利得和损失，有利于全方面反映企业的经营业绩，进而满足报表使用者对企业会计信息披露多样化的需求。

（二）所有者权益变动表的结构

为了清楚地表明构成所有者权益的各组成部分当期的增减变动情况，所有者权益变动表以矩阵的形式列示。一方面，列示导致所有者权益变动的交易或事项，改变了以往仅仅按照所有者的各组成部分反映所有者变动情况的做法，而是按所有者权益变动的来源对一定时期所有者权益变动情况进行全面反映；另一方面，按照所有者权益各组成部分（包括实收资本、资本公积、盈余公积、未分配利润和库存股）及其总额列示交易或事项对所有者权益的影响。此外，所有者权益变动表就各项目再分为“本年金额”和“上年金额”两栏分别填列。

所有者权益变动表示例如表 8-4 所示。

表8-4　所有者权益变动表示例

报表编号：

编制单位：　　　　　　　　　　　　年度：　　　　　　　　　　计量单位：

项目	本期数					
	股本	资本公积	减：库存股	盈余公积	未分配利润	股东权益合计
一、上年年末余额						
加：会计政策变更						
前期差错更正						
二、本年年初余额						
三、本期增减变动金额						
（一）净利润						
（二）直接计入股东权益的利得和损失						
1. 可供出售金融资产公允价值变动净额						
2. 权益法下被投资单位其他股东权益变动的影响						
3. 与计入股东权益项目相关的所得税影响						
4. 其他						
上述（一）（二）小计						
（三）股东投入和减少股本						
1. 股东投入股本						
2. 股份支付计入股东权益的金额						
3. 其他						
（四）利润分配						
1. 提取盈余公积						
2. 对股东的分配						

续表

项目	本期数					
	股本	资本公积	减：库存股	盈余公积	未分配利润	股东权益合计
3. 其他						
（五）所有者权益内部结转						
1. 资本公积转增资本（或股本）						
2. 盈余公积转增资本（或股本）						
3. 盈余公积弥补亏损						
4. 其他						
四、本期期末余额						

第二步：常用财务报表指标分析

财务报表分析可计算的指标是相当多的。由于分析目的和分析角度不同，对财务分析指标可做不同的分类。但这种分类并不存在标准化模式，也不存在标准化指标体系。因为企业的各项业务是相互关联、相互制约的，所以某项指标的意义可能是多方面的。它既与企业的周转能力相关，又与企业的偿债能力或盈利能力相关。财务比率分析有一个显著的特点，那就是它使得各个不同规模的企业的会计数据所传递的经济信息单位化或标准化。当然，单单是计算各种分析指标，其作用非常有限，更重要的是应对计算出来的指标做出比较分析，以帮助企业的经营者、投资者以及其他有关人员正确评估企业的经营成果和财务状况，及时调整投资结构和经营决策，并对未来做出科学的规划。

课堂延伸

保守财务保密

（1）为认真贯彻国家保密法，相关组织和人员应切实做好财务保密工作，保守财务秘密，遵守财务保密制度。

（2）财务秘密关系组织权力和利益，依照特定程序确定，在一定时间内只限一定范围的人员知悉的事项。主要包括财务预决算报告及各类财务报表、统计报表及相关财务数据。还包括财务专用章，涉及财务的有关证件以及有关合同资料、图表资料等。

（3）所有部门及人员都有遵守财务保密制度的义务。

（4）财务保密工作实行既确保秘密又便利工作的方针。

（5）属于财务秘密的文件、资料和其他物品（包括采用电脑技术存取、处理的财务资料），应当在设备完善的保险装置中保存。未经财务主管批准，其他人员不得查阅、使用、复制、摘抄、保存和销毁。

（6）不准在私人交往和通信中泄露财务秘密，不准在公共场所谈论财务秘密，不准通过其他方式传递财务秘密。

（7）财务人员发现财务秘密已经泄露或者可能泄露时，应当立即采取补救措施且及时报告财务主管，并立即做出处理。

一、偿债能力分析

偿债能力是指企业对各种到期债务的偿付能力，其本质就是支付能力，偿债能力不足即表示财务状况不佳。

（一）短期偿债能力分析

对企业的财务分析首先从偿债能力分析开始。短期偿债能力分析的主要指标有：

1. 流动比率

流动比率是流动资产与流动负债的比率，用于评价企业流动资产在短期债务到期前，可以变为现金用于偿还流动负债的能力。其计算公式为：

流动比率＝流动资产 ÷ 流动负债

一般情况下，流动比率越高，说明企业短期偿债能力越强。但流动比率过高，表明企业流动资产占用较多，会影响资金的使用效率和企业的筹资成本，进而影响获利能力。通常认为流动比率以 2∶1 为好。

2. 速动比率

速动资产与流动负债的比率，用于衡量企业流动资产中可以立即用于偿付流动负债的能力。其计算公式为：

速动比率＝速动资产 ÷ 流动负债

速动资产＝流动资产－存货

通常情况下，1∶1 被认为是较正常的速动比率，表明企业有良好的短期偿债能力。比率过高，资金往往滞留在应收账款上；比率过低，则又表明支付能力不足。

3. 现金流动负债比率

现金流动负债比率是企业一定时期的经营现金净流量与流动负债的比率，它可以从现金流量的角度反映企业偿付短期负债的能力。其计算公式为：

现金流动负债比率＝经营现金净流量 ÷ 流动负债

该比率本身并不能说明什么问题，通常只是作为前两个比率的补充。这项比率越高，表明偿债风险越小。但持有现金是有成本的，所以该比率也不能过高，只要现金额度满足企业正常经营需要即可，无须专门为偿还到期债务储备一定量的现金。当企业应收账款和存货都抵押出去或变现存在问题的情况下，折算该比率更为有效。对于该比率，难以确定一个普遍的合理值，各企业可根据自己的实际情况来判定。

（二）长期偿债能力分析

长期偿债能力是指企业偿还长期债务的能力，它反映了企业资金结构是否合理和稳定，同时反映了企业的长期获利能力。其主要指标有：

1. 资产负债率

资产负债率又称举债经营比率，反映债权人所提供的资本占全部资本的比例，既反映在总资产中有多大比例是通过借债来筹资的，也可以衡量企业在清算时保护债权人利益的程度。其计算公式为：

资产负债率＝负债总额 ÷ 资产总额

该指标有以下几方面的含义：

（1）从债权人的立场看，他们最关心的是贷给企业的款项的安全程度，也就是能否按期收回本金和利息。他们希望债务比例越低越好，企业偿债有保证，贷款不会有太大的风险。

（2）从股东的角度看，由于企业通过举债筹措的资金与股东提供的资金，在经营中发挥同样的作用，因此，股东所关心的是全部资本利润率是否超过借入款项的利率，即借入资本的代价。从股东的立场看，在全部资本利润率高于借款利息率时，负债比例越大越好，否则反之。

（3）从经营者的立场看，如果举债很大，超出债权人心理承受程度，则认为是不保险，企业就借不到钱。如果企业不举债，或负债比例很小，说明企业畏缩不前，对前途信心不足，利用债权人资本进行经营活动的能力很差。借款比率越大（当然不是盲目地借款），越是显得企业活力充沛。从财务管理的角度来看，企业应当审时度势，全面考虑，在利用资产负债率制定借入资本决策时，必须充分估计预期的利润和增加的风险，在二者之间权衡利害得失，做出正确决策。

2. 产权比率

产权比率又称负债权益比率，是企业负债总额与所有者权益（股东权益）之比，它反映了企业财务结构和所有者权益（股东权益）为负债提供的保障。其计算公式为：

产权比率＝负债总额 ÷ 所有者权益（股东权益）

该比率反映由债权人提供的资本与股东提供资本的相对关系，反映企业基本财务结构是否稳定。一般而言，股东资本大于借入资本较好，但也不能一概而论。从股东来看，在通货膨胀加剧时期，企业多借债可以把损失和风险转嫁给债权人；在经济繁荣时期，多借债可以获得额外的利润；在经济萎缩时期，少借债可以减少利息负担和财务风险。产权比率高，是高风险、高报酬的财务结构；产权比率低，是低风险、低报酬的财务结构。该指标同时也表明债权人投入的资本受到股东权益保障的程度，或者说是企业清算时对债权人利益的保障程度。国家规定债权人的索偿权在股东前面。

资产负债率侧重分析债务偿付安全性的物质保障程度，产权比率则侧重揭示财务结构的稳健程度以及自有资金对偿债风险的承受能力。

3. 已获利息倍数

债权人进行投资，除了关心其本金的收回，还需考察企业营业利润对其利息的保障程度。其计算公式为：

已获利息倍数 = 息税前利润总额 ÷ 利息支出

通过计算该比率，可以进一步分析债权人的投资风险。该比率反映企业经营收益为所需支付的债务利息的多少倍。只要已获利息倍数足够大，企业就有充足的能力偿付利息，否则相反。但合理确定企业的已获利息倍数，需要将该企业的这一指标与其他企业，特别是本行业平均水平进行比较从而分析、决定本企业的指标水平。同时从稳健性的角度出发，最好比较本企业连续几年的该项指标，并选择最低指标年度的数据。

二、营运能力分析

营运能力是指企业经营效率的高低，即资金周转的快慢及有效性。其主要指标如下：

(一) 存货周转率

由于存货在流动资产中占很大比重，因此进一步分析存货周转率非常重要。其计算公式为：

存货周转率（次数）= 营业成本 ÷ 平均存货余额

该比率表明，企业所拥有的存货在一定时期内周转了几次。一般而言，存货周转率越高，表明企业的存货管理效率越高，存货资金越能得到有效利用。然而太高的存货周转率则可能是存货水平低或库存经常中断的结果，企业也许因此而丧失了某些生产销售机会。如存货周转率过低，说明采购过量或产品积压，要及时分析、处理。当然，存货周转率在不同行业之间可能有较大的差别，财务分析时要将本企业与同行业的平均数进行对比，以衡量其存货管理的效率。同时在实际工作中可以利用存货周转天数进行补充分析。

(二) 应收账款周转率

应收账款是企业流动资产除存货外的另一重要项目。应收账款周转率是反映企业销售货款回笼速度和管理效率的指标。其计算公式为：

应收账款周转率（次数）= 营业收入 ÷ 平均应收账款余额

该指标表明企业的应收账款在一定时期内周转了几次。对于应收账款周转次数一般认为越高越好。因为这一指标值高表明收款速度快、资金占用少、坏账损失减少、资金流动性高、企业偿债能力强。进行分析时，要注意与同行业其他企业、本企业以前实际情况进行比较，判断其优劣和发展趋势。

(三) 流动资产周转率

流动资产周转率是流动资产在一定时期所完成的周转额与流动资产的平均占用额之间的比率，是反映企业流动资产周转速度的指标。其计算公式为：

流动资产周转率（次）= 营业收入 ÷ 平均流动资产总额

流动资产周转期（天）= 360 ÷ 流动资产周转率

流动资产周转速度快，会相对节约流动资产，等于扩大资产投入，提升企业盈利能力；而延缓周转速度，会降低企业盈利能力。生产经营任何一个环节上的工作改善，都会反映到流动资产周转速度上来。

（四）固定资产周转率

固定资产周转率是指企业营业收入与固定资产净值的比率。它是反映企业固定资产周转情况、衡量企业固定资产利用效率的一项指标。其计算公式为：

固定资产周转率（周转次数）= 营业收入 ÷ 平均固定资产净值

一般情况下，固定资产周转率越高，表明企业固定资产利用越充分、固定资产投资得当、固定资产结构合理，能够充分发挥效率。

（五）总资产周转率

总资产周转率是企业主营业务收入净额与资产平均占用额的比率，它可用来反映企业全部资产的利用效率。其计算公式为：

总资产周转率 = 营业收入 ÷ 平均资产总额

总资产周转率高，表明企业全部资产的使用效率高；如果这个比率较低，说明使用效率较差，最终会影响企业的盈利能力。

三、获利能力分析

对增值的不断追求是企业经营的动力源泉和直接目的。获利能力就是企业资金增值能力。其分析指标主要有：

（一）营业利润率

营业利润率是企业营业利润与营业收入的比率。其计算公式为：

营业利润率 = 营业利润 ÷ 营业收入 ×100%

该比率反映每 1 元营业收入带来营业利润的多少，表示营业收入的收益水平。该指标越高，表明企业主营业务市场越强，发展潜力越大，获利能力越强。通过分析营业利润率的升降变动，可以促使企业在扩大销售的同时，注意改进经营管理，提高盈利水平。

（二）成本费用率

成本费用率是指利润与成本费用的比率。其计算公式为：

成本费用率 = 利润总额 ÷ 成本费用总额 ×100%

成本费用总额 = 营业成本 + 税金及附加 + 销售费用 + 管理费用 + 财务费用

该指标越高，表明企业为取得利润而付出的代价越小，成本费用控制得越好，获得能力越强。

（三）盈余现金保障倍数

盈余现金保障倍数是经营现金净流量与净利润的比率。其计算公式为：

盈余现金保障倍数＝经营现金净流量 ÷ 净利润 ×100％

一般而言，当企业当期净利润大于零时，盈余现金保障倍数应当大于1。该指标越大，表明企业经营活动产生的净利润对现金的贡献越大。

（四）总资产报酬率

总资产报酬率是企业一定时期内获得的报酬总额与平均资产总额的比率。它是反映企业综合资产利用效果的指标，也是衡量企业利用债权人和所有者权益总额所取得盈利的重要指标。其计算公式为：

总资产报酬率＝息税前利润总额 ÷ 平均资产总额 ×100%

该指标越高，表明企业的资产利用效益越好，整个企业获利能力越强。

（五）净资产收益率

净资产收益率是指企业一定时期内的净利润同平均净资产的比率。它可以反映投资者投入企业的自有资金获取净收益的能力，是评价企业资本经营效益的核心指标。其计算公式为：

净资产收益率＝净利润 ÷ 平均净资产 ×100%

一般而言，净资产收益率越高，企业自有获取收益的能力越强，运营效益越好，对企业投资人、债权人的保证程度越高。

（六）资本收益率

资本收益率是指企业一定时期内的净利润与平均资本的比率，反映企业实际获得投资额的回报水平。其计算公式为：

资本收益率＝净利润 ÷ 平均资本 ×100%

式中：平均资本即指实收资本和资本公积（仅指资本溢价和股本溢价）。

（七）每股收益

每股收益是综合反映企业获利能力的重要指标，它是企业某一时期净利润与股份数的比率。每股收益包括基本每股收益、稀释每股收益。其中，基本每股收益的计算公式为：

基本每股收益＝归属于普通股股东的当期净利润 ÷ 当期发行在外普通股的加权平均数

基本每股收益越高，说明公司的获利能力越强。而稀释每股收益是在考虑潜在普通股稀释性影响的基础上，对基本每股收益的分子、分母进行调整后再计算的每股收益。稀释性潜在普通股主要包括可转换债券、认股权证和股票期权。

当然，这一比率不能完全说明问题，还需要结合其他的比率进行分析。而且在不同企业间比较时，需注意不同会计政策导致的差别，以免引起误解。

（八）市盈率

市盈率是某种股票每股市价与每股盈利的比率。其计算公式为：

市盈率＝普通股每股市价 ÷ 普通股每股收益

市盈率表明投资者为取得一股收益所需进行的投资。投资者（股民）最关心的是企业的盈利能力，力图将投入的资金与能获取的回报相比较、权衡。

市盈率评判的标准不是越高越好，也不是越低越好，而是以证券市场平均的市盈率为依据。一般而言，一个成熟、健全的金融市场的市盈率为10～20倍。从另一个角度理解市盈率，可将其看作投资收回的年限，即在这样的每股净收益下需要多少年才能收回所有的投资。这样似乎市盈率越低越好，因为市盈率低表明股票的市价低而每股净收益却较高，投资收回的年限较短、风险较小。但应该注意到股票价格的上升往往伴随着盈利的增加，较高的市盈率也许正是由于较高的盈利能力带来的，而较低的市盈率可能是盈利能力较弱的结果。市盈率本身的这一特点，使得投资者在利用它评价企业的盈利能力时，不能绝对化，关键是看其变动的趋势，揭示这种变动的原因，更好地为投资决策服务。

二维码92

微课：整体绩效评价

四、发展能力分析

发展能力是企业在生存的基础上，扩大规模、壮大实力的潜在能力。在运用会计报表数据分析企业发展能力时，其分析指标主要有：

（一）营业收入增长率

营业收入增长率是指企业本年营业收入增长额同上年营业收入总额的比率，它是评价企业成长状况和发展能力的重要指标。其计算公式为：

营业收入增长率＝本年营业收入增长额 ÷ 上年营业收入总额 ×100%

该指标是衡量企业经营状况、市场占有能力、预测企业经营业务拓展趋势的重要标志，也是企业扩张增量和存量资本的重要前提。营业收入增长率若大于零，表示企业本年主营业务收入有所增长。指标值越高，表明增长速度越快，企业市场前景越好。

（二）资本保值增值率

资本保值增值率是指企业经营期内扣除客观增减因素后的期末所有者权益总额与期初所有者权益总额的比率。它表示企业当期资本的积累能力，是评价企业发展潜力的重要指标。其计算公式为：

资本保值增值率＝扣除客观因素后的期末所有者权益总额 ÷ 期初所有者权益总额 ×100%

一般而言，资本保值增值率越高，表明企业的资本保全状况越好，所有者权益增长越快，债权人的债务越有保障。该指标通常应大于100%。

（三）资本积累率

资本积累率是指企业本年所有者权益增长额与年初所有者权益的比率，它表示企业当年资本的积累能力，是评价企业发展潜力的重要指标。其计算公式为：

资本积累率 = 本年所有者权益增长额 ÷ 年初所有者权益 ×100%

该比率是企业当年所有者权益的增长率，反映了企业所有者权益在当年的变动水平，体现了企业资本的积累情况，反映了投资者投入企业资本的保全性和增长性。该指标越高，表明企业的资本积累越多，企业资本保全性越强，应付风险、持续发展的能力越大。如为负值，表明企业资本受到侵蚀，所有者利益受到损害，应予充分重视。

（四）总资产增长率

总资产增长率是指企业本年总资产增长额与年初资产总额的比率，它可以衡量企业本期资产规模的增长情况，评价企业经营规模总量上的扩张程度。其计算公式为：

总资产增长率 = 本年总资产增长额 ÷ 年初资产总额 ×100%

该指标是从企业资产总量扩张方面衡量企业的发展能力，表明企业规模增长水平对企业发展后劲的影响。该指标越高，表明企业一定时期内资产经营规模扩张的速度越快。但在分析时需要注意资产规模扩张的质和量的关系，以及企业的后续发展能力，避免盲目扩张。

举一反三

结合本任务所学内容，解读财务数据，选取适合自身电子商务经营状况的财务分析指标，进行财务分析。

任务3 运营数据分析诊断

任务描述

销售是利润的来源，电商的销售诊断比传统零售会复杂很多，主要复杂在流量的多层次、多渠道上。不过互联网的好处是几乎能将用户的每个动作记录下来，然后从中找到关键点来诊断。销售额是电商经营中最受关注的一个指标，在电商行业中有一个黄金公式：销售额 = 流量 × 转化率 × 客单价。在本任务中，要按照这个逻辑来分析与销售相关的各种指标，学会对流量、转化率和客单价进行诊断，从而找出提高销售额的切入点。

任务实施

第一步：流量的分析诊断

一、流量的重要指标

首先我们需要了解关于流量的一些基本数据指标。访客数、浏览量和访问次数是常用的衡量流量大小的数据指标，而平均访问深度、平均停留时间和跳失率三个指标是常用的衡量流量质量优劣的数据指标。

二维码93

微课：运营绩效评价

（一）访客数

访客数又称UV，是用于衡量店铺或页面来了多少个人的指标，是到达店铺或页面的用户去重后的数值，即同一用户从多个渠道多次访问只被计算一次。多天的访客数为各天访客数累计后去重的数值，也就是说同一个人在一段时间内来了多次，也只会被统计为一个人。

（二）浏览量

浏览量又称PV，是用于衡量用户，也就是访客在店铺内浏览和查看了多少次页面的指标。也就是说，一个用户多次打开或刷新某个页面，浏览量累加。多天的浏览量为各天浏览量的累计值。

（三）访问次数

访问次数又称Visits，是用于衡量店铺在一个会话内被用户连续访问的次数的指标。

结合上面三个指标，给出一个示例。例如，用户小庆在8月1日上午通过搜索点击链接至店铺A，浏览了2个页面后离开店铺，下午小庆又通过首焦广告位点击链接至店铺A，浏览了3个页面后离开，那么，8月1日用户小庆为店铺A带来的访客数为1人，浏览量为5个，而访问次数为2次。

（四）平均访问深度

平均访问深度是用于衡量用户在进行店铺访问时，浏览了几个页面的指标。其计算公式为：

平均访问深度＝浏览量／访问次数

上例中，用户小庆在上午的店铺访问中，访问深度是2，假设8月1日店铺A只有小庆一个来访用户，那么这个店铺全天的店铺平均访问深度为2.5。

（五）平均停留时间

平均停留时间表示用户每次访问在页面内停留时间的均值，单位为秒。其计算公式为：

平均停留时间＝总停留时间／总浏览量

上例中，小庆在上午的访问中停留了 20 秒，下午的访问中停留了 60 秒，则 8 月 1 日用户小庆在店铺 A 的平均停留页面时间为 16 秒。

（六）跳失率

跳失率用于表示用户只访问了店铺或商品一个页面就离开店铺的访问次数占总访问次数的比例。其计算公式为：

跳失率＝跳出次数／访问次数

上例中，例如 8 月 1 日店铺 A 只有小庆一个访客，在上午的访问中小庆访问了商品 A 后就从商品页跳出离开店铺，下午的访问中小庆访问了商品 A 后又通过 A 的关联商品推荐访问了商品 B，那么针对商品页 A 来说，跳失率为 50%。

课堂延伸

我国公民享有十项隐私权

（1）公民享有保守姓名、肖像、住址、住宅、电话等秘密的权利，未经其许可，不得加以刺探、公开或转播。

（2）公民的个人活动，尤其是在住宅内的活动不受监视、监听、窥视，但依法监视居住者除外。

（3）公民的住宅不得非法侵入、窥视或者骚扰。

（4）公民的性生活不受他人干扰、窥视、调查或公开。

（5）公民的储蓄、财产状况不得非法调查或公布，但是依法需要公布财产状况者除外。

（6）公民的通信、日记和其他私人文件（包括储存于计算机内的私人信息）不得刺探或公开，公民的个人数据不得非法搜集、传输、处理和利用。

（7）公民的社会关系，包括亲属关系、朋友关系等，不得非法调查或公开。

（8）公民的档案材料，不得非法公开或扩大知晓范围。

（9）公民向社会公开的过去或现在的纯属个人的情况（如多次失恋、被罪犯强奸、患有某种疾病等），不得进行收集或公开。

（10）公民的任何其他纯属于私人内容的个人数据，不得非法加以搜集、传输、处理和利用。

二、流量稳定性分析

进行流量分析诊断，首先要观察和诊断流量的稳定性，一般分为两种情况。

（一）平台没有大促且商家没有开展活动时

流量呈现平稳微升态势，表明商家基本流量根基稳定，店铺流量非常健康；流量呈现逐步下滑或起伏明显的不稳定态势，表明商家流量不健康，应进一步检查是哪种流量来源的骤增或骤减带来的波动，进而制定处理方案。

（二）在平台大促或者商家活动期间

流量应该在预热期呈现上升态势，活动当日出现高峰，活动结束后出现低谷，后又保持平稳态势，这样属于健康的流量表现。反之，如果流量没有在活动期间出现应有的起伏，则表明活动效果不佳，则可判断为活动类型不适合商家，或者商家的活动策划不佳，商家需要进一步分析。同时，商家可以通过对月度的数据对比，寻找月度的流量高峰与低谷时期，适时推出活动、促销等措施，在高峰期做到更高，让低谷期不低谷。

三、流量合理性分析

流量合理性分析主要包括两个方面：

（一）流量来源的合理性

商家可以通过后台数据查看各流量的占比情况，并且诊断流量占比是否合理。那么占比在什么情况下算较为合理呢？根据店铺的发展阶段不同，占比会有变化和侧重。例如，店铺在进行老会员或粉丝营销期间，自主访问的流量占比会较大；新店铺成立初期，自然流量较少的情况下，可以采用付费流量引流，此时付费流量的占比就会很大；当店铺参加了官方平台的一些活动，那么官方流量的占比就会较大，但是总体来讲，店铺流量的占比应该呈现合理性分布的范围，某个流量特别大或者特别小，都会影响店铺的长足发展。

对于处于稳定成长阶段的店铺，以京东为例，一般可以这样来诊断：

对于家用电器、手机数码等复购率相对较低的类目，自主访问的占比在10%～20%，免费流量的占比在45%～55%，其中搜索的流量占比应为最大，建议不低于30%，京东付费流量的占比在20%～30%，站外流量在5%～10%。

对于服饰鞋帽、母婴玩具等复购率相对较高的类目，自主访问的占比在20%～30%，免费流量的占比在40%～50%，其中搜索的流量占比应为最大，建议不低于30%，付费流量的占比在15%～25%，站外流量在5%～10%。当然这只是商家的一部分经验值，根据商家所属类目的区别，会有一定的差异性。而对于已经处于成熟期的店铺，则要求自主访问的流量占比更大，且需要引入更多的站外推广渠道来搭建更为全面、更为完善的营销体系。

（二）页面流量分布的合理性

流量到达店铺一般由首页、活动页或商品页进行承接，之后又在店铺内页面进行流转，一部分访客会离开店铺，一部分访客最终在商品页完成成交，因此，各个页面承载着不同的功能，流量的分配也具有一定的规律性。一般而言，对于 SKU 非常丰富的商家，建议商家在首页和活动页的策划上更加丰富，可以使得访客在店铺内形成“逛”的流量闭环，这样的情况下，首页、活动页、分类页的占比分别在 10%～15%，商品页保持在 60%～70% 的比例是比较合理的。如果活动页的流量占比很低，商家需要检查活动页的引流渠道是否合理，以及活动的策划能否吸引用户。

对于 SKU 相对单一的商家，一般会将首页的功能和活动页的功能相结合，商品页保持在 70%～80% 的比例是比较合理的。同时，由于店铺内需要导航的商品类别较少，因此分类页的流量占比也不大。这里需要注意，如果列表页的流量特别大，则说明店铺的关联导航做得不够优化，大量的用户在通过类目寻找合适的商品。

四、流量成长性分析

数据指标的成长性也是进行流量诊断最关键的一步，主要是看流量质量指标的成长性。可以通过后台数据中的相关模块查看店铺流量的质量指标，从平均访问深度、跳失率、七日回访率等维度查看流量指标有无达到预期目标。

平均访问深度如果偏低，需要检查页面之间的关联性；平均停留时间如果偏低，需要检查页面的质量，并与转化率做综合分析。对于商家运营的目标来讲，平均访问深度要争取做到 2，平均停留时间起码要做到 110 秒以上，否则店铺要形成较好的转化率，就非常困难。

跳失率的指标越低，代表店铺的流量质量越高，也就是用户到达承接页面后，对店铺产生了二次甚至多次的浏览行为，尤其当店铺引入新渠道时，需重点关注该指标的变化情况。

七日回访率是关于老用户回访的指标，即自当日起向前推 7 天内，访问过店铺的用户数量占当天访客数的比率。

对于运营指标来讲，需要定义以上几个指标的运营目标，按计划执行改善方案，并及时跟踪指标的改善效果。

第二步：转化率的分析诊断

一、转化率的相关指标

网店转化率代表店铺流量最终实现交易的占比。卖家在前期花了心血和资金引流，目的就是让这些流量得到转化。如果引入的流量不能被转化为交易金额，那么这些流量就是价值低甚至没有价值的流量。

与网店转化率相关的指标主要有以下几项：

（一）成交转化率

成交转化率是店铺成交访客数量占总访客数量的比例，其计算公式为：

成交转化率 = 成交访客数 / 总访客数

（二）自然搜索转化率

自然搜索转化率代表的是通过自然搜索这样的免费流量渠道而到店的访客中最终达成交易的人数占所有访客人数的比例。自然搜索转化率的高低可以衡量自然流量的价值大小。同样的道理，付费流量转化率也是如此。

（三）咨询转化率

咨询转化率代表的是进店的访客通过咨询客服后达成交易的人数占所有咨询客服人数的比例。这个数据从很大程度上显示了客服的工作能力。

（四）静默转化率

静默转化率代表进店的顾客没有经过咨询客服就默默下单的人数占所有访客人数的比例。这个数据越高，卖家就越省心。从某种程度上来说，静默转化率与商品详情页的描述详细与否等因素密切相关。

（五）订单转化率

订单转化率代表的是下单人数中最后完成付款的人数占比。这个数据越小，卖家的损失就越大。如果卖家的订单转化率太小，就要安排专门的人员进行催付款工作，以最大限度地减少店铺损失。

（六）地区转化率

地区转化率代表的是某一地区的成交人数占这个地区的来访人数的比例。衡量一个地区是否适合推广某一商品，光流量大是不行的，还要看这个地区的转化率如何。

（七）新（老）顾客转化率

新（老）顾客转化率代表的是成交数中的新（老）顾客占来访新（老）顾客人数的比例。一般而言，老顾客的转化率都是远远高于新顾客的。所以，如果老顾客的转化率下降，卖家就要检查是不是店铺风格、商品风格等因素的变动降低了老顾客的转化率。新顾客的转化率自然也应该越大越好，毕竟店铺中绝大部分的顾客都是新顾客。

（八）关键词转化率

关键词转化率代表的是商品标题的组成关键词中，由每一个关键词带来的来访者中最终达成交易的人数占所有来访人数的比例。这个数据是卖家衡量一个商品标题中对不同关键词是否需要进行优化的重要参考依据。

二、转化率诊断优化四问法

每个商家都应该清楚地知道店铺转化率的各项数据指标。如果转化率不满意，应分析为什么无法产生大量订单，找到问题的所在并进行优化。每个店铺都是独一无二的，遇到的问题可能不一样，要采取的措施也不尽相同。转化率的诊断优化可以总结为四问法，方便商家进行记忆和操作，运营人员可以在每次进行店铺诊断的时候，这样来问问自己：我的店铺转化率健康吗？我的问题出在哪里？我的改善计划是什么？计划执行的效果怎么样？

（一）我的店铺转化率健康吗？

第一步就是发现问题，也就是判断店铺的转化率是否有问题。

首先需要找到对比的对象，一般需要对比的是行业里的优秀店铺、行业中与自己相似的店铺、自己店铺的往年同期，以及自己店铺的上期，对这四个维度来进行综合对比后，就可以确定自己店铺的转化率是否需要优化，在行业中处于什么水平。

商家可以通过数据工具查看行业中的热销品牌的转化率数据。如果商家发现自己店铺的转化率明显低于行业中与自己相似的店铺及行业里的优秀店铺，那么店铺的转化率就处于不健康的状态，需要进行优化。

同时，商家需要时刻关注店铺转化率的变化趋势，尤其要对本期和上期的数据进行对比，了解店铺的转化率是上升了还是下降了。如果店铺转化率一直处于平稳上升的态势，则店铺处于比较健康的状态。如果店铺的转化率一直是下降的态势或者突然出现断崖式的跌幅，则商家需要警惕，要进行如下第二步的诊断。

（二）我的问题出在哪里？

影响转化率的要素有很多，当商家认识到自己店铺的转化率有问题的时候，可以每个指标逐一排查跟踪，但是操作起来可能有些难度，一时可能感觉无从下手找到问题所在。那么，进行店铺转化率诊断时，可以应用六句口诀：

- 流量来源是关键
- 承接好坏看页面
- 用户选购拼商品
- 商品背后是服务
- 物流库存莫忽视
- 竞品动态要追踪

因此，大家可以从流量来源的终端类型、来源渠道、流量的承接页面、高流量商品及店铺服务五个方面着手，查找问题到底出在哪里。当然，如果从以上五个方面都没有找到问题，那商家可以查看店铺热销商品的物流、库存是否有问题。如果物流、库存未发现问题，那么就有可能是竞品有了一些新的变化，如店庆、促销活动等动态，进而影响了商品的销售转化。

（三）我的改善计划是什么？

商家一旦确定了转化率问题的原因，下一步就是制定相应的改善计划，并按照改善计划逐步执行。商家应分步记录店铺转化率偏低的原因，然后分别制定改善计划，如表 8-5 所示。

表8-5　转化率改善计划

序号	问题定位	详细分析	改善计划	执行要点	执行开始时间	计划目标
1	问题来源渠道	App 的转化率过低，商品详情页的设计没有考虑移动端用户的浏览习惯	重新装修 App 商品详情页	将图片改小，以适应移动端界面 避免在同一行内展示多个不同层次的信息，保证信息浏览的逻辑性	××年××月××日	在流量不变的情况下，提升 App 端转化率到 1%
2	问题商品 B	商品 B 的转化率偏低，流量来源主要为搜索，关键词不精准	目前流量尚可，但是转化率偏低，分析低转化率词，词 1 与商品不相符应去掉，词 2 与商品相符，但转化率低，主要是商品详情页没有相对应的信息，用户有被欺骗的感觉，在商品详情页设计时增加相应的要素	去掉低转化率的关键词：××，针对 ×× 关键词重新进行详情页设计	××年××月××日	提升搜索来源的转化率到 2.5%
3	问题商品 C	商品 C 的价格偏高，使得用户的转化率偏低	设计适合该商品的促销活动	根据该高端商品的调性，不适宜直接降价，可报名官方品牌折扣活动，在一定时段开展满减或满赠活动，可以提升商品 C 的转化率，做好关联营销和组合套装，同时提升客单价	××年××月××日	提升商品页的转化率到 2.5%
4	问题页面	活动页的商品布局需要调整	调整宣传页和页面布局	宣传主图应具有点击链接或者在推荐商品中推荐这件商品；配件类商品的点击率过低，在页面中位置可以调到靠后的位置	××年××月××日	提升商品页的点击率到 1%

（四）计划执行的效果怎么样?

一般而言，以一周也就是 7 日为一个单位，进行计划执行效果的衡量分析。商家应针对已经确定的问题，如问题来源、页面或者商品，建立自己维护的问题列表，进行效果的跟踪记录，如表 8-6 所示。

表8-6　效果跟踪记录表

序号	SKU ID	商品标题	修改时间	修改内容	数据指标变化情况					
					PV 较上期	UV 较上期	销售额较上期	销售量较上期	转化率较上期	跳失率较上期

商家可以根据自身的情况进行调整，通过后台的数据模块，重点监测问题商品各项数据指标的变化情况，具体的数据从数据工具查看或者下载即可，商家需对变化情况有变化维度的记录。

第三步：客单价分析诊断

一、客单价的相关指标

（一）客单价

客单价是衡量平均每个客户到达店铺或商品页后消费多少金额的指标。其计算公式为：

客单价 = 下单金额 / 下单用户数

（二）客单件

客单件是衡量平均每个用户到达店铺或商品页后消费多少件商品的指标。其计算公式为：

客单件 = 下单件数 / 下单用户数

二、提升客单价的方法

客单价可以轻易地在后台数据中查看或者计算出来。提升客单价的主要方式是关联营销。关联营销，又称关联销售，是指在双方互利的前提下，在商品、品牌等方面寻求相关性，通过某种形式的暗示和推荐，如在一个商品详情页中添加其他商品的图片及链接来实现深层次的多面引导，从而使用户在一次购买活动中，同时购买两种或两种以上的商品。

电商平台的很多模块均引入了“千人千面”推荐算法，为用户提供个性化推荐，从而提高商品的转化率，效果十分显著。商家也可以通过科学的数据分析来关联商品，达到想要的效果。关联营销的商品选择可以依赖订单历史数据，商家通过使用关联规则算法来计算历史订单中各商品之间的相关购买度，了解用户的需求动向，进而提供一些在以往订单中搭配购买次数多的商品进行关联。

商家可以利用关联规则处理的数据来筛选关联商品，规则的支持度和置信度是计算关联度的两种度量指标，用来反映相互之间联系的有用性和确定性。支持度可以理解为支持的程度，也就是在一个集合中包含特别项目的概率，支持度越大，两个商品被一起购买的概率越大。在统计学中，置信度表示一个样本在某个总体参数的区间估计。也就是说用户购买了一件商品后，同时购买另一件商品的概率。置信度越高，搭配购买另一件商品的概率就越大。如果两件商品作为套装购买，则置信度最大为 1。

假设购买连衣裙和打底裤的支持度是 10%、置信度是 30%。支持度 10% 表示分析的所有购买记录中，同时购买连衣裙和打底裤的频率是 10%。置信度 30% 则意味着购买连衣裙的用户有 30% 也购买了打底裤。通过经验数据得到最小支持度和最小置信度，当支持度和置信度满足最小支持度和最小置信度，则可以判断这两个商品具有相关性。

现在可以考虑一种情况，假如有 1 000 个订单，其中有 600 个订单含有毛衣，750 个订单包含卫衣，有 400 个订单同时包含卫衣和毛衣。按照上文的规则，计算一下这两个商品之间的关联程度，可以知道购买毛衣和卫衣的支持度为 40%，置信度为 66%。通过这两个数字，商家会很轻易地认为毛衣和卫衣是强关联的两件商品，但是从宏观来看，在所有的订单中，卫衣的购买率达到 75%，要大于 66%，说明毛衣和卫衣的购买实际上是负相关的，购买了毛衣并没有给卫衣的销量带来好的影响；相反，由于买一种商品降低了买另一种商品的可能性。所以我们引入第三个相关性度量指标，也就是提升度。

毛衣和卫衣的关联营销指标计算如表 8-7 所示。

表8-7　毛衣和卫衣的关联营销指标计算

指标	支持度	置信度	提升度
含义	同时包含毛衣、卫衣的订单 ÷ 所有的订单	同时包含毛衣、卫衣的订单 ÷ 所有包含毛衣的订单	置信度 ÷ 卫衣的购买率
计算过程	400 ÷ 1 000 × 100%	400 ÷ 600 × 100%	66% ÷ 75% × 100%
计算结果	40%	66%	88%

提升度表示在有 A 的情况下同时含有 B 的概率，与仅仅有 B 的情况的比值，当这个比值小于 1 时，这两个商品之间存在负相关关系。也就是说，一个商品的出现会降低另一个商品的出现概率。当比值等于 1 的时候，这两个商品之间互相不会影响；当比值大于 1 的时候，说明这两个商品之间存在正相关关系。刚刚举的例子中，购买毛衣对卫衣的提升度就是置信度 66% ÷卫衣的购买率 75%，结果是 88%，所以可以判断这两个商品之间是

负相关的关系，所以两个商品各自销售会比相互推荐效果好。

借助数据筛选关联商品的时候，可以在历史订单中挑选一些热销的商品，这样就可以自然地挑选出支持度高的商品组合，计算置信度，再从 A 向 B 和从 B 向 A 来计算提升度，筛选出提升度大于1的商品组合，这些商品就是有潜力相互关联的商品，再根据现状充分考虑库存及流量分配的问题后将这些商品组合，按照支持度和置信度的各自权重进行排序，就可以得到一系列进行关联销售的商品组合。

举一反三

如表 8-8 所示，五个购物车中分别有三件商品，请你在表 8-9 中计算它们的支持度、置信度及提升度，来决定设置什么样的搭配可以促进销售。

表8-8　五个购物车的商品分布情况

购物车1	购物车2	购物车3	购物车4	购物车5
ABC	ACD	BCD	ADE	BCE

表8-9　商品关联情况计算表

关联商品	支持度	置信度	提升度
A 对于 D			
C 对于 A			
A 对于 C			
B 和 C 对于 D			

任务4　电商岗位绩效考核

任务描述

在电子商务运营过程中，各个岗位的工作人员都做了许多工作，但是工作效果究竟如何呢？这就需要通过绩效考核进行评判和分析。制定绩效考核标准时，要客观、公正地评价工作人员的工作业绩、工作能力和工作态度，使管理者通过这些绩效数据发现客服团队存在的销售能力问题、服务意识问题及工作态度问题，从而能及时、有针对性地对这些问题进行排查和解决。绩效考核能够促使工作人员不断提高工作绩效和自身能力，激发工作积极性，从而提升店铺的整体运行效率和经济效益。此外，绩效考核也为工作人员的薪酬决策、培训规划、职位晋升、岗位轮换等人力资源管理工作提供了决策性依据。那么对于电商岗位的工作人员，如何进行绩效评价呢？本任务中，我们将以电商客服岗位为例，来掌握岗位绩效评价的方法和主要指标。

任务实施

第一步：确定工作性质和考核标准

电商企业不同于传统意义上的企业，由于客户在消费时既看不到商家本人，也很难看到产品本身，仅能够通过一些图片、视频和简短的文字描述对产品进行了解，因此往往会对产品及商家产生不信任感、距离感。这时常用的处理方式就是通过客服与客户进行交流，使其逐步了解自己的产品和服务，从而在消费者心目中留下良好的印象。

在电商企业中，客服的工作范围很广，包括订单业务受理（新增、补单、调换货、撤单等）、处理客户投诉，通过各种沟通渠道为客户提供售前、售中、售后服务，获取客户反馈信息等。由于电商行业的特殊性，客服部一般承担着增加业务收入和为客户提供高质量服务的双重任务。例如，售前服务主要包括使用规范的话术进行推销，帮助客户选择商品，及时响应客户的咨询、提出的异议等。售后服务的主要任务包括减少客户的投诉、减少退换货率、定期回访客户、提高客户满意度。因此，在对客服进行考核时需要先明确要考核其哪一阶段的工作，然后制定明确的考核标准，在这个标准的指导下有针对性地推进。

二维码94

微课：客服绩效评价

二维码95

微课：美工绩效评价

第二步：确定考核内容

电商客服的类型按形式可分为在线客服与语音客服两种。一般而言，C2C 公司以在线客服为主，B2C 公司以语音客服为主，有的公司会同时设立两种客服。按业务职能可分为售前、售中和售后三种。每种客服承担的职责不同，发挥的作用也不同。因此，绩效考核的内容可根据客服的类型、工作性质进行划分。

第三步：确定客服绩效考核标准

虽然客服类型不同，客服团队规模不同，但是其绩效考核指标通常可分为数据考核部分和非数据考核部分两种。考核内容由工作态度、工作能力和销售业绩三大要素组成。一般情况下，销售业绩占比最大，工作能力次之，工作态度占比较小。但是在实际的分配权重工作中，企业必须根据发展目标和实际情况来确定各绩效权重。

一、不基于数据的客服绩效考核标准

不基于数据的客服绩效考核点有两个，即绩效考核三大组合要素中的工作态度和工作能力。其中，工作态度主要是对客服的平时工作表现进行评价，如责任心、积极主动性、服务态度、学习能力、执行力等。而工作能力则是根据客服各个方面的综合素质来评价其工作技能和水平的考核标准，如专业知识能力、沟通能力、打字速度等。由于这两项客服绩效考核标准是不基于数据的，因此在考核时，只能通过部门经理或者运营经理花时间审查、考核，然后根据实际情况给出分数。

二、基于数据的客服绩效考核标准

绩效考核的数据指标是指通过各种明确的数据来体现客服的工作业绩。基于客服岗位自身的工作性质和工作内容，客服绩效考核的数据指标主要包括响应时间、咨询转化率、订单支付率、客单价、月退货率等。

（一）响应时间

响应时间是指从顾客咨询后，到客服回应时的时间间隔。这个值一般与店铺的接待情况和客服的工作压力，即同时接待的顾客数有关。一般而言，客服人员的响应时间在 40 秒以内属于正常水平，熟练的客服会控制在 20 秒左右，甚至更少。响应时间可以分为首次响应时间（FT）和平均响应时间（AT）。首次响应时间应严格控制，否则就会影响客户的购物体验，客户极有可能流失到竞店，这直接关系着客户关系的维持。根据经营业务的具体情况，对首次响应时间和平均响应时间建立评分标准，如表 8-10 所示。

表8-10　客服响应时间评分标准示例

指标	权重	评分标准	分值
首次响应时间（FT）	10%	FT≤10	100
		10＜FT≤15	80
		15＜FT≤20	60
		20＜FT≤25	40
		25＜FT≤30	20
		FT＞30	0

续表

指标	权重	评分标准	分值
平均响应时间（AT）	5%	AT≤15	100
		15＜AT≤20	80
		20＜AT≤30	60
		30＜AT≤40	40
		40＜AT≤50	20
		AT＞50	0

制定了客服人员响应时间评分标准之后，在采集到各客服人员的响应指标数据后，就能计算出对应的 KPI 考核结果，如表 8-11 所示。

表8-11　客服人员响应时间考核结果示例

客服人员	首次相应时间（秒）	平均响应时间（秒）	权重得分
甲客服	8	15	100 × 10%+100 × 5%=15
乙客服	12	20	80 × 10%+80 × 5%=12
丙客服	10	14	100 × 10%+100 × 5%=15
丁客服	16	15	60 × 10%+100 × 5%=11

由此可知，甲客服与丙客服的响应时间考核结果最高，为该指标考核标准的满分，但就首次响应时间来看，甲客服做得更好，能够更快地与客户实现沟通交流；丙客服在平均响应时间方面做得更为优秀，客户跳失的概率比甲客服更小；乙客服首次响应时间做得不错，但平均响应时间过长，容易丢失客户；丁客服在两个方面都有待提高，特别是首次响应时间是这几位客服人员中最长的。网店如果发现这几位客服在工作时都处于正常状态，但响应时间都普遍偏长的话，往往表示可以扩招客服人员了，因为这往往是由于客服人手不够导致的。

（二）咨询转化率

咨询转化率（CC）是客服人员最重要的考核指标之一，直接反映了客服人员与客户沟通的效果。咨询转化率是咨询顾客下单数占咨询顾客数的比率。如果客服的咨询人数很多，但是对应的下单人数少，那么销售额也不会很高，相应的客服业绩也提不上去。因此，要考核网店客服的业绩，对咨询转化率指标的考核必不可少。实际工作中可以利用下单人数和咨询人数来建立这个指标的评分标准，如表 8-12 所示。

表8-12　咨询转化率评分标准示例

指标	权重	评分标准	分值
咨询转化率（CC）	30%	CC≥50%	100
		45%≤CC＜50%	80
		40%≤CC＜45%	60
		35%≤CC＜40%	40
		30%≤CC＜35%	20
		CC＜30%	0

按以上评分标准，在采集到各客服人员的成交人数与咨询人数的数据后，就能计算出对应的 KPI 考核结果，如表 8-13 所示。

表8-13　客服人员咨询转化率考核结果示例

客服人员	下单人数	咨询人数	咨询转化率	权重得分
甲客服	88	248	35.48%	12
乙客服	153	302	50.66%	30
丙客服	122	295	41.36%	18
丁客服	134	408	32.84%	6

就咨询转化率而言，乙客服与丙客服做得最好，其咨询转化率分别达到了 50% 与 40% 以上，权重得分分别为 30 分和 18 分；丁客服的咨询人数相对最多，但转化效果并不理想，应该首先从沟通的角度分析，调看其聊天记录，查询沟通方法、技巧、话术等是否存在不足；甲客服的咨询转化率为 35% 左右，在咨询人数最少的情况下，其成交人数就显得很低了，需要进行专业方面的培训，提高沟通水平。另外也应该考虑客服人员配备是否足够，如果咨询人数较多，可以考虑增加客服人员。

（三）订单支付率

在实际工作中，有时候会有这种情况，客服的下单人数很多，但是营业额始终很低。这是因为营业额是按实际付款金额计算的，并不是客服的下单人数多，其服务业绩就好。如果实际付款的人数不多，下单人数再多也没有用，前面所做的一切都是白费工夫，其实也反映了客服对未付款订单的跟进、产品售后问题的处理等方面存在能力或者态度方面的问题。因此，将订单支付率（CP）作为考核指标之一也是必然的。订单支付率是下单量与最终成交量之比。它能够反映店铺的营收情况，也能在一定程度上体现客服人员的工作效果。卖家可以通过采集各客服人员的成交量与下单量来建立这个指标的评分标准，如表 8-14 所示。

表8-14　订单支付率评分标准示例

指标	权重	评分标准	分值
订单支付率（CP）	25%	CP≥90%	100
		85%≤CP<90%	80
		80%≤CP<85%	60
		75%≤CP<80%	40
		70%≤CP<75%	20
		CP<70%	0

按以上评分标准，在采集到各客服人员的成交人数与咨询人数的数据后，就能计算出对应的 KPI 考核结果，如表 8-15 所示。

表8-15　客服人员订单支付率考核结果示例

客服人员	成交量	下单量	订单支付率	权重得分
甲客服	208	230	90.43%	25
乙客服	166	192	86.46%	20
丙客服	146	160	91.52%	25
丁客服	159	180	88.33%	20

通过表 8-15 显示的数据，可以发现所有客服人员的订单支付率指标都完成得不错。其中丙客服和甲客服的订单支付率最高，分别是 91.25% 和 90.43%；丁客服与乙客服的订单支付率稍微低一些，分别是 88.33% 和 86.46%，可以适当提高在客户下单后与其沟通的技巧。

（四）客单价

客单价（DP）是指一段时间内所有成交买家的平均成交金额。客服由于服务态度、沟通能力、语言表达能力等方面存在差异，其咨询转化率、订单支付率也会有所不同。但是仅按照这两个指标来考核客服业绩，很容易引起客服因咨询转化率或者订单支付率低而产生懈怠情绪，而客单价的出现就解决了这个问题。成交客单价反映了客服人员与客户“讨价还价”的水平。卖家可以根据客服人员落实的客单价与规定的最低客单价为数据来源，建立评分标准，将规定的最低客单价作为 1，以客服落实的客单价除以规定的最低客单价计算出倍数，作为判断依据，如表 8-16 所示。

表8-16 客单价评分标准示例

指标	权重	评分标准	分值
客单价（DP）	20%	DP≥1.5	100
		1.4≤DP＜1.5	80
		1.3≤DP＜1.4	60
		1.2≤DP＜1.3	40
		1.2≤DP＜1.1	20
		DP＜1.1	0

以此为客服人员成交客单价的评分标准，在采集到各客服人员落实的客单价和网店最低客单价数据后，就能计算出对应的 KPI 考核结果，如表 8-17 所示。

表8-17 客服人员客单价考核结果示例

客服人员	落实客单价（元）	规定最低客单价（元）	成交客单价倍数	权重得分
甲客服	128.8	80	1.61	20
乙客服	98	80	1.22	8
丙客服	108	80	1.35	12
丁客服	122	80	1.52	20

（五）月退货率

月退货率（RG）可以反映客服人员售后的沟通水平。如果能够将退货率降到最低，自然表明其客服水平最高。当然，前提是商品并未出现严重的质量问题，否则退货率过高与客服人员的工作水平并没有直接关系。网店卖家同样可以根据经营商品的情况为月退货率建立评分标准，如表 8-18 所示。

表8-18 月退货率评分标准示例

指标	权重	评分标准	分值
月退货率（RG）	10%	RG≤2%	100
		2%＜RG≤3%	80
		3%＜RG≤4%	60
		4%＜RG≤5%	40
		5%＜RG≤6%	20
		RG＞6%	0

以此为客服人员月退货率的评分标准，在采集到各客服人员的月退货量和成交量的数据后，就能计算出对应的 KPI 考核结果，如表 8-19 所示。

表8-19 客服人员月退货率考核结果示例

客服人员	月退货量	月成交量	月退货率	权重得分
甲客服	12	208	5.77%	2
乙客服	20	469	4.26%	4
丙客服	4	156	2.56%	8
丁客服	8	435	1.84%	10

由此可知这几位客服中，丁客服的月成交量较多，月退货量也较少，因此月退货率最低，得到了该指标的 KPI 考核标准满分；乙客服的月退货量最多，但月成交量也最多，因此月退货率较高；甲客服月退货率最高，在 208 件成交商品中，就有 12 件商品退货，权重得分最低；丙客服月退货量最少，只有 4 件，但月成交量还有待提高。

第四步：运用考核结果

对于电商客服来说，考核的结果主要用于调薪、调职。汇总月度考核结果，进行年终优秀员工评比，根据综合业绩排名，进行奖罚；对于落后的运营进行分析，并针对落后原因寻找改进措施，并在月工作通报下发后的一周内将整改方案上报企业备案。

二维码96

知识链接：阿里巴巴的团队晋升体系

举一反三

以你所熟悉或感兴趣的某一行业为例，按行业整体情况和店铺自身情况，对客服部门建立 KPI 考核系统。以响应时间、咨询转化率、订单支付率、客单价、月退货率等指标为基础，建立指标权重，形成客服 KPI 考核系统。如有条件，计算各客服人员的考核结果分数并提出改进建议。

参考文献

[1] 魏亚萍 . 电子商务基础 [M]. 3 版 . 北京：机械工业出版社，2018.
[2] 白东蕊，岳云康 . 电子商务概论 [M].4 版 . 北京：人民邮电出版社，2019.
[3] 宋俊骥，孔华 . 电子商务基础教程 [M]. 4 版 . 北京：人民邮电出版社，2018.
[4] 陈志轩，张云建等 . 淘宝网店运营全能一本通（视频指导版）[M]. 2 版 . 北京：人民邮电出版社，2019.
[5] 崔恒华 . 网店推广实操 [M]. 北京：电子工业出版社，2020.
[6] 孔林德 . 淘宝、天猫、京东、拼多多开店运营一本通 [M]. 北京：民主与建设出版社，2020.
[7] 许昭霞 . 网店开设与管理 [M]. 北京：电子工业出版社，2017.
[8] 北京鸿科经纬科技有限公司 . 网店推广（中级）[M]. 北京：高等教育出版社，2020.
[9] 雷莉，黄睿 . 网店运营与推广：从入门到精通（微课版）[M]. 北京：人民邮电出版社，2021.
[10] 黑马程序员 . 淘宝天猫店一本通：开店、装修、运营、推广 [M]. 北京：清华大学出版社，2018.
[11] 黑马程序员 . 淘宝天猫店美工设计实操：配色、布局、修图、装修 [M]. 北京：清华大学出版社，2019.
[12] 唐智鑫 . 网店商品图片与视频的拍摄及处理：修图、设计、视频编辑全流程（全彩微课版）[M]. 2 版 . 北京：人民邮电出版社，2020.
[13] 庄标英 . 商品拍摄与图片处理 [M]. 2 版 . 北京：中国人民大学出版社，2020.
[14] 吴航行，李华 . 短视频编辑与制作（视频指导版）[M]. 北京：人民邮电出版社，2019.
[15] 郭韬 . 短视频制作实战（全彩慕课版）[M]. 北京：人民邮电出版社，2020.
[16] 廖敏慧，吴敏，李乐 . 电子商务文案策划与写作：软文营销、内容营销、创意文案 [M]. 2 版 . 北京：人民邮电出版社，2019.
[17] 廖美红，林珍，余宇 . 新媒体广告与文案写作 [M]. 北京：人民邮电出版社，2020.
[18] 张晓芸，王昌云 . 电子商务文案：策划写作、视觉营销与平台推广 [M]. 北京：

人民邮电出版社，2020.
[19] 勾俊伟，张向南，刘勇 . 直播营销 [M]. 北京：人民邮电出版社，2017.
[20] 北京博导前程信息技术股份有限公司 . 电子商务数据分析概论 [M]. 北京：高等教育出版社，2019.
[21] 中国连锁经营协会校企合作委员会 . 零售数据分析与应用 [M]. 北京：高等教育出版社，2016.
[22] 恒盛杰电商资讯 . 网店数据化管理与运营 [M]. 北京：机械工业出版社，2015.
[23] 王红蕾 . 电子商务创业实务——微商创业 [M]. 北京：机械工业出版社，2018.
[24] 黄成明 . 数据化管理 [M]. 北京：电子工业出版社，2014.
[25] 周杰，郑舒文 . 电商团队管理 [M]. 北京：人民邮电出版社，2016.

图书在版编目（CIP）数据

电子商务实务 / 张莹，马金海主编. -- 北京：中国人民大学出版社，2022.2

新编21世纪高等职业教育精品教材. 电子商务类

ISBN 978-7-300-30249-2

Ⅰ. ①电… Ⅱ. ①张… ②马… Ⅲ. ①电子商务—高等职业教育—教材 Ⅳ. ①F713.36

中国版本图书馆CIP数据核字（2022）第011104号

新编21世纪高等职业教育精品教材 · 电子商务类

电子商务实务

主　编　张　莹　马金海

副主编　万红梅

Dianzi Shangwu Shiwu

出版发行	中国人民大学出版社		
社　　址	北京中关村大街31号	**邮政编码**	100080
电　　话	010-62511242（总编室）		010-62511770（质管部）
	010-82501766（邮购部）		010-62514148（门市部）
	010-62515195（发行公司）		010-62515275（盗版举报）
网　　址	http://www.crup.com.cn		
经　　销	新华书店		
印　　刷	北京市鑫霸印务有限公司		
开　　本	787 mm × 1092 mm　1/16	**版　　次**	2022年2月第1版
印　　张	18.75　插页1	**印　　次**	2023年4月第2次印刷
字　　数	413 000	**定　　价**	40.00元

信息反馈表

尊敬的老师:

您好！为了更好地为您的教学、科研服务，我们希望通过这张反馈表来获取您更多的建议和意见，以进一步完善我们的工作。

请您填好下表后以电子邮件、信件或传真的形式反馈给我们，十分感谢！

一、您使用的我社教材情况

您使用的我社教材名称			
您所讲授的课程		学生人数	
您希望获得哪些相关教学资源			
您对本书有哪些建议			

二、您目前使用的教材及计划编写的教材

您目前使用的教材	书名	作者	出版社
您计划编写的教材	书名	预计交稿时间	本校开课学生数量

三、请留下您的联系方式，以便我们为您赠送样书（限1本）

您的通信地址			
您的姓名		联系电话	
电子邮箱（必填）			

我们的联系方式:

地　址：苏州工业园区仁爱路158号中国人民大学苏州校区修远楼

电　话：0512-68839320　　传　真：0512-68839316

网　址：www.crup.com.cn　　邮　编：215123